NURA ABDI
UND
LEO G. LINDER

TRÄNEN IM SAND

BASTEI LÜBBE TASCHENBUCH
Band 61559

1. Auflage: Februar 2005

Vollständige Taschenbuchausgabe der im Ehrenwirth Verlag
erschienenen Hardcoverausgabe

Bastei Lübbe Taschenbücher und Ehrenwirth Verlag sind Imprints
der Verlagsgruppe Lübbe

Titelfoto: Reiner Diart, Köln
Umschlaggestaltung: Bianca Sebastian
unter Verwendung eines Entwurfs von Guido Klütsch, Köln
Satz: Dörlemann Satz, Lemförde
Druck und Verarbeitung: Ebner & Spiegel, Ulm
Printed in Germany
ISBN 3-404-61559-x

Sie finden uns im Internet unter
www.luebbe.de

Der Preis dieses Bandes versteht sich einschließlich
der gesetzlichen Mehrwertsteuer.

In liebender Erinnerung an meinen Vater, der mir die Inspiration und Willenskraft gab, immer weiter zu machen, egal wie viel Anstrengung es kostete. Du bist mein Atem.

Für meine Mutter, die mich zu der Person gemacht hat, die ich heute bin. Danke, für all die Liebe und den Mut und das Wissen, das du mir gegeben hast und das ich von niemandem sonst hätte bekommen können. Du hast mir beigebracht, dass Mut und Zielstrebigkeit den Menschen ausmachen. Ich liebe dich und bin stolz auf dich.

Leo, ich danke dir für deine Unterstützung und dein Verständnis. Du bist ein Schatz.

Für alle Frauen in der Welt, Opfer und Nicht-Opfer von FGM (Female Genital Mutilation). Lasst uns einander die Hände reichen, um die kommenden Generationen zu beschützen, die dieser Qual noch immer ausgesetzt sind.

ERSTER TEIL

Somalia

DHULKA

Dhulka ist das somalische Wort für Heimat. Und meine Heimat war Mogadischu, die Hauptstadt von Somalia. Sie *war* es – weil es nach zwölf Jahren Krieg mein Mogadischu nicht mehr gibt und ich längst in Deutschland lebe. Doch solange es mein Mogadischu gab, war es für mich der Ort auf der Welt, der dem Paradies am nächsten kam. Es war *Dhulka*.

Ich denke oft an Mogadischu. Noch heute, elf Jahre nach unserer Flucht, gehen mir die Bilder nicht aus dem Kopf: das Blau des Indischen Ozeans, das Weiß der flachen Häuserreihen. *Chamer* hieß sie in unserer Sprache, die »weiße Stadt«. Mogadischu wurde sie von den Arabern genannt, und dieser Name bezeichnet einen Ort, an dem man eine Rast einlegt und Tee trinkt. Rast machen und Tee trinken, schwarzen Tee mit Milch und drei bis vier Löffeln Zucker … Unser Tee muss süß sein. So lieben wir ihn.

Es gibt vieles, das ich vermisse. Die Nachmittage mit meinen Freundinnen am Indischen Ozean. Die wunderschönen Frauen abends auf den Straßen in ihren langen, farbenprächtigen *Dirrahs* aus feinem, transparentem Stoff. Die Märkte und Moscheen. Und die Düfte, die aus jedem Fenster, jeder Haustür kommen, Weihrauch oder eine Mischung aus Zucker, Parfüm und Gewürzen. In die Glut geworfen, zieht dieser Duft durchs ganze Haus und bis hinaus auf die Straße. Unsere Frauen beräuchern sich damit. Sie stellen das Glutbecken zwischen die Beine, und der Duft zieht in ihre Kleider, dringt in jede Pore ihrer Haut. Alle Frauen, denen man auf der Straße begegnet, verströmen betörende Düfte. Das war meine Stadt, und ich wäre nie auf den Gedanken gekommen, irgendwo anders hinzugehen. Das Leben erschien mir so einfach, so leicht. Niemals habe ich darüber nachgedacht, was morgen sein könnte. Wo man hinsah, blickte man in freundliche Gesichter, und jedes Gesicht schien zu sagen: Hier darfst du dich sicher fühlen, hier gehörst du hin, hier kannst du dich auf dein Glück verlassen. Das war Mogadischu.

Ich lebte im Lebensrhythmus dieser Stadt, ich konnte mich ihm gar nicht entziehen. Das ging vor Sonnenaufgang schon los, mit den Rufen der Muezzins. Jeden Morgen überraschen sie dich, wenn du gerade am tiefsten schläfst. Und immer beginnt es wie ein Traum. Aber allmählich wachst du auf und unterscheidest die einzelnen Stimmen, denn nie singen alle genau gleichzeitig. Ein Muezzin fängt an, dann fällt der nächste ein, später kommt ein dritter von irgendwo anders hinzu, und schließlich erschallen die Stimmen mit den vertrauten Worten von allen Seiten. Das ist unglaublich schön. Die ganze Welt steht still, und alles, was du hörst, sind diese Stimmen, die die ewigen Wahrheiten des Islams verkünden. Die Moschee in deiner Nähe ist natürlich die lauteste, aber man hört auch die anderen, entfernten wie ein Echo aus dem Weltall. Und genauso verstummen sie dann auch wieder, ein Muezzin nach dem anderen, und mit der letzten Stimme, die verklingt, bricht der neue Tag an. Wieder herrscht Stille, aber du weißt: Überall, in der ganzen Stadt, machen sich die Männer jetzt auf den Weg zur Moschee.

Um fünf Uhr wacht Mogadischu auf, um sechs Uhr wird es hell, und nun steht auch der letzte Langschläfer auf.

Bald dringt der Lärm der Märkte bis in die voll besetzten Teehäuser, und spätestens um neun Uhr drängeln sich vor allen Metzgereien die Frauen. Kein Somali würde es lange ohne Fleisch aushalten. Wir waren ein Volk von Nomaden, unser einziger Reichtum war früher das Vieh, und unsere Vorfahren kannten keine andere Nahrung als Fleisch. Täglich kommt es morgens frisch in die Läden, punkt neun Uhr, und wenn alles verkauft ist, dann ist für diesen Tag Schluss. Deshalb rangeln und kämpfen die Frauen von Mogadischu Morgen für Morgen um die besten Stücke.

Zur Mittagszeit verfällt die Stadt in Schlaf. Die Geschäfte schließen, die Straßen leeren sich, selbst den streunenden Katzen auf den Wellblechdächern wird es zu heiß, und Mogadischu dämmert vor sich hin. Aber in allen Häusern wird mit Inbrunst und Ausdauer gekocht. Stundenlang. Es wird regelrecht um die Wette gekocht. Bei den Düften, die aus deiner Küche kommen, muss deinem Nachbarn das Wasser im Mund zusammenlaufen. Und jedem, der gerade an deinem Haus vorbeigeht, müssen vor Appetit die Sinne schwinden.

Erst wenn die Sonne schon tief steht, gegen sechs, erwacht Mogadischu aus seinem Mittagsschlaf. Die Geschäfte öffnen eins nach dem anderen wieder, auf den Märkten fährt neues Leben in die Händler, und in allen Häusern machen sich junge Leute für den Abendspaziergang fertig. Du wickelst dir kunstvoll ein Tuch um den Kopf, legst dir einen Schal um den Hals und ziehst, sobald es dunkel geworden ist, los. Niemals allein natürlich, und schon gar nicht mit einem Freund! Am besten mit deinen Freundinnen, aber Vettern und Brüder tun es auch. Und immer kam es mir unter all den schön gekleideten, angenehm duftenden Menschen draußen in den Straßen dann so vor, als ob ich jeden kennen müsste, als ob mich jeder kennen würde. Das waren die Augenblicke, in denen ich absolut sicher war: Dies ist deine Stadt, wo du ein Leben lang bleiben und eines Tages als alte Frau sterben wirst, nach einem guten Leben unter lächelnden Menschen.

Zwischen ein und zwei Uhr nachts leeren sich dann die Straßen, schließen die letzten Geschäfte, und nur hier und da sitzen noch welche vor ihren Häusern, plaudern und kauen *Khat*. Als Mädchen bist du natürlich längst schon wieder daheim – es sei denn, du hast irgendwo einen Innenhof gefunden, wo Hochzeit gefeiert wird. Wenn bei uns Hochzeiten gefeiert werden, ist nämlich jeder eingeladen. Man geht einfach hin, wenn man hört, dass irgendwo geheiratet wird. Und getanzt wird in jedem Fall, auch wenn sich das Paar keine Musiker leisten kann. Denn für die traditionelle somalische Musik braucht man keine besonderen Instrumente, es reichen ein paar Trommeln. Dann singt und klatscht die ganze Hochzeitsgesellschaft eben und tanzt zu den Klängen von Trommeln.

Manchmal, wenn ich auf einer Hochzeit war und den Eindruck hatte, zwei passen gut zusammen, habe ich mich gefragt: Wie wird es bei dir einmal sein? Wer wird dich heiraten? Und dann habe ich diesen Gedanken schnell wieder verscheucht. Offen gesagt: Ich wusste nichts von Liebe, und ich wollte auch nichts davon wissen. Ich war sicher, dass meine Mutter mir niemals einen Ehemann aufzwingen würde. Das war gut so. Denn so fiel es mir leicht, den Gedanken an einen Mann auf unabsehbare Zeit zu verschieben. Ich konnte mir unter der Liebe einfach nichts Angenehmes vorstellen. Und deshalb hatte ich jede Vorstellung von Liebe aus meinem Kopf verbannt. Du lebst heute, habe ich mir gesagt, in diesem Augenblick – warum sollst du an etwas rühren, das nur mit Angst und Schmerzen verbunden ist?

Nein, ich habe damals keinen Gedanken an Liebe verschwendet. Genauso wenig, wie ich jemals versucht habe, mir ein Leben fern von Mogadischu vorzustellen. Fern von der Stadt, wo ich das Leben restlos schön fand.

GROSSMUTTER UND DIE DSCHINNS

Wenn ich aber so weit zurückdenke wie möglich, kommen mir ganz andere Bilder in den Sinn. Dann sehe ich grüne, wogende Plantagenbäume über mir und roten Lehmboden unter mir. Das ist nicht der heiße Sandboden Mogadischus, das ist die schwere Erde von Hargeysa, der größten Stadt im Norden Somalias. In meiner allerfrühsten Erinnerung bin ich ein kleines, braunes, fast nacktes Mädchen, das im Schatten hoher Bäume auf der roten Erde sitzt. Es hat geregnet, und das Mädchen formt Kügelchen aus feuchtem Lehm. Es rollt die schlammige Erde zwischen den kleinen Händen, steckt sich etwas davon in den Mund und lacht. Und weil es so gut schmeckt, steckt es sich noch mehr davon in den Mund. Da macht es zum ersten Mal Bekanntschaft mit Mutters Stock. Es wird mit einem Gartenschlauch abgespritzt, der rote Lehm läuft an ihm herunter, und im nächsten unbeaufsichtigten Moment wackelt es wieder hinaus, lässt sich wieder auf die Erde fallen und formt neue Kügelchen, die genauso gut schmecken wie die ersten. Es muss aber nicht immer auf Regen warten. Beim Toilettenhäuschen steht ein gut gefüllter Wasserkrug, weil gerade jemand drinsitzt, der mit dem Wasser gleich nachspülen will. Es nimmt den Krug, schüttet ihn aus und kann noch mehr Kügelchen drehen. Oder *Injeras* formen, somalische Pfannkuchen. Oder etwas, das beinahe so aussieht wie ein Auto.

Das Mädchen ist noch keine drei Jahre alt, da schnappt

sich die Mutter das halb nackte, von der Sonne verbrannte Kind, und die gesamte Familie fährt in einem rüttelnden, schüttelnden Landrover nach Süden, zwei Tage lang. Von nun an wird das Mädchen keinen Lehm mehr zwischen den Zehen spüren, sondern Sand.

Ich war in Mogadischu angekommen.

Da sah ich zum ersten Mal das Meer, den Indischen Ozean. Es war ein brühwarmer Tag, wie alle Tage in Mogadischu, und ich klammerte mich an den Sattel eines Kamels. Von dort oben, bedenklich hoch oben, hatte ich das tiefblaue Meer im Blick, das Menschengewimmel auf dem endlosen Strand und andere Kamele mit Kindern auf dem Buckel – aber vor allem Wasser, viel Wasser. Ich hatte vom Meer schon gehört, aber so viel Wasser hatte ich mir nicht vorstellen können. Die Gischt der brechenden Wellen kam mir wie Seifenschaum vor. Alles wunderte mich, aber besonders, dass Menschen ins Meer hineingingen und untertauchten und lebend wieder herauskamen. Sicher, bei den Frauen bestand keine Gefahr. Die saßen vorne an, ganz in bunte Kleider gehüllt, und ließen sich nur von den Ausläufern der Wellen befeuchten. Aber die Männer, fast nackt, tauchten kopfüber ins kristallklare Wasser ein und tauchten auch wieder auf. Wie sie das machten, das musste ich meine Mutter fragen, sobald ich von diesem Tier herunter war – meine Mutter, die da hinten unter einer Palme mit dem Rest der Familie saß, Tee ausschenkte, meinem Vater Khat zum Kauen reichte und Obst unter meine Geschwister verteilte. Eine von tausend Familien am Strand von Mogadischu – alle im Schatten der Palmen zusammengedrängt und alle peinlichst darauf bedacht, sich der Sonnenglut so wenig wie möglich auszusetzen. Am Meer wird man schnell dunkel. Die Einzigen, die sich in die Sonne trauten, waren die

Kinder, die überall Fußball spielten oder um die Wette liefen, und die Trinkwasserverkäufer, die man schon von weitem hörte, weil sie die müden Esel vor ihren Karren mit Schreien und Schlägen anfeuerten.

»Wie kommt es, dass Menschen unter Wasser leben können?« Alle lachten, und mein Vater fand meine Frage für eine Dreijährige ziemlich klug. Man hält eben die Luft an, sagte er. Ich musste das glauben, und ich muss es bis heute glauben, denn Frauen in Somalia lernen nicht schwimmen. Die Frauen machen es wie meine Großmutter. Sie schritt in ihrem knöchellangen, rot geblümten Gewand, das Haar unter einem Kopftuch derselben Farbe versteckt, den Strand hinunter, ließ sich in den schäumenden Ausläufern der Wellen nieder, ein roter Fleck vor dem strahlenden Blau des Meeres, und wenn sie sich abgekühlt hatte, kam sie in ihren nassen Kleidern genauso majestätisch schreitend wieder zu uns zurück in den Schatten der Palme. Dieses Ritual vollzog sie mehrmals im Verlauf dieser großartigen Nachmittage am Strand. Kaum waren ihre Kleider halbwegs trocken, ging sie wieder los. Sie war nämlich davon überzeugt, dass für ihre Haut nichts besser sei als Salzwasser – von dem wir in Mogadischu gottlob mehr als genug hatten.

Natürlich sah es später dann bei uns genauso aus, wenn meine Freundinnen und ich baden gingen – alle standen wir in unseren nassen *Dirrahs* im flachen Wasser. In Somalia ist es völlig undenkbar, dass eine Frau ihren Körper zeigt, sie riskiert, gesteinigt zu werden. Ich kannte es nicht anders, und ich erinnere mich genau an meinen allerersten Bikini – wie habe ich mich geschämt! Es war mein erster Sommer in Deutschland, und überall nackte Frauenkörper. Entsetzlich, ich war wirklich schockiert. Aber es war Hochsommer, und eine Freundin aus Rumänien lud mich ins

Schwimmbad ein. Weil ich in einem deutschen Freibad nicht mit meiner *Dirrah* auftreten wollte, habe ich mir damals also einen Bikini gekauft, den ersten meines Lebens. Was ist schon dabei?, versuchte ich mir einzureden. In Deutschland laufen alle so herum. Alle zeigen sich hier mehr oder weniger nackt, die Alten, die Fetten, die Hübschen – warum nicht auch du?

Im »Kaufhof« fand ich einen Bikini mit Leopardenfellmuster. Etwas Afrikanisches, dachte ich, das erleichtert dir die Sache vielleicht. Ich probierte ihn auf der Stelle an, aus Neugier und weil ich gar nicht wusste, welche Größe ich hatte. Er passte. Und kaum war ich zu Hause, probierte ich ihn noch einmal an, vor dem Spiegel. Der war nicht übel. Ich gefiel mir gut. Aber dann, im Freibad: Ich trat aus der Umkleidekabine und schämte mich. Nein, auf gar keinen Fall, dachte ich, die starren dich alle an. Ich blickte mich vorsichtig um, aber niemand starrte mich an. Kein Mensch. Und trotzdem, ich wäre vor Scham fast gestorben. In meiner Not wickelte ich mir mein Handtuch so um den Leib, dass möglichst wenig Haut zu sehen war, und hüpfte über die Liegewiese zu meiner Freundin hinüber. Und jetzt, als ich so in meinem Handtuch vorbeisprang, drehten sich alle nach mir um. Da wusste ich, dass ich etwas falsch gemacht hatte. Warum dachten sie nicht: Dem Mädchen ist eben kalt? Ich hätte doch auch frieren können, oder? Aber wahrscheinlich dachten sie das nicht, weil es in Wirklichkeit ein ziemlich warmer Tag war.

Irgendwann wollte meine Freundin ins Wasser, und ich konnte mich von meinem Handtuch nicht trennen. Am liebsten wäre ich mit dem Handtuch ins Wasser gegangen. Das tat ich dann doch nicht. Meine somalische Erziehung zur Furchtlosigkeit bewährte sich endlich, ich sprang fast nackt ins Wasser, Nichtschwimmer, paddelte herum, spielte Ball, schlitterte die Rutsche hinunter -- und keine Viertelstunde später wusste ich schon nicht mehr, warum mir eben noch alles dermaßen peinlich gewesen war.

Solche Sorgen hatte ich damals nicht, am Strand des Indischen Ozeans. Ich brauchte keinen Bikini, ich brauchte auch keine *Dirrah* und kein Kopftuch. Wie alle Kinder planschte ich in meiner Unterhose im flachen Wasser.

Kurz vor Einbruch der Dunkelheit allerdings war damit Schluss, denn jetzt würden bald die *Dschinns* kommen. Gegen Abend türmten sich immer höhere Wellen auf, dann setzte der Wind ein, und die Gluthitze ließ langsam nach. Und gegen sieben, wenn die untergehende Sonne den Strand rosa färbte, packten alle ihre Sachen und gingen nach Hause. Ich wäre gern geblieben, es war zu schön, im Wasser zu sitzen und zu spielen, doch das kam gar nicht infrage, das war gefährlich, die *Dschinns* hatten schon manches Kind davongetragen, über die Wellen, übers Meer, und niemand hatte es mehr gesehen. Bevor diese bösen Geister den Strand zu einem unsicheren Ort machen konnten, mussten wir zu Hause sein. Und kaum war die Sonne versunken, hatte sich die fröhliche, lärmende Picknickgesellschaft aufgelöst.

Ich habe nie einen *Dschinn* gesehen. Aber meine Großmutter kannte sich damit aus. Sie wusste vieles, das ich schon nicht mehr lernen sollte. Aus mir wurde ein Kind der Großstadt. Aber meine Großmutter lebte in ihrer Erinnerung noch in der Welt der Nomaden, der Tiere, der Lagerfeuer, der Einsamkeit von Steppen, die bis zum Horizont reichen. Es sei schon gefährlich, des Nachts vor die Tür zu gehen, sagte sie, aber in der Nähe des Wassers sei die Gefahr am größten. Dort trieben sich in der Dunkelheit besonders viele *Dschinns* herum – die Seelen von Ertrunkenen möglicherweise. Und einmal, nach dem Abendessen, erzählte sie uns von ihrer ersten Begegnung mit einem *Dschinn*.

Es war einer dieser Abende, an denen ein leichter Wind vom Meer durch die Bäume in unserem Innenhof wehte und wir noch lange draußen beisammensaßen – nur meine Mutter nicht, die war zu beschäftigt. Wir anderen aber hatten unter einem der Bäume Feuer gemacht und ringsumher niedrige Hocker aufgestellt, kleine Holzgestelle mit einer Sitzfläche aus Lederstreifen. Meine Mutter war noch im Laden und ging mit meinem Vater Rechnungen durch, als wir schon alle im weiten Kreis ums Feuer saßen – Kinder, Nachbarn, unsere Hausangestellten und, als unangefochtene Herrscherin über unseren Kleinstaat, ihren Stock wie ein Zepter fest in der Hand, unsere Großmutter. Mogadischu ist eine moderne Stadt, aber alle sitzen gerne draußen, unter freiem Himmel, vor allem in mondlosen Nächten, wenn man aufblickt und Tausende von Sternen über sich sieht. Und Großmutter erzählte. Es war oben in Hargeysa gewesen, als sie noch jung war. Da ruhte sie sich in der Dämmerung ein wenig unter einem Baum aus, auf freiem Feld, obwohl man sich so kurz vor Einbruch der Nacht besser nicht da draußen unter Bäumen aufhalten sollte, weil dort die *Dschinns* ihre Schlafplätze haben. Und plötzlich trifft sie ein Schlag, eine Ohrfeige ins Gesicht, und sie verfällt in einen todesähnlichen Schlaf. Ihre Eltern fanden sie später besinnungslos unter dem Baum liegen und trugen sie heim. In ihrer Not holten sie einen *Scheik*, einen Geistlichen, und der las über der Leblosen laut aus dem Koran, so lange, bis sie die Augen aufschlug.

So gesehen hätte man Großmutter allerdings selbst für

einen *Dschinn* halten können. Nicht nur, weil sie uns Kindern bei den kleinsten Verstößen gegen die zahllosen Regeln der Ehrerbietung, der Reinlichkeit oder der Frömmigkeit mit ihrem Stock derartig eins überzog, dass uns Hören und Sehen verging, sie hatte auch einen Lieblingsbaum, und der war für uns tabu. Es war der Granatapfelbaum gleich vor ihrem Zimmer – der einzige Baum im Hof, in dem wir nicht herumturnen durften, ja, in dessen Nähe wir uns nicht einmal wagen durften, solange sie uns nicht ausdrücklich dazu aufforderte. Das kam vor. Manchmal, wenn sie von der Hitze ein wenig erschöpft auf der Matte unter ihrem Baum lag, rief sie: »Nura, Fatma, wascht euch die Füße und massiert mich!« Dann mussten wir auf ihren massigen Leib klettern und ihren breiten Rücken, ihre ausladenden Hüften mit den Füßen bearbeiten. Da war genug Platz für zwei Kinder. Wir stampften auf ihr herum, eine feine, kleine Rache für ihr unablässiges Gezeter, ihre Schläge und Kniffe in unsere Wangen und Oberschenkel, aber so fest wir auch trampelten, es steigerte nur ihr Behagen. »Da«, stöhnte sie voll Wonne, »nein da, weiter oben, ja da.« Zeiten gab es, da ließ sie sich jeden zweiten Tag von uns so »massieren«.

Ansonsten wollte sie unter ihrem Baum ungestört sein. Großmutter liebte Granatäpfel. Und da sie groß und schwer war und natürlich kein Gedanke daran sein konnte, dass sie selbst hinaufkletterte, hatte sie sich einen Pflückstock gebastelt, eine Stange mit einem gebogenen Eisendraht an der Spitze. Damit rückte sie jedem reifen Granatapfel zu Leibe, sobald sie ihn erspähte. Die meiste Zeit aber betete sie unter ihrem Baum oder hörte ihre Korankassetten. Großmutter nahm es mit den religiösen Pflichten nämlich sehr genau. Sie betete fünfmal täglich, und jedem

Gebet ging eine ausführliche Reinigungsprozedur am Gemeinschaftswaschbecken in der Hofmitte voraus. Danach vertiefte sie sich wieder in die Lehren des Propheten. Ich sehe sie noch vor mir, in ihrem langen, roten Gewand, das Kofferradio am Ohr. Rot war ihre Lieblingsfarbe, Rot bringe ihr Glück, sagte sie. Und jede Kassette hörte sie sich immer und immer wieder an, so lange, bis sie einen neuen Koranabschnitt auswendig konnte.

Das Einzige, das sie von ihrem Koranstudium abhalten konnte, waren schwache Batterien. Sobald wir Kinder hörten, dass der Koran zu eiern anfing, stürzten wir uns auf ihr Radio, fingerten die Batterien heraus und hielten sie in die Sonne, um sie wieder aufzuladen. Wobei eigentlich niemand Großmutters Radio anfassen durfte. Es war heilig. Manchmal, wenn sie ein Nickerchen machte, benutzte sie es sogar als Kopfkissen. Das waren dann so ziemlich die einzigen Augenblicke, in denen sie ihren geliebten Granatapfelbaum aus den Augen ließ: wenn die Müdigkeit sie übermannte und sie im Lärm der spielenden Kinder, der herumschwirrenden Hausangestellten, der palavernden Onkel und Nachbarn und dem alles übertönenden Blöken eines Schafs, das demnächst geschlachtet werden sollte, einschlief.

Nicht, dass wir Kinder unsere Großmutter wirklich gefürchtet hätten. Sie war streng, gewiss, und manchmal ging sie uns mit ihrem Zetern und Schimpfen gehörig auf die Nerven. Wir nannten sie heimlich »Schreihals«, waren vor ihr auf der Hut und erwiesen ihr im Übrigen den größten Respekt. Denn im Grunde war sie eine liebe Frau. Sie trug die Verantwortung dafür, dass aus uns Kindern gute kleine Somali wurden, denn unsere Erziehung lag im Wesentlichen in ihren Händen. Meine Mutter stand von morgens bis abends hinter ihrer Ladentheke, und mein Vater war meist zwischen Teehaus und Moschee, Markt und Hafen unterwegs. Mit anderen Worten: Großmutter war der Dreh- und Angelpunkt dieses turbulenten, lebenssprühenden, lärmenden Haufens, der meine Familie war, und diese Familie ging mir über alles. Beisammen sein und zusammenhalten, das ist für mich das Glück. In Somalia wachsen wir ja mit der Erfahrung auf, dass in einer Familie jeder für den anderen ungeheuer wichtig ist. Das macht uns stark. Was kann dich noch erschüttern? Selbst wenn du nicht mehr weiter weißt, verzweifelst du nicht, weil du sicher sein kannst: Meine Familie lässt mich niemals im Stich. Du weißt, es wird nicht einen Abend in deinem Leben geben, an dem du mit leerem Magen zu Bett gehen musst. Deine Familie ist immer für dich da, genauso wie du für deine Familie immer da bist. Vielleicht ist das Leben in Afrika deswegen leichter und sorgloser als in Europa. Das Leben ist so süß, wenn man weiß, dass es Menschen gibt, auf die man sich bedingungslos verlassen kann.

Ich glaube, dass somalische Frauen deshalb auch selbstbewusster sind als deutsche. Wie oft habe ich in Deutschland über die Mutlosigkeit der Frauen gestaunt. Viele fühlen sich von einem Kind schon überfordert. Bei uns gibt es Frauen, die kaum zur Schule gegangen sind, die bald verheiratet wurden und dann ein Kind nach dem anderen bekommen. Sie haben nichts gelernt, ihr Mann hat vielleicht keine Arbeit, und trotzdem schaffen sie es. Sie gehen raus und verkaufen etwas, Tomaten oder Bananen, nehmen irgendeine Arbeit an und ernähren auf diese Art eine große Familie. Eine deutsche Frau hat einen guten Job, verdient gutes Geld, lebt in einem sicheren Land, traut sich aber womöglich kein einziges Kind zu. Das bedeutet doch, dass sie kein Selbstvertrauen hat. In Somalia schnappt sich eine Mutter ihre fünf oder sieben Kinder und stürzt sich in den Lebenskampf.

Ein neues Kind ist deshalb für uns immer ein freudiges Ereignis. Nicht nur für die Familie, sondern für die ganze Gemeinschaft. Niemand käme auf die Idee, dass ein Kind eine Belastung sein könnte. Jedes Kind bringt sein eigenes Glück mit auf die Welt, heißt es bei uns, und deshalb bekam meine Mutter ein Kind nach dem anderen. Ich war das vierte. Und irgendwann waren wir acht. Fast alle zwei Jahre kam ein neues Kind. Mein Vater war hellhäutig wie ein Araber, meine Mutter, die Nomadentochter, dunkelbraun, und uns Kinder gab es in jeder Schattierung. Umso ähnlicher waren wir uns, was unser Temperament anging. Und das war feurig.

Nicht, dass meine Familie etwas Besonderes gewesen wäre. Das gleiche unglaubliche Stimmengewirr wie bei uns zu Hause herrschte natürlich auch in allen Teehäusern und auf allen Märkten von Mogadischu. Wir Somali reden eben von morgens bis abends, wir können nur schwer etwas für uns behalten: Was drin ist, muss raus, sonst kämen wir uns schmutzig vor. Wenn Zorn in uns ist, muss er raus. Und wenn wir etwas richtig finden, behalten wir das auch nicht für uns. Wir verstellen uns nicht und wir heucheln nicht. Man sagt seine Meinung, geradeheraus, dem anderen ins Gesicht, und jeder, der etwas zu sagen hat, darf sich einmischen. Vielleicht wären wir vorsichtiger, wenn wir uns nicht so gerne streiten würden. Und vielleicht würden wir dem Streit aus dem Weg gehen, wenn wir nicht so schnell vergessen würden. Aber so ist es: Wir streiten gern und vergessen schnell. Deswegen ging es bei uns zu Hause immer ziemlich turbulent zu. Nicht selten kamen in unserem Hof fünfzehn oder zwanzig Leute zusammen, und da saß keiner und wartete, bis er dran war. Da fing einer an, sofort fiel ihm der Nächste ins Wort, und schon platzte der Dritte mit seiner Meinung heraus, und das Erstaunliche war, dass es immer Menschen gab, die trotzdem alles mitbekamen und am Ende noch wussten, was jeder Einzelne gesagt hatte.

Auf der anderen Seite, jenseits unseres Ladens, ging es nicht beschaulicher zu. Wenn ich durch den schmalen Durchgang zwischen den Geschäften an der Vorderseite unseres Grundstücks auf die Straße trat, befand ich mich schon im Großstadtleben. Diese Straße hieß »Tschitka Dopka«, die »Straße des Feuers«. Ein passender Name. Er hatte nichts mit dem Temperament meiner Familie zu tun, sondern mit dem Kraftwerk am Ende der Straße. Feuer, damit war Elektrizität gemeint, die Energie, die dieses Kraftwerk produzierte.

Es war eine Hauptverkehrsstraße, vor langer Zeit asphaltiert und mittlerweile voller Schlaglöcher. Überall gab es Geschäfte und kleine Restaurants und Bäume, die die Stadtverwaltung aus Gründen der Stadtverschönerung gepflanzt hatte. Der Verkehr war chaotisch. Man ging einfach über die Straße, ob ein Auto kam oder nicht, zwischen den Lastwagen hindurch, die durch die Schlaglöcher rumpelten. Ampeln gab es weit und breit keine, und geparkt wurde nach Lust und Laune. Manchmal stellte ein Fahrer seinen Lkw so ab, dass kein anderes Auto mehr durchkam, warf seine Matte auf den Bürgersteig und machte Mittagspause. Doch da kam keiner angelaufen und protestierte! Der Fahrer hockte sich in aller Seelenruhe in den Schatten eines Baums, wo bereits andere Fahrer saßen, kaute mit ihnen *Khat* und ließ sich ein Glas Tee aus dem nächsten Restaurant bringen. Einige der Fahrer kannte ich, von denen bekam ich als Kind ab und zu Geld für Bonbons zugesteckt. Später hielt ich mich von ihnen fern, weil ich schüchterner wurde und weil es dann, als ich in die Pubertät kam, sowieso verboten war, in der Öffentlichkeit mit Männern auch nur ein Wort zu wechseln.

Auf der ganzen »Straße des Feuers« gab es zweifellos kein wichtigeres Haus als unser Geschäft. Das war das Reich meiner Mutter.

Dieser Laden hatte ursprünglich meinem Vater gehört;

er war der Grund für unseren Umzug von Hargeysa nach Mogadischu gewesen. Anfangs dürfte es sich um einen typisch afrikanischen Kramladen gehandelt haben. Dann kam meine Mutter, und der Kramladen wurde größer und größer. Mit ihrem ungestümen Unternehmergeist hatte sie ihn bald in einen Supermarkt verwandelt, in dem es praktisch alles gab: Lebensmittel wie Reis, Zucker, Salz, Öl und Biskuits, dann auch Seife, Parfüms, Cremes und bald sogar Stoffe und Kleider. Auch die große Attraktion dieses Ladens, unser selbst gemachtes Speiseeis, ging auf ihr Konto. Es wurde aus Zucker, Farbstoff und Wasser hergestellt und schmeckte immer gleich, egal, ob es rot, grün oder gelb war. Die Förmchen mit dem gefärbten Zuckerwasser kamen ins Gefrierfach, und das Endprodukt wurde dann ganz billig an Kinder verkauft. Kurz: Meine Mutter regierte ihr Reich mit fast schon beängstigender Energie, und mir ist nie recht klar geworden, was für meinen Vater da eigentlich noch zu tun blieb.

Solange meine Mutter uns nicht rief, mieden wir Kinder den Laden, es sei denn, wir brauchten Taschengeld. Unser Leben spielte sich meistens dahinter ab, hauptsächlich im Hof, wo es zuging wie auf einem Wochenmarkt. Unter einem Baum saßen vor ihren Waschschüsseln zwei, drei oder auch vier Mädchen mit wahren Gebirgen von Wäsche, unter einem anderen Baum wurde Kamelfleisch gebraten, in einer Ecke hockten seit Stunden Fahrer im Schatten, die neue Ware brachten, meine Großmutter lag mit ihrem Kofferradio unter ihrem Lieblingsbaum, und mittendrin tobten wir Kinder. Blumen gab es nicht, die hätten auch nicht lang überlebt. Auf unserer Seite des Hofes hatten wir sieben Zimmer nebeneinander unter einem Wellblechdach bevölkert von herrenlosen Katzen, und gegenüber, auf der anderen Hofseite, stand noch einmal das gleiche Haus. Dort wohnten zwei weitere Familien, die Pächter der beiden kleinen Läden neben unserem. Wir waren damals noch nicht vollzählig, brachten es aber nach der Geburt meines Bruders Elmi immerhin schon auf zwölf: fünf Kinder, Eltern, Großmutter, dazu zwei Mädchen fürs Putzen und Waschen und zwei Vettern, die meine Mutter bei uns aufgenommen hatte. Dazu kamen die Nachbarn und Nachbarskinder von der »Straße des Feuers«. Eigentlich hatte jeder seinen eigenen Hof, aber die Grundstücksgrenzen waren gewissermaßen fließend. Die Nachbarn gingen bei uns ein und aus und wir bei ihnen. Mittags schaute man sich gegenseitig in die Töpfe und Pfannen, und wenn es bei irgendwem verführerischer roch als daheim, blieb man einfach zum Essen. Nicht zu vergessen die Tanten, Vettern, Kusinen und Onkel, die nach der Moschee nur mal hereinschauen wollten und dann schließlich über Nacht blieben. Unglaublich, was alles an Verwandtschaft auftauchte! Allein mein Vater hat neunzehn Geschwister, denn sein Vater hatte zwei Frauen gehabt. Früher oder später lernte ich die meisten von ihnen kennen; selbst Onkel Harun, der für einen Prinzen in Saudi-Arabien als Leibwächter arbeitete, ließ sich eines Tages bei uns sehen. Aber das war schon in Kenia, nach unserer Flucht.

Das Haus war also immer voll, wie ein Hotel. Natürlich gab es nicht für jeden ein Bett. Nur Großmutter hatte ihr eigenes und Yurop, meine impulsive älteste Schwester, mit der die Streitlust selbst im Schlaf durchging. Ich teilte mir eins mit Fatma, meiner zweiten Schwester. Manchmal schliefen wir zu dritt in einem Bett, dann wurde eine Matratze davor gelegt für den Fall, dass einer herausfiel. Oder auch, um noch mehr Schläfer unterzubringen. Bisweilen lagen wir quer auf unseren Matratzen, mit den Beinen auf dem nackten Fußboden. Man wusste nie, mit wie vielen Menschen man die nächste Nacht im selben Zimmer verbringen würde, ob mit zwei oder sechs oder acht. Wir waren das gewohnt. Tag und Nacht waren wir von Menschen umgeben, man konnte sich kaum umdrehen, ohne jemanden anzustoßen, und keine Bemerkung machen, ohne ein halbes Dutzend Kommentare zu ernten. Wir aßen zusammen, wir schliefen gemeinsam, wir gingen gemeinsam aus. Man war niemals allein. Das war herrlich. Ich liebte es, nachts die Körper von anderen zu spüren und den Atem der anderen zu hören. Und in manchen Nächten haben wir unsere Matratzen in den Hof gebracht, unter unseren Versammlungsbaum gelegt und draußen geschlafen. Da habe ich mich frei gefühlt.

Der Versammlungsbaum war der eigentliche Mittelpunkt unseres Lebens. Unter diesem Baum wurde gekocht, wenn es in der Küche tagsüber zu heiß war, da traf man sich nachmittags zum Tee und abends zum Essen, und anschließend trat meine Großmutter dort auf. Das war die schönste Stunde des Tages. Großmutter unter dem Versammlungsbaum – die Nacht, das Feuer, die Sterne, alles ließ etwas Unvorhergesehenes, vielleicht Aufregendes und auf jeden Fall Schönes erwarten. Manchmal ging sie zunächst den vergangenen Tag noch einmal durch, schlichtete unseren Streit und erteilte uns Ratschläge. Dann war sie Richterin und Lehrerin in einem. Wir trugen ihr unsere Fälle vor, so gesittet wie nur möglich, und sie erklärte, wer etwas falsch gemacht hatte und was daran nicht richtig war. Oft sang sie danach ein Lied. Streng genommen waren das keine richtigen Lieder mit fertigen Strophen, sondern eher Lieder zum Selbermachen. Lieder, mit denen man einem anderen aus unserer Runde etwas mitteilen oder erzählen konnte. Das ging hin und her. Wenn Großmutter ihren Gesang an mich richtete, musste ich ihr in einem Lied antworten. Diese Gelegenheiten wurden gern dazu genutzt, sich gegenseitig auf den Arm zu nehmen, und sollte jemand von einem anderen Clan unter den Zuhörern sein, bekam er garantiert sein Fett ab.

Wenn es zu bunt wurde, winkte Großmutter ab, streute neues Mückenpulver ins Feuer und erzählte. Die allererste ihrer Geschichten, an die ich mich entsinne, war die vom Löwen, dem Fuchs und der Hyäne, die gemeinsam auf die Jagd gegangen waren und eine Antilope erlegt hatten. Nach getaner Tat machte es sich der Löwe bequem und forderte den Fuchs auf, die Beute in drei Teile zu zerlegen. Wird gemacht, sagte der Fuchs, schnitt die Antilope in zwei gleich große Stücke und gab die eine Hälfte dem Löwen. Dann zerschnitt er die andere Hälfte wiederum in zwei gleiche Stücke und sagte zur Hyäne: »Dieses ist für dich und dieses für mich.« Die Hyäne wurde böse und protestierte: »Warum bekommt der Löwe das größte Stück?« Da sagte der Fuchs: »Die letzte Antilope solltest du unter uns aufteilen, und was hast du gemacht? Du hast eine Hälfte für dich allein behalten wollen. Erinnerst du dich nicht mehr, wie dich der Löwe da zugerichtet hat? Du brauchst dir nur mal dein zerkratztes Fell anzugucken.«

Da hieß es aufmerksam zuhören. Vom Fuchs konnte man oft lernen. Aus dieser Geschichte zum Beispiel, dass man beim Teilen alles Mögliche bedenken musste. Etwa, dass man das größte Stück nicht für sich selbst reservieren darf. Und dass man die Würde und das Alter eines Menschen dabei berücksichtigen muss. Nützliche Lehren, zumal wir zwei Löwen in der Familie hatten: meinen Vater, der grundsätzlich den ersten Teller mit dem besten Fleisch bekam, und meine Großmutter, die gleich als Nächste bedient wurde. Das waren die eisernen Regeln des Respekts, zu denen genauso gehörte, dass man einem Erwachsenen niemals widerspricht, auch dann nicht, wenn er im Unrecht ist. Im äußersten Fall durfte man die eigene Meinung in aller Bescheidenheit darlegen, meist aber war es ratsam, damit gänzlich hinterm Berg zu halten. Das Klügste war, zuzuhören und den Mund zu halten.

Respekt war das eine, Mut war das andere. Respekt gegenüber Älteren, Mut gegenüber Gleichaltrigen. Und Mut war genauso wichtig wie Respekt. Feigheit war meiner Mutter ein Gräuel, für meine Großmutter eine Todsünde. Beide waren fest entschlossen, aus uns mutige Mädchen zu machen. Meine Mutter wedelte bedrohlich mit ihrem Stock, wenn sie erfuhr, dass ich mich bei einer Schlägerei mit Nachbarskindern nicht gewehrt hatte. Und meine Großmutter erzählte uns Geschichten wie die von der Frau, die eine Kämpferin war. Hatte diese Frau wirklich gelebt? Wenn ja, wird sie aus dem Norden gewesen sein wie meine Großmutter, keine von den vornehmen Damen aus Mogadischu. Jedenfalls, diese Frau legte sich immer wieder mit Männern an. Sobald sie von einem Mann hörte, der seine Frau schlecht behandelte, knöpfte sie ihn sich vor, und wenn es hart auf hart ging und er nicht einsichtig war, wurde sie rabiat. Meine Großmutter ließ keinen Zweifel daran, wie sie dann mit ihm verfuhr: Sie schnitt ihm seine privaten Teile mit einem Messer ab.

Nein, sie waren beide nicht zimperlich, die Kämpferin aus der Geschichte nicht und auch meine Großmutter nicht. So klein wir waren – für solche Geschichten waren wir nicht zu jung. Inwiefern wir uns gerade diese Geschichte zu

Herzen nehmen sollten, weiß ich allerdings nicht, zumal die Kämpferin zu guter Letzt von einem Mann erschlagen wurde. Doch sie hatte sich nicht einschüchtern lassen, sie hatte für ihre Überzeugung gekämpft, und darauf kam es an.

Tatsächlich haben mir die Lehren meiner Großmutter – die auch die Lehren meiner Mutter waren – später immer wieder geholfen, in Kenia und auch in Deutschland. Nur einmal hat mich dieser Mut dann doch verlassen: Es war mein erstes Jahr in Deutschland, Winteranfang, sechs Uhr morgens, eisiger Wind, Schneeregen, und ich stand mit einem Besen in Dunkelheit und Kälte, eine Asylbewerberin aus dem Wohncontainer, und sollte den Parkplatz vor dem Düsseldorfer Großmarkt fegen – für zwei Mark die Stunde. Ab und zu fiel das grelle Scheinwerferlicht der Lastwagen und Kleintransporter von Gemüsehändlern auf mich, und ich zog meine Jacke vor der Brust zusammen und fragte mich: Nura, was machst du hier eigentlich? Was ist das für ein Leben? Wenn ich mich umschaute, sah ich das warme Licht hinter den Fenstern der Wohnhäuser, sah Menschen, die zur Arbeit gingen, Menschen, die in einem Gespräch kurz auflachten, und plötzlich fühlte ich mich, als hätte ich in der Welt nichts mehr zu suchen. Vollkommen überflüssig. Als könnte ich mich im nächsten Moment in nichts auflösen, und keiner würde es merken. Da habe ich furchtbar geweint. Später habe ich, noch immer schluchzend, meine Mutter angerufen. Und meine Mutter, die zu dieser Zeit längst in Kenia lebte, hat mir mit denselben Worten Mut gemacht, die meine Großmutter damals in unserem Hof benutzt hatte: »Gib nicht auf. Halte durch. Wer auf einen Baum klettern will, muss unten anfangen. Und schau nicht zurück. Schau nach vorn.« Sie hat mich nicht getröstet, sie hat mich aufgerichtet. Und ich habe am nächsten Morgen weitergefegt.

Oft dehnten sich unsere Abende im Hof bis weit in die Nacht. Von meinen Eltern war sowieso nichts zu sehen, sie saßen seit Sonnenuntergang mit ein paar Nachbarn vor dem Laden auf der Straße, kauten *Khat* und redeten übers Geschäft. Da draußen hatten sie Ruhe vor uns Kindern, und wenn man *Khat* kaut, will man seine Ruhe haben. Manchmal verbrachten sie da die halbe Nacht, und bei Vollmond hielten sie es noch länger aus. Aber irgendwann gingen dann doch alle zu Bett, und allmählich wurde es still. Abgesehen von Fatmas Atem hörte ich jetzt nur noch ein klatschendes Geräusch, das aus allen Häusern der Nachbarschaft und auch aus unserer eigenen Küche drang. Das waren Frauen, die mitten in der Nacht den *Injera*teig fürs Frühstück anrührten. Dabei schlugen sie mit der Hand kräftig gegen die Innenseite des Kruges, und dieses Geräusch war jede Nacht in ganz Mogadischu zu hören. Was ich als Nächstes vernahm, war das »Allahu akbar« der Muezzins, und ich erwachte mit dem beglückenden Gefühl, dass der neue Tag wieder mindestens so schön wie der vergangene werden würde.

Das war unsere Welt: Mogadischu, der Ozean, die »Straße des Feuers«. Doch wenn man nur tief genug im Sandboden unseres Hofs gegraben hätte, ich bin sicher, die rote Erde von Hargeysa wäre zum Vorschein gekommen. Denn hinter unserer modernen Großstadtwelt lag eine andere. Dahinter dehnte sich die offene somalische Landschaft mit ihren Viehherden und ihren Nomaden und ihren zeitlosen Gesetzen. Und deshalb beginnt die Geschichte meiner Familie nicht mit einer aufgeregten Hochzeitsgesellschaft in Mogadischu, sondern mit einer schwierigen Verhandlung zwischen würdevollen Clanältesten im Schatten eines mächtigen Baums. Eines Nachmittags, als sie nicht im Laden stehen musste und wir Frauen im Wohnzimmer unter uns waren, hat meine Mutter uns alles erzählt.

Die Eltern meiner Mutter waren reich. Oben im Norden, am Stadtrand von Hargeysa, hatten sie eine Plantage, wo sie alle Arten von Gemüse anbauten. Außerdem besaßen sie große Herden – Kamele, Kühe, Ziegen und Schafe. Manchmal begleiteten sie die Herden auf ihren Wanderungen durch die Weidegebiete und überließen die Arbeit auf der Plantage den Angestellten. Von ihren drei Kindern war meine Mutter das jüngste, und da sie obendrein das einzige Mädchen war, wurde sie von ihren Eltern besonders geliebt.

Sie war siebzehn, als sie meinen Vater kennen lernte. Wie? Bei welcher Gelegenheit? Das weiß ich nicht, das hat sie nie erzählt. Das vergisst man auch schnell. Zumindest früher spielte sich das Kennenlernen nämlich so ab: Ein Junge trifft ein Mädchen, man sagt: »Hallo, wie geht's?«, und dann, praktisch aus heiterem Himmel, sagte der Junge: »Ich mag dich, ich möchte dich heiraten.« Und wenn das Mädchen einwilligt, ist das Gespräch auch schon beendet. Alles andere wird dann zwischen den Familien geregelt, und was die vor allem interessiert, ist der Brautpreis. Natürlich konnten Mädchen auch gegen ihren Willen verheiratet werden, wenn der Brautpreis stimmte. Eines Tages jedenfalls tauchte mein Vater bei den Eltern meiner Mutter auf und hielt um die Hand ihrer Tochter an. Und sie lehnten rundheraus ab – obwohl meine Mutter mit ihren siebzehn Jahren schon fast als alte Jungfer galt. Damals wurde bei uns im Norden nicht gewartet, bis ein Mädchen siebzehn war, da wurde früher geheiratet. Aber zum einen war es wohl so, dass meine Großmutter ihr Nesthäkchen, ihre einzige Tochter, um keinen Preis herausrücken wollte. Und zum anderen – und das wog möglicherweise noch schwerer – gehörte mein Vater einem anderen Unterclan an als die Familie meiner Mutter und kam schon deshalb als Ehemann überhaupt nicht infrage.

Ich verstand das durchaus. Ich wusste ja, was ein Clan ist. Ich wusste, dass unser Volk aus Clans besteht, dass wir zum Clan der *Lali* gehörten und dass es in ganz Somalia keinen besseren, wahrheitsliebenderen und mutigeren Clan als die *Lali* gibt. Keinen, der ein so schönes, reines Somalisch gesprochen hätte und größere Dichter und Sänger und Geschichtenerzähler hervorgebracht hätte. Die *Lali* aus Nordsomalia waren fantastisch, unübertrefflich, und verständlicherweise waren wir ziemlich stolz darauf, *Lalis* zu sein. In Mogadischu allerdings sagte man das besser nicht so laut. Denn die Einwohner von Mogadischu waren eine bunte Mischung aus allen nur denkbaren Clans, schon der nächste Nachbar konnte von einem anderen Clan sein, und alle waren sie auf ihre Clans nicht weniger stolz als wir auf unseren. Also, das war ein heikles Thema. Manchmal allerdings, manchmal am nächtlichen Feuer überwältigte meine Großmutter der Stolz, und sie ließ sich dazu hinreißen, Loblieder auf die *Lali* zu singen, gefolgt von Spottliedern auf die anderen Clans. Das war von ihr schon nicht mehr ganz so ernst gemeint, aber im Norden, wenn sie unter sich waren, konnten sie sich noch ganz ernsthaft entrüsten: Was, du hast einen von einem anderen Clan geheiratet? Die sind doch überhaupt keine echten Somali!

Um die Sache noch komplizierter zu machen, teilt sich ein solcher Clan immer noch weiter und weiter auf und gliedert sich in eine Vielzahl von Unterclans, in ein Gewirr von Sippen und eine Unzahl von Großfamilien. Und nicht genug damit, dass es früher unmöglich war, jemanden von einem anderen Clan zu heiraten – es war sogar verpönt, einen aus einem anderen Unterclan des eigenen Clans zu heiraten! Mein Vater also war zwar ein *Lali*, genau wie meine Großeltern, gehörte aber einem anderen Unterclan an, und ihre Antwort lautete: Nein.

Nun ist es so, dass sie bei uns im Norden nicht nur die besseren Dichter und wahrheitsliebender und mutiger als alle anderen sind, sondern – und das steht nun wirklich fest – auch hitzköpfiger. Die verhinderten Eheleute wollten sich jedenfalls mit dieser Antwort nicht abfinden, und meine Mutter beschloss, heimlich mit meinem Vater durchzubrennen, um mit ihm zusammen im Häusermeer von Mogadischu unterzutauchen. Offenbar kannten sie sich doch etwas besser, als es unter Nichtverheirateten sonst üblich war, und offenbar liebten sie sich sogar. Meine

Großmutter aber bekam Wind von der Sache, und gerührt gab sie meinem Vater zu verstehen, dass sie sich unter diesen Umständen erweichen lasse. Man sei bereit, seine Vertreter zu den erforderlichen Verhandlungen zu empfangen.

Die Ältesten von Vaters Unterclan trafen nur wenig später ein, auf dem Gelände von Großvaters Plantage, wo sie von Mutters Leuten noch etwas frostig empfangen wurden, und gemeinsam ließ man sich im Schatten des größten Baumes nieder. Die Verhandlungen begannen.

»Wir haben uns heute hier versammelt, um eine sehr wichtige Angelegenheit zu beraten«, ergriff der Sprecher der Partei meines Vaters das Wort. »Wir möchten euch nämlich um die Erlaubnis ersuchen, um die Hand eurer Tochter bitten zu dürfen.«

Mein Großvater kannte die Vorgeschichte. Er wusste nur zu gut, dass seine liebestolle Tochter durchbrennen wollte, und eigentlich hatte er gegen diese Ehe auch gar nichts mehr einzuwenden. Trotzdem schlug er die Hände über dem Kopf zusammen.

»Was? Meine einzige Tochter?«, heulte er auf. »Meine einzige Tochter soll ich verheiraten? An einen von euch? Nie und nimmer! Ihr seid für meine Tochter nicht gut genug! Da kann ich sie ja gleich einem von meinen Hirten zur Frau geben! Nein, wenn ich meine Tochter verheirate, dann nur mit einem Mann meines eigenen Unterclans.«

»Nun, nun«, kam die Antwort, »wir alle gehören doch demselben Clan an. Und es ist schon vorgekommen – und gar nicht so selten vorgekommen! –, dass ihr unsere Töchter geheiratet habt und wir eure Töchter geheiratet haben. Das wäre nicht das erste Mal. Welchen Grund könntet ihr also haben, uns eure Tochter zu verweigern?«

Mein Großvater wiegte nachdenklich den Kopf. »Ist

meine Tochter überhaupt einverstanden?«, fragte er streng. »Ja, hat es der junge Mann, um den es hier geht, überhaupt für nötig gehalten, meine Tochter erst einmal zu fragen?«

Die anderen nickten heftig. Jeder wusste vom Fluchtplan der beiden.

»Oh, sie haben schon miteinander gesprochen. Und nach allem, was man weiß, hat eure Tochter nicht das Geringste gegen diese Ehe einzuwenden. Andernfalls wären wir gar nicht gekommen.«

Nun, da wollten dann auch Großvater und seine Brüder und die Clan-Ältesten dem Glück der beiden nicht mehr im Wege stehen. Aus Prinzip erhoben sie noch ein paar Einwände, die den Charakter und die Vermögensverhältnisse des Kandidaten betrafen und leicht zu entkräften waren, dann gaben sie durch Blicke und Handzeichen zu verstehen, dass sie durchaus in der Stimmung seien, sich breitschlagen zu lassen. Und Großvater sagte feierlich:

»Nun, wenn ihr wirklich glaubt, meiner Tochter ein Zuhause bieten zu können, wie sie es verdient, und wenn ihr sicher seid, sie beschützen zu können, so sollt ihr sie haben – und wir, wir geben uns mit fünfzig Kamelen zufrieden.«

Die anderen sahen sich an. Ihre Gesichter verfinsterten sich.

»Fünfzig Kamele? Fünfzig? Das ist zu viel. Wer würde fünfzig Kamele für ein Mädchen bezahlen, das nicht mehr in der Blüte seiner Jahre ist?«

Die Leute meiner Mutter verzogen keine Miene.

»Fünfzig Kamele und keines weniger. Ihr bringt uns fünfzig Kamele, und wir geben unsere Tochter frei.«

Nun, das war wirklich viel. Fünfzig Kamele! So viele Kamele besaß die Familie meines Vaters überhaupt nicht. Aber man einigte sich trotzdem. Auf Ratenzahlung. Die erste Hälfte sollte sofort bezahlt werden, die andere Hälfte über die nächsten Jahre verteilt. Eine Ziege wurde geschlachtet, alle aßen aus einer großen Schüssel, und die Unterhändler meines Vaters zogen zufrieden von dannen.

»Also«, sagte mein Großvater zum Abschied, »sobald ihr mit den ersten fünfundzwanzig Kamelen kommt, gehört meine Tochter euch.«

Und eines Abends, ein paar Wochen später, waren sie da, mein Vater und einer der Ältesten mit den Kamelen. Alle fünfundzwanzig bestanden das Examen, keines hatte sich den Höcker wund gescheuert, selbst nach kahlen Stellen forschte man vergeblich, eines war sogar trächtig, und am selben Abend noch verließ meine Mutter das Haus ihrer Eltern als Braut.

Sie machten sich mit zwei Kamelen auf den Weg. Das eine trug getrocknetes Kamelfleisch, nicht weniger als zwanzig Kilo, zart und in schmale Streifen geschnitten, wie wir es zum Frühstück gern essen, denn eine Braut kann nicht zur Familie ihres Bräutigams kommen und kein Fleisch dabeihaben. Das andere Kamel trug Gegenstände, die meine Mutter in ihrer Jugend selbst angefertigt hatte, Körbe aus Stroh und dergleichen, dazu einen Kanister Butter für das Fleisch und einen Sack Datteln. Sonst nahm sie nichts mit. Ihren Schmuck, ihre Kleider, alles, was ihre Eltern ihr einmal geschenkt hatten, ließ sie zurück. Dies alles würde ihr Mann neu für sie kaufen müssen, das wurde von ihm erwartet. Und so zogen sie los, der Hochzeitsnacht entgegen, meine Mutter, mein Vater, der Älteste und die Kamele.

Dann sei alles sehr schnell gegangen, fuhr meine Mutter in ihrer Erzählung fort. Die Familie meines Vaters erwartete sie schon. Das Ehelager war vorbereitet, über dem

Feuer brutzelte Lammfleisch in einer riesigen Pfanne, der *Scheik* waltete seines Amtes, die Trauzeugen wünschten dem Paar gesegnete Ehejahre ohne Zahl, und kaum war die Hochzeitsurkunde ausgestellt, ging das Fest los. Die ganze Nacht wurde getrommelt und gesungen, immer mehr Menschen trafen ein, die Frauen tanzten im Kreis, die Männer sprangen in die Luft und warfen die Beine hoch, und mitten unter ihnen saß meine Mutter und tanzte nicht und lachte nicht und blickte den Gästen nicht einmal ins Gesicht – denn eine Braut, die sich an ihrem eigenen Hochzeitstag freut und lacht und tanzt, die macht sich zum Gespött aller Gäste. Und schließlich, kurz vor Sonnenaufgang, fand sie sich allein im Zimmer der Brautleute wieder, allein mit meinem Vater.

Sie hielt es nicht lange dort aus. Sie hielt es keine Nacht lang dort aus. Eine Zeit des Schreckens begann, für beide – für meinen Vater, aber viel mehr noch für meine Mutter. Sie hätte diesen Teil der Geschichte verschweigen können, um uns Mädchen nicht zu beunruhigen, um uns keine Angst zu machen. Aber sie dachte gar nicht daran, uns die Wahrheit zu ersparen: Mein Vater hatte versucht, in sie einzudringen. Schon in der ersten Nacht einzudringen gilt als Beweis besonderer Männlichkeit. Aber es ging nicht. Sie hatten meine Mutter nicht aufgeschnitten. Was sollte mein Vater machen? Es wird ihm selbst wehgetan haben, für meine Mutter war es eine Qual. Sie hielt es nicht aus. In den nächsten drei Monaten floh sie Nacht für Nacht aus seinem Bett. Manchmal war sie so verzweifelt, dass sie wieder nach Hause lief und Zuflucht bei ihrer Mutter suchte. Aber es half nichts, sie musste zurück. Schließlich wurde eine Beschneiderin gerufen, die schnitt sie so weit auf wie nötig. Und in derselben Nacht noch tat mein Vater das, was alle von ihm erwarteten, und schlief mit ihr. Meine Mutter hat gelitten, geweint und geschrien. Neun Monate später brachte sie ihr erstes Kind zur Welt. Es war ein Sohn. Er wurde Mohamed genannt. So ist es in moslemischen Ländern üblich: Der erste Sohn bekommt den Namen des Propheten.

Meine Mutter liebte Mohamed, ihren Sohn, ihren Erstgeborenen, über alles. Als das jüngste von drei Kindern hatte sie zu Hause nie Nachwuchs erlebt und war glücklich, sich endlich um ein Baby kümmern zu dürfen. Nach wie vor lebte sie im Norden, nicht weit von ihren Eltern entfernt, nach wie vor atmete sie die Luft der Nomaden. Dann kam Yurop zur Welt – Yurop, wie Europa auf Englisch. Ein sonderbarer Name, wenn man nicht weiß, dass mein Vater kurz vor ihrer Geburt eine Geschäftsreise nach Europa unternommen hatte. Ein epochales Ereignis, von dem der Name seiner ältesten Tochter über seinen Tod hinaus zeugen sollte. Als Nächstes wurde meine Schwester Fatma geboren, und dann kam ich.

Ich habe meine Mutter gefragt, und sie hat mir bereitwillig geantwortet. Es gab manches, das Kinder nicht wissen und nicht hören durften, und in der Regel wurden wir aus dem Zimmer geschickt, wenn sich Erwachsene unterhielten. Wie Hochzeitsnächte gehörten aber offenbar auch Geburten nicht zu den vielen großen und kleinen Geheimnissen, die uns als Kinder umgaben, und so erfuhr ich, dass ich im Morgengrauen auf die Welt kam. Gleich darauf ging die Sonne auf, und ein strahlender Augusttag brach an. Meine Großmutter, die meiner Mutter Beistand geleistet hatte, gab mir den Namen Djowheir, »Sonnenschein«. Auf Dauer aber setzte sich mein zweiter, mein arabischer Name Nura durch, der »Licht« bedeutet.

Wie für jede beschnittene Frau war die Geburt auch für meine Mutter eine Tortur gewesen. Fünf Stunden lang hatte sie gekämpft, obwohl die Hebamme sie aufgeschnitten hatte, und kaum war ich auf der Welt, wurde sie wieder zugenäht. So musste es sein, so erging es jeder somalischen Frau nach der Geburt, und auch meine Mutter ließ es jetzt widerspruchslos mit sich machen, zum vierten Mal nun schon. Drei Stunden durfte sie sich davon im Krankenhaus von Hargeysa erholen, dann kehrte sie mit mir nach Hause zurück.

Solange meine Mutter unter ihrer Wunde litt, kümmerte sich meine Großmutter um mich. Wenn ich trinken wollte, brachte sie mich zu ihr. Vierzig Tage lang ging das so. Vierzig Tage ist die Frist, die Mütter bei uns nach der Geburt in einem eigenen Zimmer verbringen, abgeschlossen von der Außenwelt, in der sie ihren Mann nicht sehen dürfen, in der sie aufgepäppelt werden, um wieder zu Kräften zu kommen. Dieselbe Schonfrist genoss auch ich. Vierzig Tage lang wurde ich von Sonne und Wind fern gehalten, erst am einundvierzigsten Tag durfte ich an die frische Luft. Es gab ein kleines Fest zu Ehren von Mutter und Kind, die Eheleute zogen wieder zusammen, und der Alltag begann. Vorsichtsmaßnahmen mussten dennoch weiterhin ergriffen werden. Wie alle Neugeborenen wurde ich spätestens um fünf Uhr nachmittags ins Haus geholt, weil mit dem aufkommenden Wind böse Geister daherkamen. Ein Aschekreuz auf der Stirn konnte sie abwehren, aber ein sicherer Schutz gegen die unheilvollen Einflüsse dieser Geister war auch das nicht.

Viel mehr, als dass ich damals eine Vorliebe für Kügelchen aus rotem Lehm hatte, weiß ich über mein Leben im Norden aus eigener Erinnerung nicht. Aber wenn ich mir ein Bild von den Menschen im Norden machen wollte, brauchte ich mir nur meine Geschwister Mohamed und Yurop anzusehen, die einen großen Teil ihrer Kindheit dort verbracht haben. Mohamed spricht bis heute das reinste Somalisch: schnell, hart und laut, aber reich an schönen, kraftvollen Ausdrücken und poetischen Sprichwörtern. Nicht diese liebliche Sprache des Südens, in der man Frauen sogar Komplimente machen kann. Komplimente machen? Vornehm und leise sprechen? Das reichte, um die Männer von Mogadischu bei den Somali im Norden in den Ruf zu bringen, dekadent und verwestlicht zu sein, kaum besser als Frauen.

Umgekehrt hielt man im Süden die Menschen im Norden für verrückt, was mit ihrem Temperament und ihrem Starrsinn zu tun haben muss. In meiner Familie zum Beispiel gibt es einige Fälle von brodelndem Temperament und phänomenalem Starrsinn, meine Schwester Yurop aber schlug alle Rekorde. Sie war wilder als meine Brüder zusammen. Schon damals, in Mogadischu, lief sie mit kurz geschnittenem Haar herum. Und mit jedem fing sie Streit an. »Reize nicht den Ärger, bevor der Ärger dich reizt«, sagt man bei uns. Yurop hielt nichts davon. Meine Mutter muss eine Unzahl von Stöcken allein auf ihrem Rücken zerbrochen haben. Selbst nachts wälzte sie sich und strampelte dermaßen, dass sie ein Bett für sich allein brauchte. Am Tag unserer Beschneidung hat sie sich von uns allen am heftigsten gewehrt. Aber draußen, auf der Straße, in der Schule, war sie meine Leibwächterin. Die Frauen fürchteten sich vor ihr, die Männer gingen ihr aus dem Weg. Im Vergleich mit Yurop waren meine Brüder gemütvoll.

Über so viel Ungestüm schüttelte man im Süden den Kopf.

Im Übrigen musste ich mich an meine Großmutter halten, wenn ich mehr über das alte Nordsomalia erfahren wollte. Großmutter schwelgte in Erinnerungen an das Leben in ihrem Dorf vor den Toren von Hargeysa, damals, als Nordsomalia noch eine englische Kolonie war. Sie kannte sogar ein englisches Wort, das klang wie »salamabitsch«. Ich habe lange gebraucht, bis ich dahinter kam, dass sie »son of a bitch« meinte, »Hurensohn«. »Warte nur, du Salamabitsch«, sagte sie, wenn sie mit einem von uns schimpfte. Offenbar war das der Umgangston zwischen Engländern und Somali gewesen: »Hey, you son of a bitch!«

Sie seien wunderliche Leute gewesen, die Engländer. Allesamt Christen. Aber das Wunderlichste an ihnen sei gewesen, dass sie partout den Fortschritt nach Somalia bringen wollten. Nur dass unsere Leute damals für den Fortschritt genauso wenig übrig hatten wie für die Engländer. Einmal planten die Kolonialherren, in Nordsomalia eine Universität zu gründen, die größte Universität Ostafrikas. Das Projekt stieß auf den erbitterten Widerstand der Somali. »Wir brauchen eure Universität nicht«, protestierten die Clanältesten, »wir wissen nämlich schon alles. Wir sind vielleicht gebildeter als ihr.« Wahrscheinlich haben alle Recht, die uns Somali für stolz halten. Die Engländer haben ihre Universität dann in Uganda gebaut.

Also, keiner mochte sie, und wann immer meine Großmutter eine Sternschnuppe sah, rief sie auch jetzt noch mit zornigem Blick nach oben: »Möge sie mitten unter die Engländer fallen!« Doch trotz der Engländer muss früher alles besser gewesen sein, wenn man ihr glauben durfte. Einfacher und besser. Niemand brauchte sich auf Veränderungen einzustellen. Die Regenzeit scheint immer genau dann eingesetzt zu haben, wenn sie fällig war. Das Wasser kam aus dem nahen Fluss, und Milch von Kühen und Ziegen gab es immer rechtzeitig zum Frühstück, noch warm. Und stets gab es ausreichend Vorräte, um auch überraschend auftauchende Gäste zu bewirten. Denn der Gast war heilig, und erst recht durfte er nicht mit leerem Magen wieder gehen. Auf dem Markt wurden Tauschgeschäfte gemacht, ein Schaf gegen fünf Kilo Zucker und Kleider, denn Geld gab es ebenso wenig wie Betten. Man schlief auf selbst geflochtenen Strohmatten oder Tierfellen am Boden und deckte sich mit Kamelfellen zu. Es muss ein gesundes Leben gewesen sein, denn dass einer krank wurde, kam offenbar nicht vor. Nachts wurde gesungen und getanzt, und meiner Großmutter zufolge wackelte dabei keine Frau mit den Hüften. Ich kam mir abgrundtief verweichlicht vor, und mich schauderte, wenn ich hörte, dass es im Norden mitunter richtig kalt werden konnte. Wie kalt? Immerhin so kalt, dass man den eigenen Atem sehen konnte und nachts ein Feuer brennen lassen musste. Nicht zum Kochen. Um sich daran zu wärmen!

Am sympathischsten war meiner Großmutter der Gedanke, dass es damals keine Polizei gab. Alles wurde von Familie zu Familie, von Clan zu Clan verhandelt. Hatte jemand einen Mann oder eine Frau von einem anderen Clan im Streit erschlagen, zog der Clan des Opfers den Clan des Täters zur Rechenschaft, und die Ältesten beratschlagten. Und wenn der Clan des Täters keine guten Gründe für die Tat anführen konnte, musste er bezahlen: hundert Kamele für einen erschlagenen Mann, fünfzig für eine erschlagene Frau. Sollte die Familie des Täters diesen Blutpreis nicht bezahlen können oder wollen, hatte die Familie des Opfers das Recht, einen aus der anderen Familie zu töten. Gelegentlich kam es dann zum Kampf. Aber am Ende saßen doch alle wieder zusammen, verhandelten weiter und einigten sich schließlich doch. Streit und Kampf gehören bei uns dazu, das stört niemanden. Letztlich siegt doch das Zusammengehörigkeitsgefühl. Egal, welchem Clan man angehört, wir sind doch alle Somali. Wir kämpfen untereinander, und anschließend setzen wir uns wieder zusammen und reden miteinander und lösen unsere Probleme unter uns. Daran hat keiner gezweifelt, bis der Krieg ausbrach und das große Morden anfing. Früher aber kamen wir auf diese Art gut ohne Polizei aus. Und auch ohne Regierung.

So war es damals. Inzwischen gab es eine Regierung. Aber davon abgesehen hatte sich gar nicht so viel geändert. Genauer gesagt: Die Welt meiner Großmutter existierte nach wie vor, sie begann praktisch vor den Toren Mogadischus. Denn immer noch zogen die Nomaden dort draußen, jenseits der Stadtgrenzen, auf der Suche nach Wasser und Weiden von einem Ort zum anderen. Immer noch trieben sie des Abends ihre Herden in Pferche aus Dornengestrüpp und legten sich auf einer Matte dazu, unter den Sternenhimmel, wenn es am nächsten Morgen weitergehen sollte. Und immer noch bauten sie sich Hütten aus Knüppelwänden, Lehm und Gras, mit einem Boden aus gestampftem Dung, wenn sie längere Zeit am selben Ort bleiben wollten. Ich weiß das, ich habe es selbst oft erlebt, wenn die Kamele und Ziegenherden meines Onkels Osman in der Nähe der Stadt weideten und wir hinausfuhren, die ganze Familie, um mit den Hirten frische Kamelmilch zu trinken und das Fleisch von frisch geschlachteten Tieren zu essen.

Onkel Osman wohnte zwar in Mogadischu, war aber immer ziemlich gut darüber unterrichtet, wo sich seine Herden gerade befanden. Er war auf dem Laufenden über das Wohlergehen seiner Tiere und wusste, ob es irgendwo eine Dürre gab, wie viele Tiere geworfen hatten oder ob ein Tier erkrankt war. Sobald nämlich draußen in der Steppe etwas von Bedeutung vorfiel, machte sich einer seiner Hirten auf den Weg nach Mogadischu, egal, wo die Herden standen. Er lief dann bis zur nächsten Straße, manchmal den ganzen Tag, und versuchte, ein Auto anzuhalten. Wenn er Glück hatte, traf er unterwegs einen anderen Hirten, der ebenfalls in die Stadt wollte, dem brauchte er die Nachricht dann nur mitzugeben. Oder es hielt auf der Straße ein Fahrer an, der meinen Onkel kannte. Hatte er Pech, musste er selbst einsteigen und mitfahren. Oft handelte es sich nur um die Nachricht, dass sie nach Süden weiterziehen wollten oder nach Westen, je nachdem, wo es geregnet hatte. Onkel Osman fuhr seinen Hirten dann manchmal mit seinem Geländewagen zurück, die Ladefläche mit Lebensmitteln beladen, und begleitete seine Herden ein Stück.

Meinen Eltern lag daran, dass wir Kinder dieses Leben kennen lernten, weil *das* unsere Kultur war und weil unsere Vorfahren alle so gelebt hatten. Meine erste Nacht draußen bei den Nomaden werde ich nie vergessen. Es war unbeschreiblich schön. Es muss einer unserer ersten Ausflüge zu den Nomaden gewesen sein. Meist kehrten wir abends wieder in die Stadt zurück, aber dieses Mal wollten wir über Nacht bleiben. Wir hatten unseren Landrover mit Mehl und Reis für die Hirten beladen und auch an Zucker gedacht, damit sie keinen ungesüßten Tee trinken mussten, denn vor ungesüßtem Tee graut es jedem Somali. Als wir dann mitten in der Steppe ausstiegen, wurde meine sonst so lebhafte Mutter still. Sie sog den alten, vertrauten Geruch der Tiere ein, die Ausdünstungen der Ziegen und das Aroma des Kameldungs, und war glücklich. Sie liebte den Geruch der Herden, sie hatte ihn lange vermisst. Ehe sie weiterging, füllte sie sich erst einmal die Lungen mit dieser Luft, die sich so gründlich von der Mogadischus und den edleren Duftmischungen seiner schönen Frauen unterschied.

Zur Begrüßung gab es frische Kamelmilch. Die Nomaden zogen in einem Verband von fünf oder sechs Familien umher. Mit jedem Besuch verstand ich besser, dass jeder hier draußen seine Aufgabe hatte. Solange die Männer bei den Herden waren, gingen die Frauen in den Busch, sammelten Brennholz, holten Wasser an der Wasserstelle und bereiteten das Essen zu. Trat aber eine Dürre ein, entfernten sich die Männer von den Herden. Dann liefen sie los, um nach geeigneteren Weideplätzen zu suchen oder nach einem Fluss, der noch nicht ausgetrocknet war. Manchmal waren sie tagelang unterwegs; derweil bewachten die Frauen dann die Herden. Bei unserer Ankunft hatten sie sich auf einen längeren Aufenthalt eingerichtet und Hütten gebaut.

Kaum fühlten sich Yurop und Fatma unbeaufsichtigt, schwangen sie sich auf zwei Ziegenböcke, hielten sich an den Hörnern fest und trabten los, um die Wette, bis sie herunterfielen. Um sie sinnvoller zu beschäftigen, ließen die Hirten Yurop ein Kamel melken. Ich blieb lieber auf Abstand zu den kräftigen Hinterbeinen der Kamele, aber Yurop verstand sich aufs Melken, und Angst hatte sie sowieso nicht. Abends schleppten die Hirten Brennholz herbei, bis sich ein riesiger Stoß innerhalb der Umzäunung aus Dornengestrüpp auftürmte. Das Feuer wurde entzündet, einer der Hirten fachte es unermüdlich mit einem großen Blasebalg aus Tierhaut an, er stemmte sich regelrecht mit den Armen in die großen Ledersäcke, und bald loderte ein

Feuer, das in der Dunkelheit meilenweit zu sehen war. Alle ließen sich im Gras nieder, eine Ziege wurde gebraten, Yurops Kamelmilch machte die Runde, und die Nomaden erzählten. Sie sprachen über den zu Ende gehenden Tag, und wie es sich anhörte, war es ein Tag voller Ereignisse gewesen.

Die Nomaden sind unglaublich witzige Leute. Man muss das einmal erlebt haben, wie da am Feuer die Bemerkungen und Gegenbemerkungen hin- und herfliegen und wie sie ihre Geschichten zum Besten geben. Wenn du aus Mogadischu bist, kommst du aus dem Lachen nicht mehr heraus. Nicht nur ihr Leben ist völlig anders, auch ihre Art zu sprechen. Von ihrer Art zu denken ganz zu schweigen. Man kann auch nicht sagen, dass sie völlig ungebildet sind, dass sie überhaupt keine Ahnung von der Welt haben. Sie wissen erstaunlich viel. Man glaubt, sie kennen nichts anderes als ihre Tiere, sie reden mit niemandem sonst als ihren Tieren, aber in Wirklichkeit haben sie einen sehr beweglichen Geist, und wie sie denken, ist ganz unbeschreiblich. Sie lassen sich nichts einreden und auch nichts ausreden. Sie können unglaublich stur sein, wenn ihnen einer aus der Stadt mit seiner Meinung kommt. Sie sind mit Leib und Seele Hirten, sie können sich kein anderes Leben vorstellen, und sie verachten die Städte. »Komm mir bloß nicht mit diesem Unfug, den sie bei euch in Mogadischu glauben«, sagen sie. »Du wirst es nicht schaffen, mir meinen Kopf nach hinten zu drehen.« Nein, diese Leute brauchten wirklich keine englische Universität.

Der Sternenhimmel erstreckte sich von Horizont zu Horizont, als wir uns endlich zum Schlafen in die Hütten zurückzogen. Das Feuer prasselte weiter, es wurde die ganze Nacht unterhalten, um wilde Tiere abzuschrecken. Selbst

Hyänen scheuen das Feuer, verjagen aber lassen sie sich dadurch nicht. So eine Hyäne trabt um den Pferch herum, legt sich in der Nähe nieder und wartet ab wie ein begriffsstutziger Zuschauer, mit unendlicher Geduld.

Im Schutz des Pferches schlief meine Mutter auf einer Matte unter freiem Himmel. Ich lag in meiner Hütte und war womöglich genauso glücklich wie sie. Wie viele Geräusche man nachts da draußen hörte! Immer wieder wurde die Stille von vertrauten und geheimnisvollen Lauten unterbrochen, den Geräuschen der Herdentiere und den Geräuschen wilder Tiere, und besonders deutlich war immer wieder das schaurige Lachen der Hyänen zu hören. Und dann der nächste Morgen: Bevor der Gesang der Vögel einsetzte, war es vollkommen still. Ich kroch aus meiner Hütte, noch etwas steif von dieser Nacht auf einer dünnen Strohmatte, da strich ein leichter, kühler Wind über die blühende Steppe, und obwohl die Sonne schon wieder kräftig schien, bekam ich eine Gänsehaut. Mich schauderte es vor Wonne und Glück. Später wurde der Pferch geöffnet, und ein Schnaufen, Meckern, Brüllen, Trippeln und Stampfen setzte ein, begleitet von dem Gebimmel der Glöckchen. Einige Tiere hatten Glöckchen aus Holz, die klangen noch schöner als die üblichen Glöckchen aus Messing, tiefer, voller, träumerischer.

Ich nahm jedes Mal schweren Herzens von dieser Welt Abschied.

Und ich verstand, dass diese Menschen für die Zivilisation nichts übrig hatten. Sie machten auch gar keinen Hehl daraus. Ich hatte einen Vetter, ein junges Bürschchen von elf oder zwölf Jahren, der lebte als Nomade draußen bei den Herden und wusste alles über Kamele. Eines Tages gingen wir mit ihm zu einer Parade in Mogadischu. Es war ein hoher staatlicher Feiertag, viel Volk in den Straßen, und der Höhepunkt war ein Festumzug mit dressierten Kamelen. Eine Kapelle marschierte vorbei, dann eine Abteilung der Polizei, und als die ersten Kamele in Sicht kamen, schrie mein Vetter aus Leibeskräften: »Tuuu!« Er wusste genau, was jetzt passieren würde. »Tu« lautet das Kommando, wenn ein Kamel sich hinlegen soll. Und tatsächlich gingen sämtliche Kamele auf der Stelle in die Knie und ließen sich auf der Straße nieder. Die Zuschauer lachten, die Reiter waren außer sich vor Wut, schrien und fluchten, sprangen von ihren Tieren herunter und rannten durch die Menge hinter ihm her. Sie erwischten ihn und prügelten ihn grün und blau, fast hätten sie ihn gelyncht. Das war diesem Nomadenbengel egal. Er hatte es darauf angelegt, und es war ihm tatsächlich gelungen, die ganze schöne Parade zu sprengen.

Wie absurd muss diesen Menschen unsere moderne Welt vorkommen.

DIE MADRASSA

Dieses vergnügliche Leben aus Reisen in die Steppe, Spielen am Strand und Großmutters Geschichten am nächtlichen Hoffeuer hätte für mich natürlich immer so weitergehen können. Doch mein Glück dauerte nur knapp vier Jahre, bevor es zum ersten Mal empfindlich gestört wurde. »Nura«, sagte meine Mutter, »ab heute gehst du zur *Madrassa.*« Zur Koranschule also. Meine Mutter war nämlich unerschütterlich davon überzeugt, dass Kinder so früh und so viel und so lang wie möglich lernen sollten – egal, ob Junge oder Mädchen. All die Jahre in Somalia hat sie einen großen Teil ihrer außerordentlichen Energie darauf verwandt, uns zum Lernen anzuhalten, und wenn sie mich in späteren Jahren im Bett erwischte, ohne dass ich meine Hausaufgaben gemacht hatte, kam sie mit einer Schüssel kaltem Wasser an, weckte mich, holte mich aus dem Bett, und ich musste mich wieder an den Tisch setzen, die Füße im kalten Wasser, und weiterschreiben. So war sie. Da saß ich die halbe Nacht mit den Füßen im Wasser, und bevor es noch warm geworden war, tauschte sie es schon wieder gegen kaltes aus – so lange, bis ich fertig war. Ich bin ihr bis heute dankbar dafür. Damals aber ging mir ihre Begeisterung für Bildung sehr gegen den Strich. Ich hatte keine Ahnung, was mich in der *Madrassa* erwartete, doch mir dämmerte, dass nun der Ernst des Lebens begann, und ich wusste, dass ich da auf keinen Fall hinwollte. Ich wehrte mich mit Händen und Füßen.

Das war im höchsten Maße ungehörig. Meine Mutter griff zum Stock, wickelte mir ein Tuch um den Kopf, stopfte mich in eine knöchellange Hose, zog mir einen Rock über und schleifte mich zur Moschee. Unterwegs versuchte sie es abwechselnd mit Drohen und Flehen. Ich schrie weiter.

Was mich schließlich besänftigte, war die Freundlichkeit unseres Lehrers M'alim Omar. Er nahm mich bei der Hand, stellte mich der Klasse als ein Mädchen aus der Nachbarschaft vor, das glücklich sei, endlich dazuzugehören, und alle Kinder klatschten in die Hände und stießen Freudenschreie aus. Das gefiel mir schon besser. Meine Mutter ging, und ich nahm neben einem anderen Mädchen auf dem Boden Platz.

In dem großen, hellen Raum saßen über vierzig Kinder, Jungen und Mädchen gemischt, die Mädchen samt und sonders so verpackt wie ich – in der *Madrassa* dürfen wir schon als Dreijährige nicht mehr unsere Beine zeigen, ja, nicht einmal unsere Fußknöchel, geschweige denn unser Haar. Da saßen wir also, in Reihen hintereinander auf Matten am Boden, und jeder hatte ein Höckerchen vor sich, auf dem ein Heft und ein Bleistift lagen. Vorn an der Wand war ein großer Fleck schwarz gestrichen, das war die Tafel. Davor standen die einzigen beiden Möbelstücke, ein Stuhl und ein Pult. In dem Pult verwahrte der Lehrer seine Bücher und persönlichen Dinge, den Stuhl benutzte er nie. Er saß lieber wie wir auf dem Boden.

M'alim Omar war ein islamischer Lehrer, wie er im Buche steht. Ein langer, hagerer Mann, schon alt, mit grauem Haar. Ich habe ihn nie in Hosen gesehen, immer trug er eine Art Kittel aus weißem Stoff und auf dem Kopf ein rundes, ebenfalls weißes Käppchen. Das Zeichen seiner Würde und Autorität war ein langer, dünner Stock. Wir redeten ihn mit M'alim an, was Lehrer heißt.

Zu beneiden war M'alim Omar nicht. Es muss unendlich mühsam gewesen sein, vierzig kleine somalische Kinder zu bändigen, die alles andere im Kopf hatten, als den Koran auswendig zu lernen. Je weiter hinten ein Kind saß, desto uninteressanter erschien ihm der Koran. Da wurde getuschelt, gekichert und ungeniert gelacht, ein Junge bohrte seinem Vordermann den Bleistift in den Rücken, zwei stritten sich um ein Heft, jemand warf mit Papierkügelchen um sich, eins von den Kleinen machte sich in die Hose. Hier schrie ein Kind auf, da weinte eins los, dort schlief eins auf seinem Höckerchen ein, und hinten riss vielleicht ein besonders dreister Junge die Tür auf und war für den Rest des Morgens spurlos verschwunden – und anstatt in Ruhe und Würde das Alphabet der heiligen Sprache Arabisch oder die ewig gültigen Lehrsätze unserer Religion vorzusingen, war M'alim Omar gezwungen, hierhin und dorthin zu springen und nach allen Seiten Schläge mit seinem Stock auszuteilen. Aber weil er ein gutherziger Mensch war, tat ihm jeder Schlag gleich wieder Leid, und zum Trost verteilte er Würfelzucker an uns, von dem er einen reichlichen Vorrat besaß.

Diesen Würfelzucker brauchte er eigentlich für sich selbst. M'alim Omar kaute nämlich den ganzen Morgen *Khat*. Er saß da vorne, sang seine Suren und kaute dabei unentwegt auf den Stängeln der *Khat*pflanze. Die einen beruhigt es, die anderen macht es noch wilder, aber auf M'alim Omar schien es beide Wirkungen gleichzeitig zu haben. Jedenfalls hätte er ohne *Khat* diese Morgende mit uns wahrscheinlich gar nicht ertragen. Und weil ihm das *Khat* zu bitter war, bekämpfte er den Geschmack mit

Unmengen von Würfelzucker. Die Folge war, dass von seinen Zähnen nur noch schwarzbraune Stummel übrig waren. Weil sich unsere Eltern vorstellen konnten, was dieser Mann durchmachte, gaben sie uns übrigens jeden Donnerstag kleine Geschenke für ihn mit. Jeder Schub neuer Madrassaschüler ging durch seine Hände, seit einer Generation war buchstäblich jedes Kind aus unserem Viertel von ihm in unsere Religion eingeführt worden. Viele von ihnen waren wohl schlechter erzogen als ich, und zahllose Eltern hatten Grund, diesem Mann ewig dankbar zu sein. Nicht zuletzt, weil wir bei ihm tatsächlich auch etwas lernten, so unglaublich das klingt.

Wir lernten die Lebensgeschichte unseres Propheten. Dann das arabische Alphabet, damit wir den Koran lesen konnten. M'alim Omar sprach jeden Buchstaben des Alphabets in einer anderen Tonhöhe vor. Daraus entstand eine Melodie, die mit jedem neuen Buchstaben länger wurde. Er sang vor, wir sangen nach, alle im Chor. Als Nächstes kam der Koran an die Reihe. Sure für Sure sang M'alim Omar uns vor, Sure für Sure sangen wir ihm nach. Und zwischendurch wurden wir mit den fundamentalen Glaubenssätzen des Islams bekannt gemacht: Es gibt nur einen Gott, Gott ist groß… Erst auf Arabisch, dann auf Somalisch: »Allah wahet, illahi wawen…« Und immer alles gesungen. An manchen Tagen entließ er uns erst, wenn wir das Pensum eines ganzen, langen Morgens fehlerfrei hersagen konnten.

Allmählich verstand ich, warum meine Großmutter mit ihrem privaten Koranstudium nie zu einem Ende kam. Denn der Koran ist lang. So lang, dass man viele Jahre braucht, um einmal durchzukommen, wenn man ihn auswendig lernen will. Ich habe sieben Jahre dafür gebraucht. Meine Großmutter jedoch hatte nie eine *Madrassa* besucht, sie konnte nicht einmal schreiben. Nach zwei, drei Tagen hatte sie zwar eine Passage im Kopf, aber dann musste sie erst einmal jemanden finden, der ihr das übersetzte. Chinesisch hätte für sie nicht unverständlicher sein können als das Arabisch des Korans. Und damit war es nicht getan. Als Nächstes ging es darum, die praktische Anwendung der einzelnen Suren im Alltag zu verstehen, denn jede Sure hat eine bestimmte Bedeutung. Wenn man etwas heiß ersehnt, etwas dringend braucht, krank oder in Geldnot geraten ist oder womöglich von einem Elefanten verfolgt wird – für jede Lebenssituation gibt es eine bestimmte Sure, die man in diesem Fall beten muss. Kein Wunder also, dass meine Großmutter zu keinem Ende kam.

Ihre Ausdauer war wohl nur mit ihrem unbegrenzten Vertrauen auf die Heiligkeit des Korans zu erklären. Sie glaubte so fest an die Wunderkraft jeder Sure, dass sie nicht einmal nach ihrer zweiten Begegnung mit einem *Dschinn* einen Arzt sehen wollte. Dazu kam es nämlich ein paar Jahre später, in unserem Hof. Es war gegen Mitternacht, als sie gerade mit einer Taschenlampe und dem Wasserkrug von der Toilette kam. In diesem Augenblick schlug ein *Dschinn* ihr beides aus den Händen, den Krug und die Lampe, und riss sie zu Boden. Auf ihr Schreien hin stürzten wir hinaus – da lag sie, konnte nicht mehr aus eigener Kraft aufstehen und war sogar unfähig, den Kopf zu drehen. Ihr ganzes Leben hatte sie keinen Arzt an sich herangelassen, und auch jetzt verlangte sie nur nach einem *Scheik*. Der kam, las ihr von nun an täglich eine Stunde aus dem Koran vor, und einen Monat später konnte sie wieder laufen. Eine Spur hinterließ dieser zweite *Dschinn* allerdings doch: Ihre rechte Gesichtshälfte blieb für immer gelähmt.

Ich gestehe, dass mir die Bedeutung des Korans damals,

mit vier Jahren, noch nicht klar war. Die Morgende in der *Madrassa* kamen mir deshalb oft endlos vor. Jeden Tag vier Stunden hintereinander, von acht bis zwölf, ohne Pause! Das war ein Gähnen, wenn es auf Mittag zuging. Wenn du Durst hattest, bekamst du mit viel Glück die Erlaubnis, zum Wasserhahn zu laufen und ein paar Schlucke zu trinken. Wenn du einschliefst, zog dir M'alim Omar eins mit seinem Stock über und forderte dich auf, dein Gesicht mit kaltem Wasser zu bespritzen. Und weiter ging es. Wie oft bin ich selber eingeschlafen! Und wie oft habe ich selbst M'alim Omars Stock zu spüren bekommen – und hinterher Würfelzucker gelutscht! Aber später am Tag, daheim, selbst im größten Lärm und nachts im Bett noch, ratterten mir Suren durch den Kopf.

Ein Thema aber machte mich hellhörig und beschäftigte mich stark, nämlich alles, was wir in der *Madrassa* über den Tod erfuhren. Denn der Tod machte mir Angst, vor allem nachts. Wenn ich mir vorstellte, ich müsste ganz allein in dieses dunkle Loch in der Erde ... Oder ein anderer Mensch, mit dem ich vielleicht unter einem Dach gewohnt hatte, mit dem ich vielleicht sogar in einem Bett geschlafen hatte und an dessen Körperwärme, an dessen Lächeln, an dessen Stimme ich mich noch erinnern könnte ... Was wir darüber in der *Madrassa* lernten, war nicht beruhigend. Dass wir auf die Welt kommen, um zu sterben. Und dass dich Engel besuchen, kaum dass man dich mit Erde bedeckt hat, und dich über dein Leben ausfragen. Sicher, wenn du ein guter Mensch gewesen bist und nach den Regeln des Korans gelebt hast, würdest du dich im Grab schon wie im Paradies fühlen, es würde dir an nichts fehlen. Aber wenn du ein schlechter Mensch warst, empfängst du deine Strafe sofort. Dann wird dir das

Grab sehr eng werden, hieß es. Ersticken wirst du in deinem Grab, und es wird heiß werden, glutheiß. Würmer und Schlangen werden dir keine Ruhe lassen, und niemand kann dir dann helfen. »Bestrafung im Grab« nennt sich das. Ich stellte mir einen Teufel vor, der mich tage- und wochenlang quälen würde, ohne dass ich mich wehren könnte. Wir wurden in der *Madrassa* also gründlich auf den Tod vorbereitet, damit wir stark wären, wenn es einmal so weit war. Heute habe ich mich mit der Tatsache abgefunden, dass mir niemand helfen kann, wenn meine Stunde gekommen ist.

Alles in allem hatten wir großes Glück mit unserem M'alim Omar. Es gab andere *Madrassas*, da waren die Lehrer unerbittlich streng, da herrschte eisiges Schweigen, da rührte sich keiner von seinem Platz. Worauf uns aber nicht einmal der gute M'alim Omar vorbereitete, das war unsere Beschneidung. Dabei fiel die Beschneidung fast aller Mädchen in die Zeit, in der sie die *Madrassa* besuchten. Und nicht nur, dass M'alim Omar mit keinem Wort darauf einging, auch den Erwachsenen daheim, den Eltern, den Tanten, den Nachbarn schien es nicht der Rede wert zu sein. Ja, nicht einmal die Mädchen, mit denen sie es schon gemacht hatten, sprachen darüber. Vielleicht, weil es so selbstverständlich war. Vielleicht, weil man über die selbstverständlichste Sache der Welt kein Wort zu verlieren brauchte.

Nicht, dass ein großes Geheimnis daraus gemacht worden wäre und niemand das Wort »Beschneidung« in den Mund genommen hätte. Es kam vor, dass wir Mädchen nach der *Madrassa* noch zusammenstanden und eine fragte: »Bist du schon beschnitten?« Dann hieß es vielleicht: »Nein, aber jetzt in den Ferien bin ich dran.« Die wurde dann von allen, die noch nicht beschnitten waren, beneidet. Weil man sich nichts sehnlicher wünschte, als auch beschnitten zu werden, um dazuzugehören. Aber Erfahrungen wurden nie ausgetauscht. Wer es hinter sich hatte, sprach nicht mehr davon. Und für alle, die es noch vor sich hatten, blieb es bei diesem Wort, das niemand erklärte. Einem magischen Wort, doch ohne jede Bedeutung.

Natürlich wurden wir mit Absicht im Unklaren gelassen. Trotzdem hatten wir alle eine Ahnung, eine blasse, uneingestandene Vorstellung davon, was uns erwartete. Zu vage, zu unvorstellbar, als dass sie uns wirklich beunruhigt hätte. Gerade deutlich genug, um die Sache als kleines Abenteuer erscheinen zu lassen. Denn zumindest das Drum und Dran einer Beschneidung ließ sich in Mogadischu gar nicht verheimlichen. Früher oder später kam man dahinter, auch wenn man noch nicht einmal fünf war, so wie ich. Da waren zum Beispiel die *Halaleisos*, die Beschneiderinnen, die man tagsüber in irgendeiner Haustür verschwinden sah. Man erkannte sie schon an dem Geruch, der ihnen anhaftete. Wenn sie an einem vorübergehen, riechen sie nach den stark duftenden Kräutern, die sie in die Wunde reiben. Manchmal laufen ihnen Kinder nach und schreien ihnen hinterher, weil sie ein bisschen unheimlich sind. Ich finde, dass man es ihnen auch am Gesicht ansehen kann – sie haben verschlossene Gesichter. Sie sehen so aus, als hätten sie schon lange nicht mehr gelacht. Nicht böse, eher verbittert.

Und dann konnte es passieren, dass man ein Wort von der Unterhaltung zwischen zwei Nachbarinnen aufschnappte, wenn sich die eine bei der anderen gerade nach der Adresse einer empfehlenswerten *Halaleiso* erkundigte. Und schließlich gab es die Partys am Vorabend einer Beschneidung. Wenn sie bei einem Nachbarn stattfand, ging man vielleicht hin. Als Mädchen, nicht als Junge. Jungen waren nicht zugelassen. Da wurde gesungen und viel gelacht, und die heitere Atmosphäre war so ansteckend, dass man seine eigene Beschneidung kaum erwarten konnte. Wenn man jetzt ein sehr neugieriges Kind war, dann wachte man am nächsten Morgen auf und flüsterte seiner Schwester ins Ohr: »Heute werden sie beschnitten. Ich werde mich gleich hinüberstehlen und horchen, wer von ihnen weint. Gestern haben sie nämlich noch alle geschworen, dass sie auf gar keinen Fall weinen werden.«

Die eine oder andere Nachbarin ließ einen dann tatsächlich von weitem zuschauen, aber längst nicht alle. Die meisten duldeten keine Zuschauer, die scheuchten einen ziemlich barsch aus dem Haus. Also, wenn wir wollten, konnten wir schon etwas mitbekommen. Aber das Einzige, das du am Ende genau zu wissen glaubtest, war, dass sie mit dir irgendetwas da unten, zwischen deinen Beinen, machen werden.

Wir wussten auch, warum. Weil es schon immer mit allen Mädchen gemacht worden war und weil man so zur Frau wurde und weil man sich andernfalls das Heiraten gleich aus dem Kopf schlagen konnte – denn kein Mann würde dich nehmen, solange du noch schmutzig bist und stinkst. Und deshalb bin ich übermütig in unserem Hof herumgesprungen, habe in die Hände geklatscht und immer wieder mein Glück hinausgeschrien, nachdem ich erfahren hatte, dass ich in einer Woche, gleich nach Ferienbeginn, zusammen mit meinen großen Schwestern Fatma und Yurop beschnitten werden sollte. Obwohl ich noch nicht einmal fünf war und eigentlich viel zu jung dafür.

Meine Mutter hatte die Sache lange genug vor sich hergeschoben. Yurop war schon acht, und länger glaubte sie nun wirklich nicht mehr warten zu dürfen. Da war es das Einfachste, alle drei Mädchen auf einmal zu beschneiden. Und als sich dann auch noch herausstellte, dass in der Nachbarschaft vier weitere unbeschnittene Mädchen im richtigen Alter lebten, verständigten sich deren Eltern mit meinen darauf, alle sieben praktischerweise auf einen Schlag bei uns beschneiden zu lassen.

Ich war vier, ein kleines, ahnungsloses Mädchen. Doch dass es etwas Großartiges ist, beschnitten zu werden, das wusste ich. Das wusste ich von meiner Großmutter, das wusste ich von den Nachbarinnen, und als der Termin jetzt feststand, hörte ich es von allen Seiten: »Wunderbar, nun bist du bald ein großes Mädchen! Nun gehörst du bald dazu! Nicht mehr lange, und du wirst heiraten!« Am Vorabend des großen Tags herrschte deshalb bei uns im Hof eine erwartungsvolle, fröhliche Stimmung, und es wurde viel gelacht.

Mein Vater saß mit den Vätern der anderen Mädchen draußen auf der Straße und kaute *Khat*. Der Hof gehörte jetzt uns Frauen allein. Männer hatten hier an diesem Abend nichts verloren. Meine Mutter war dabei, das Essen für den nächsten Tag zuzubereiten, denn morgen würde sie nicht zum Kochen kommen. Meine Großmutter ließ sich eine Trommel bringen, und während wir Mädchen ausgelassen im Hof herumtanzten, sang sie Lieder, Lieder aus dem Norden, die sie von früher kannte, und schlug dazu ihre Trommel. Später gab es für uns alle kleine Geschenke, und wir strahlten. Und fortwährend redeten alle Mütter auf ihre Töchter ein und beschworen sie, ihren Familien morgen keine Schande zu machen: »Morgen wird sich zeigen, wer von euch die Tapferste ist, wer von euch die Zähne zusammenbeißen kann und wer es ohne Weinen hinter sich bringt.« Denn ein wehleidiges Mädchen brachte Schande über seine ganze Familie.

Das wollte keine. Jede von uns war wild entschlossen, die anderen an Tapferkeit zu übertreffen. Keine einzige Träne würde über unsere Wangen laufen, gelobten wir. Meine Großmutter setzte offenbar ihre größte Hoffnung in mich. »Ich bin gespannt, ob unsere kleine Nura den großen Mädchen was vormachen wird«, sagte sie augenzwinkernd. »Ich glaube fast, am Ende wird Nura von allen die Tapferste sein.« Ich war stolz.

Oh, ich war völlig unbekümmert. Ich war völlig arglos. Ich war nicht einmal aufgeregt. Nicht die Spur von Angst, was da morgen auf mich zukommen würde. Und so ging es auch Fatma, so ging es Ifra, Muna, Nasra und Suleiha, den Nachbarsmädchen. Nur Yurop beteiligte sich nicht an unseren Freudenausbrüchen. Irgendwann fiel uns auf, dass sie sich als Einzige nicht von unserer Heiterkeit anstecken ließ. Wir tanzten ums Feuer, posaunten unsere Freude in die Nacht hinaus, und sie saß da und kämpfte gegen die Tränen. Mit ihren acht Jahren wusste sie wohl schon zu viel. Sie war nicht mehr so naiv wie wir. Ich glaube, sie hatte wirklich Angst. Irgendwann, als wir anderen uns schon alle als kleine Heldinnen fühlten, fing sie leise an zu weinen. Da redete meine Großmutter ihr ins Gewissen: »Gerade du solltest mit gutem Beispiel vorangehen. Du, als Älteste, musst den anderen doch zeigen, was ein somalisches Mädchen aushalten kann. Du wirst morgen die Erste sein, du darfst die anderen nicht entmutigen.« Es sollte nämlich dem Alter nach gehen, und mit Yurop wollten sie anfangen.

Ich glaube, Yurop hat in dieser Nacht kein Auge zugetan. Möglich, dass sie irgendwo alles schon einmal mitbekommen hatte und wusste, dass es kein Entrinnen gab. Wenn sie jetzt weggelaufen wäre, wohin hätte sie fliehen sollen? Selbst wenn sie zur nächsten Polizeiwache gerannt wäre, die Polizei hätte nichts für sie tun können. Meine Mutter hätte jedem Polizisten geantwortet: »Sie ist mein Kind. Ich habe sie mit Schmerzen zur Welt gebracht. Und ich bin die Einzige, die entscheidet, was mit ihr geschieht.« Kein Polizist hätte sich da einmischen dürfen. Nein, es gab keinen Ausweg.

Ich hingegen schlief in dieser Nacht gut. Im selben Raum wie die anderen sechs und wie alle nicht in einem Bett, sondern auf einer dünnen Matte am Boden. Derselben Matte, auf der ich die nächsten zwei Wochen verbringen würde, stocksteif und gefesselt. Eine Matratze hätte nachgegeben und bei der kleinsten Bewegung noch größere Schmerzen verursacht. Deswegen waren die Betten in den Hof geschafft worden.

Als wir geweckt wurden, in aller Frühe, zog sich mir der Magen zusammen. Wahrscheinlich war es nur die Aufregung. Denn als wir über den dunklen Hof an den ersten Frauen vorbei zur Dusche liefen, war ich immer noch guter Dinge. Ich ärgerte mich nur, dass wir diesmal kalt duschen sollten. Ich bin nie eine Freundin von kaltem Wasser gewesen. Aber es hieß, dann blute man weniger, und meine Großmutter erzählte, dass sich die Mädchen draußen in den Dörfern vorher in Bächen waschen müssten und dass das Wasser dieser Bäche noch viel kälter sei. Wir mussten also alle unter die kalte Dusche, Großmutter seifte uns gründlich ein, trocknete uns hinterher ab und schickte uns zurück auf unser Zimmer. Dort wurden wir von Nachbarsfrauen erwartet, die uns Kindern eine Art Schürze anlegten. Das waren nichts als Tücher, die vorn herunterhingen und im Nacken zusammengeknotet wurden, damit wir überhaupt etwas anhatten. Als wir dann, gut gewaschen und bis auf diese Schürzen nackt, im allerersten Tageslicht wieder heraustraten, entdeckten wir unter den vielen Frauen im Hof die *Halaleiso*.

Sie war in ein Gespräch mit Großmutter vertieft. Alt war sie nicht, Mitte vierzig vielleicht. Sie trug einen Schal um den Kopf, und von ihrer Schulter hing eine kleine, geflochtene Tasche. Sie war schon gegen vier gekommen. *Halaleisos* kommen meistens frühzeitig, um sich einen geeigneten Arbeitsplatz aussuchen zu können. Jedes Haus ist anders, und eine *Halaleiso* braucht vor allem gutes Licht. Am besten zartes Morgenlicht, nicht zu schwach und nicht zu grell. Sie war von meiner Mutter in der Küche bewirtet worden, hatte sich gestärkt, danach gebetet und redete nun mit Großmutter, und ich erinnere mich, dass sie lachten, als stünde ein heiterer Tag bevor. »Das ist sie, das ist sie«, raunten wir uns zu. Und ich hatte das Gefühl, dass den anderen das Herz jetzt doch schneller schlug. Nur ich blieb ruhig. Ich ahnte immer noch nichts. Plötzlich kam sie auf uns zu, lächelte und sagte: »Keine Angst, keine Angst. Wir wollen heute nur sehen, wer die Tapferste von euch ist. Also haltet euch wacker.«

Mein Vater war an diesem Tag nicht da. Er wollte mit der ganzen Sache nichts zu tun haben und war verschwunden. Auch die Väter der anderen Mädchen ließen sich nicht sehen. Und Großmutter hatte die Regie übernommen. Auf ihre Anweisung hin wurden jetzt Stofffetzen zu einem Knebel verknotet. Dann wurde eine flache Holzkiste hereingetragen und mit dem Boden nach oben im Hof abgesetzt. Eine Art Apfelsinenkiste, aber aus stabilen Brettern. Die hielt etwas aus. Gegen sechs Uhr war es dann bereits so hell, dass man beginnen konnte.

Die *Halaleiso*, die gerade eben noch unter unserem Versammlungsbaum gesessen und Tee getrunken hatte, erhob sich. Wir Mädchen waren inzwischen unruhig geworden. Jetzt hatte doch jede das Gefühl, dass es allmählich brenzlig wurde. Yurop musste sich auf die Kiste setzen. Eine Frau griff sich ihr linkes Bein, eine andere ihr rechtes, eine dritte umklammerte sie von hinten, die nächste packte sie bei den Schultern, zwei weitere hielten ihre Arme fest, und am Ende waren es sieben oder acht Frauen, die irgendein Körperteil meiner Schwester zu fassen bekommen hatten und so festhielten, dass sie sich eigentlich nicht mehr rühren konnte. Meine Mutter war übrigens verschwunden. Aber hier wusste jede, dass Yurop ziemlich kräftig war und dass sie nicht zu denen gehörte, die sich alles gefallen ließen. Dann wurden ihre Beine auseinander gezogen, und die *Halaleiso* hockte sich dazwischen.

Noch bevor die *Halaleiso* sie überhaupt berührt hatte, schrie Yurop auf. Sofort schlug ihr eine der Frauen ins Gesicht. Nach allgemeiner Überzeugung hätte es nichts genutzt, jetzt Verständnis zu zeigen. Vielleicht war das nicht falsch, Yurop jedoch war so jedenfalls nicht zu beruhigen. Sie schrie weiter, und man stopfte ihr den vorbereiteten Knebel in den Mund. Ich erinnere mich, dass ich das lustig fand. Ich hatte immer noch nichts kapiert. Noch waren ja auch genug andere vor mir dran. Ich war ja nicht die Nächste, ich hatte immer noch gut lachen. Als die Reihe später an mich kam, war mir das Lachen längst vergangen.

Von Yurop war außer einem Stöhnen nichts mehr zu hören, und ein paar Minuten später kam eine Frau mit einer schmalen Stoffbahn an. Damit umwickelten sie Yurop von der Hüfte abwärts bis zu den großen Zehen, so fest, dass sie ihre Beine nicht mehr bewegen konnte. Dann trugen zwei Frauen sie vorsichtig in den Raum mit den Matten.

Ich hatte nicht viel mitgekriegt. Als sie ihr den Knebel in den Mund stopften, hatte ich mich verdrückt. Wegen der vielen Frauen, die an ihr zerrten oder um sie herumstanden, war sowieso nicht viel zu sehen gewesen. Nun kam Ifra dran, und die nahm, wie alle Folgenden, schreiend Reißaus. Die Frauen mussten sie also erst einmal einfangen und mit rabiater Gewalt auf die Kiste drücken. Dann wieder das Gleiche: Auch Ifra schrie und versuchte sich zu befreien, und wieder kämpften die Frauen mit ihr und stopften ihr den Mund. So ging es weiter, mit Fatma, Muna,

Suleiha und Nasra. Alle schrien sie, wurden sie geknebelt, die *Halaleiso* machte keine Pause, und zwischendurch wischten sie das Blut von der Kiste und scharrten mit den Füßen Sand über die Pfütze am Boden. Und jetzt war nur noch eine übrig, und das war ich.

Als ich an die Reihe kam, brach ich in Tränen aus. Ich hatte Angst. Ich konnte nicht einmal weglaufen. Ich schrie, als sie auf mich zukamen, ich schrie: »Ich will nicht!« Das nützte gar nichts. Sie fassten mich, schleppten mich zu der Apfelsinenkiste und setzten mich drauf. Ich schrie, strampelte und wurde von allen Seiten gepackt. Keine dieser Frauen machte Anstalten, mir zu helfen. Eine erinnerte mich daran, dass ich gestern versprochen hätte, die Tapferste zu sein. Ich saß da wie in einer Arena, um mich herum ein dichter Kreis von Frauen. Sie umklammerten mich, schlugen meine Schürze zur Seite, zogen meine Beine auseinander, und das war der Augenblick, in dem eine der Nachbarinnen zu singen anfing.

Sie sah meinen Bauch und meine Oberschenkel – Körperteile, die auch bei einem kleinen Mädchen von vier Jahren sonst immer bedeckt blieben – und war hingerissen. Ich hatte sowieso von uns allen die hellste Haut, aber dort unten war meine Haut fast weiß. Und diese Frau begann zu singen: »Nura, wie schön du bist, wie weiß du bist, deine Haut ist weißer als die Milch eines weißen Kamels.« Und obwohl sie mich weiterhin gewaltsam festhielten, antworteten die anderen Frauen ihr, eine nach der anderen, indem sie diese Strophe wiederholten: »Nura, wie weiß du bist, weißer als die Milch eines weißen Kamels.« Und tatsächlich wurde ich ruhig. Bist du wirklich so weiß?, dachte ich. In diesem Augenblick griff die *Halaleiso* nach mir und begann zu schneiden.

Es gab ein Geräusch wie ein scharfes Kratzen oder Reißen, als ob eine Kralle Sackleinen oder ein grobes Tischtuch aufschlitzt. Jetzt ereiferten sich die Frauen und schrien. Alle riefen durcheinander, während sie mir an Armen und Beinen zerrten und fast die Luft abdrückten: »Ja, ja, die Seite ist gut!« »Aber da, da hat sie was vergessen!« »So, das war's!« »Schon fertig! Schon erledigt!«

Ein Hexenkessel. Lauter als ihr Kreischen aber hörte ich dieses Kratzen, wenn die Rasierklinge durch mein Fleisch fuhr. Ich war so entsetzt, dass ich keinen Schrei herausbrachte. Egal, was sie abschnitt, jedes Mal bohrte sich mir dieses grauenhafte Kratzen ins Ohr, lauter als alles Geschrei.

Das Schlimmste aber kam noch.

Das Schlimmste ist, wenn sie dich zunäht.

Mir brach der Schweiß aus. Ich hatte alle meine Kraft aufgewendet, um den ersten Schmerz auszuhalten. Jetzt hatte ich keine Kraft mehr. Inzwischen war es warm geworden, die Sonne war über den Hof gewandert und blendete mich. Mir wurde übel, ich hatte das Gefühl, mich erbrechen zu müssen. Und zwischen meinen Beinen war jemand mit einer Nadel in einer frischen Wunde zugange. Es war, als würde ich bei lebendigem Leibe, bei vollem Bewusstsein geschlachtet. Ich versuchte mich zu wehren, aber was vermochte ein vierjähriges Kind gegen sechs ausgewachsene Frauen auszurichten. Vielleicht habe ich gewimmert, vielleicht gekeucht. Aber geschrien habe ich nicht, denn der Knebel blieb mir erspart. Dann wurde mir schwarz vor Augen.

Bevor sie darangingen, mich einzuwickeln, kam ich durch einen neuen Schmerz wieder zu mir. Die *Halaleiso* war gerade dabei, ihre Kräuter auf die blutige Wunde zu reiben. Diese Kräuter sollen die Heilung beschleunigen.

Es war ein Gefühl, als würde ich über offenes Feuer gehalten.

Wieder wurde ich ohnmächtig.

Solange ich bei Besinnung war, hatte ich nicht hingeschaut. Ich konnte nicht zusehen, wie sie an mir herumschnitt. Aber ich erinnere mich: Als sie mich wegtragen wollten, schlug ich die Augen auf. Da sah ich das Blut am Boden und die Teile, die sie abgeschnitten hatte, in einer Schüssel. Und zwar die von uns allen, auch die der anderen Mädchen. Die *Halaleiso* hatte sie auf einen Haufen in eine Schüssel geworfen. Später erfuhr ich, dass sie irgendwo im Hof ein Loch gebuddelt und diese Teile vergraben hatten. Wo, wurde uns nicht verraten. »Was willst du damit?«, hieß es nur. »Das ist weg. Das ist längst, wo es hingehört. Unter der Erde.«

ICH WAR DIE TAPFERSTE

Bis heute sehe ich das Gesicht meines Vaters vor mir. Am zweiten Tag ging die Tür auf, und er kam herein. Das heißt, er blieb in der Tür stehen und schaute auf uns Mädchen am Boden. Ich sehe seinen Blick noch vor mir. Er war den Tränen nah. Er sah uns da liegen, und die Worte blieben ihm im Hals stecken. Er sagte nichts, wandte sich nach einem Augenblick ab und schloss die Tür hinter sich.

Nachdem wir alle in den Raum getragen worden waren, fingen die Schmerzen erst richtig an. Es war ein Elend. Um dich herum nur jammernde, wimmernde Mädchen, und du selbst versuchst, nicht noch hemmungsloser zu weinen als die anderen. Du liegst da, eingewickelt wie eine Mumie und völlig bewegungsunfähig auf dem harten Boden, ohne Kopfkissen, und flehst Gott an, den Schmerz wegzunehmen. Stattdessen kam Großmutter herein und brachte für jede ein Aspirin.

Die Frauen hielten Wache, Tag und Nacht. Mal saß meine Mutter bei uns, mal die eine oder andere Mutter der Nachbarskinder. Keine von uns traute sich zuzugeben, dass sie aufs Klo musste, weil wir uns vorstellen konnten, was passieren würde. Als Fatma es dann nicht mehr aushielt, wurde sie von zwei Frauen herausgetragen in den Hof, und wir hörten sie schreien. Wir hatten am Vorabend nur ein wenig Trockenobst und etwas Milch bekommen, aber irgendwann muss man halt. Und jedes Mal fühlt es sich an, als ob sie noch einmal an dir herumschneiden.

Die Wunde schmerzte, die Glieder, steif vom bewegungslosen Herumliegen, schmerzten, Kopfschmerzen setzten ein, nachts hielt dich der Schmerz zwischen den Beinen wach, und jeden Tag gab es ein Aspirin.

Acht Tage lagen wir in diesem Raum auf den Matten, so gut wie nackt und so gefesselt, wie sie uns hereingetragen hatten. Am zweiten Tag wurden wir untersucht. Nicht von der *Halaleiso* – die hatte am selben Morgen noch ihr Geld bekommen und war verschwunden. Also kamen die Mütter und schauten nach. Anfangs sah es gar nicht so schlecht aus. Doch nach fünf Tagen trat Flüssigkeit aus den Wunden. Da wurden Türe und Fenster aufgemacht, damit frische Luft hereinkam. Wir stellten uns hin, hielten unsere Kittel hoch und ließen den Wind an unsere Wunden. Dazu mussten die Fesseln gelockert werden. Das war schon ein Fortschritt.

Bei Yurop, Ifra und Suleiha jedoch wollte die Wunde so nicht trocknen. Was hat Großmutter gemacht? Sie hob eine kleine Grube im Hof aus, ließ kurz vor Sonnenuntergang glühende Holzkohle aus der Küche hineinwerfen, streute Heilkräuter in die Glut, und jedes der drei Mädchen musste sich zwanzig Minuten lang breitbeinig in den Rauch stellen. Das war eines der Heilverfahren, die sie noch aus ihrer alten Heimat im Norden kannte. Und es wirkte.

Meine Großmutter war in diesen Tagen ohnehin die Hauptperson. In ihren Händen lag praktisch die ganze Organisation. Sie hatte die Kittel und Matten besorgt, sie hatte den Diätplan für uns aufgestellt, sie verjagte die Jungen aus dem Hof, wenn sie zu laut wurden, und sie prüfte unsere Wunden regelmäßig mit fachkundigem Blick. Ihr morgendlicher Besuch war wie eine Chefarztvisite. Sie hatte mehr Erfahrung als die anderen Frauen, und deshalb hielt sie die Fäden in der Hand.

Vor allem aber redete sie immer wieder begütigend auf uns ein. Dass es schon vielen Mädchen so wie uns ergangen sei, dass wir nicht die letzten seien, die das durchstehen müssten, dass es eine einmalige Angelegenheit sei und dass sie selbst es schließlich auch überlebt habe. Von einer Mutprobe sprach sie, von einer Mutprobe, die jedes Mädchen einmal in seinem Leben bestehen müsse.

»Wenn ihr das hinter euch habt«, sagte sie, »dann kann euch in eurem Leben nichts mehr erschüttern.«

Sie war ja immer zur Stelle, wenn jemand den Kopf hängen ließ, und diesmal sah sie es als ihre Aufgabe an, gleich sieben wimmernde, jammernde, vor Schmerzen stöhnende Mädchen moralisch aufzurichten. Natürlich fehlte dabei auch der Verweis auf die alten Zeiten nicht, in denen scheinbar doch nicht *alles* besser gewesen war. Damals, erklärte sie uns, hätte sie selbst hinterher nicht so gutes, nahrhaftes Essen bekommen. Und welch ein Glück wir gehabt hätten, dass wir mit Nadel und Faden zugenäht worden seien! Sie selbst war noch mit langen Dornen zusammengeflickt worden. Und dann machte sie uns zu unserem Trost mit den Einzelheiten dieser Prozedur bekannt: Ein Dorn wird von der einen Seite ins Fleisch gestochen, der nächste von der anderen Seite, immer überkreuz und immer so weiter, bis die Dornen schließlich ein verschränktes Gitter bilden, das die Wunde zusammenhält. Da habe man sich dann überhaupt nicht rühren dürfen, weil diese Dornen sich bei der kleinsten Bewegung tiefer ins Fleisch gebohrt hätten.

»Also«, sagte sie, »jetzt hört auf zu jammern. Ihr wisst gar nicht, welches Glück ihr gehabt habt.«

Und auch das wirkte. Nach ein paar Tagen schon fingen wir an, uns übereinander lustig zu machen. »Der Knebel war viel zu klein für deinen Mund, so weit hast du ihn aufgerissen«, grinste Yurop. »Und du, du hast die ganze Nachbarschaft zusammengebrüllt, obwohl du ihn schon im Mund hattest!«, prustete Muna. Und als herauskam, dass alle außer mir den Knebel bekommen hatten, dass ich tatsächlich die Einzige war, die nicht geschrien hatte, da war es gar keine Frage mehr, wer von uns die Tapferste gewesen war. Die Tapferste war ich.

Und nur ich wusste, dass ich nicht tapferer als die anderen gewesen war. Mir war einfach nicht nach Schreien zumute gewesen. Mag sein, dass der Lobgesang der Nachbarin auf meine weiße Haut mich zunächst wirklich beruhigt oder abgelenkt hatte. Aber dann, als es losging, bin ich einfach erstarrt, war ich nur wie gelähmt. Und außerdem: Bei den anderen war es noch kühl gewesen, da hatte die *Halaleiso* noch im Schatten gearbeitet. Bei mir stand die Sonne schon über dem Haus, und wahrscheinlich hat mich die Hitze benommen gemacht.

Fest steht aber, dass ich nach acht Tagen die Erste war, der die Fesseln abgenommen wurden. Ich war frei, ich lief in die Küche und klaute, worauf die anderen besondere Lust hatten. Nach Ablauf von zwei Wochen ging es dann auch den anderen wieder so gut, dass sie aufstehen und endlich den Raum verlassen konnten. Jetzt mussten wir nur noch auf die Nähte achten. Die Fäden waren ja noch drin. Jedes Mal, wenn wir auf die Toilette gingen, nahmen wir unsere Narbe in Augenschein, und tatsächlich kamen die Fäden, wie Großmutter es vorhergesagt hatte, nach und nach von selbst heraus. Und weil die Beschneidung bei allen gelungen war, weil wir alles erfreulich gut überstanden hatten und wir uns jetzt zu den großen Mädchen zählen durften, gab es, bevor Yurop und Fatma wieder in die Schule mussten, für uns sieben ein Fest. Ich war bestimmt die Stolzeste von allen. Denn trotz meiner vier Jahre gehörte ich jetzt dazu.

Und außerdem ... außerdem war ich die Tapferste gewesen.

Ich habe meine Tapferkeit später noch manches Mal gebraucht. Aber am nötigsten hatte ich sie vielleicht, als ich nach Deutschland kam. Denn ich habe immer gedacht, dass alle Frauen auf der Welt beschnitten sind. Und das habe ich nicht einmal gedacht, ich wusste es einfach. Die Beschneidung gehörte zu den Dingen, die das Leben für jede Frau eben mit sich bringt. Ich habe mir gar nicht vorstellen können, dass sie es mit kenianischen Mädchen oder mit chinesischen oder mit französischen Mädchen nicht machen könnten. Dass es in Wirklichkeit zwei Arten von Frauen gibt, das dämmerte mir erst in Europa. Besser gesagt: Nachdem ich einige Wochen in Deutschland war, ging mir schlagartig auf, dass ich anders war und ganz und gar nicht normal.

Meine erste Reaktion war, meine Beschneidung erbittert zu verteidigen. Man stelle sich vor: Plötzlich war es nicht mehr bloß ein lästiges, aber von allen Frauen dieser Welt geteiltes Schicksal, beschnitten zu sein, sondern eine grausame somalische Spezialität. Unfassbar! Bis dahin hatte ich nicht einmal gewusst, dass es so etwas überhaupt gibt: eine unbeschnittene Frau! Mir wurde schwindelig. Was?, schoss es mir durch den Kopf. Das macht niemand außer uns? Und nur, weil ich aus Somalia komme, bin ich beschnitten? Was ist denn mit uns los? Zu allem Überfluss schienen sie mich auch noch für einen Krüppel zu halten, all die äthiopischen und afghanischen und jugoslawischen Frauen, mit denen ich damals in einer Düsseldorfer

Containeranlage für Flüchtlinge zusammenlebte. Als gehörte ich irgendeiner entstellten, seelenlosen Unterart der Gattung Frau an, unfähig zu irgendwelchen Gefühlen. Das konnte ich mir nicht bieten lassen. Und da ich frisch aus Afrika kam, verfügte ich noch über genügend Energie, um meine Beschneidung so wütend zu verteidigen, dass Yurop ihre Freude daran gehabt hätte.

Dinge, die ich für selbstverständlich gehalten hatte, Werte, an die ich geglaubt hatte – mit einem Mal war alles infrage gestellt: Beschneidung ist für uns doch die Voraussetzung dafür, in die Gemeinschaft der anständigen Frauen aufgenommen zu werden.

Wir werden doch erst durch die Beschneidung rein.

Nur Huren sind unbeschnitten.

Wer respektiert werden will, muss rein sein.

Reinheit ist ein ständiges Erfordernis unserer Kultur. Ein Grundbedürfnis jedes Somali.

Es gibt so viele Möglichkeiten, sich zu beschmutzen, dass Reinheit für uns eine beständige Sorge ist. Schon in der *Madrassa* lernen wir, uns vor jedem Gebet nach genau festgelegten Regeln zu reinigen: Dreimal musst du deine Hände waschen. Dann dein Gesicht. Dann dreimal deinen Mund ausspülen. Dann deinen rechten Arm waschen, bevor der linke drankommt. Dann dreimal deinen Kopf mit Wasser beträufeln. Dann beide Ohren gleichzeitig auswaschen. Und als Letztes sind die Füße dran, zunächst der rechte, dann der linke. Das Ganze fünfmal täglich, wenn du, wie es Vorschrift ist, fünfmal täglich betest. Und solltest du danach zufällig mit einem Mann in Berührung kommen, wärest du wieder unrein und müsstest von vorn anfangen.

Der Wunsch, rein zu bleiben, ist übrigens auch der Grund dafür, dass wir Somali mit unserer Meinung nicht zurückhalten. Es muss alles raus, damit keine Wut und kein Hass in uns zurückbleiben. Der somalische Abscheu vor Unreinheit geht so weit, dass wir einen bestimmten Stamm unseres eigenen Volks bis heute mit Verachtung strafen, weil seine Angehörigen irgendwann einmal, wahrscheinlich im Verlauf einer Hungersnot, Aas verspeist hatten. Tiere also, die verendet und nicht nach den islamischen Vorschriften geschlachtet worden waren und deshalb als unrein galten. Hungersnot oder nicht, so etwas war unverzeihlich.

Reinheit ist ein Ideal, das kein Somali je anzweifeln würde. Deshalb freuen wir uns auf unsere Beschneidung, und deshalb sind wir so ahnungslos. Denn von »Beschneidung« ist bei uns nie die Rede. Wenn wir darüber sprechen, benutzen wir entweder das arabische Wort »halal«, was so viel wie »rein« bedeutet, »vorschriftsmäßig« oder »koscher« – und wer beschnitten wird, der freut sich darauf, in einen Zustand der Reinheit versetzt zu werden. Oder wir sagen *gudd*. Das ist Somalisch und heißt: einen Fortschritt machen, eine höhere Stufe erreichen. Beide Wörter haben nichts Erschreckendes, im Gegenteil – da denkt keiner an eine Klinge, an ein Messer oder eine Verletzung, wie das beim deutschen Wort der Fall ist. Alles, was mit Beschneidung zu tun hat, klingt für uns so schön, dass man sich als Kind nichts sehnlicher wünscht.

Nach und nach habe ich dann verstanden, weshalb unserer Gesellschaft so viel an dieser Beschneidung liegt. Und solange ich in Afrika war, haben mich diese Gründe auch überzeugt. War Beschnittensein nicht tatsächlich eine Garantie dafür, dass ein Mädchen keine Schande über seine Familie brachte? Konnte man so nicht wirklich die Unmoral in der Gesellschaft bekämpfen? Eltern, die sich geweigert hätten, ihre Tochter beschneiden zu lassen, wären in den Ruf geraten, der Unmoral Vorschub zu leisten. Deshalb fiel, zumindest in der Vergangenheit, auch der Brautpreis für eine beschnittene Frau wesentlich höher aus als für eine, die nicht beschnitten war. Und da der Brautpreis nicht allein der Familie der Braut zugute kommt, sondern unter der ganzen Gemeinschaft aufgeteilt wird, unter den Ältesten von Clans und Unterclans, lag die Beschneidung natürlich im Interesse aller. Schon aus diesem Grund wurde die Notwendigkeit der Beschneidung in der Vergangenheit nie infrage gestellt.

Was mich aber am stärksten beschäftigt, seitdem ich Afrika verlassen habe – vorher habe ich nie einen Gedanken daran verschwendet –, das sind diese Frauen, die da Tag für Tag mit ihren Rasierklingen sitzen und Schamlippen abtrennen. Die *Halaleisos.* Damals schienen sie mir wie Relikte aus der Vergangenheit in ihrer eigenen, altmodischen Welt zu leben. Die meisten *Halaleisos* dürften einfache, ungebildete Frauen gewesen sein, die das berufsmäßig betrieben und mit ihrem Mann und ihren Kindern ziemlich bescheiden davon lebten. Seltsamerweise standen sie bei uns nicht gerade in hohem Ansehen. Sie waren keine gefeierten Persönlichkeiten. Sie erledigten zwar eine notwendige Arbeit, das Ergebnis dieser Arbeit wurde auch ungemein hoch geschätzt, aber mit ihnen zu tun haben wollte niemand. Wenn man sie nicht gerade brauchte, ging man ihnen lieber aus dem Weg. Dennoch wäre es niemandem eingefallen, sich über eine *Halaleiso* lustig zu machen. Wir hätten uns eher über einen Polizisten als über eine *Halaleiso* lustig gemacht. Denn schließlich war die *Halaleiso* für uns doch eine wichtige Person, wohingegen uns Polizisten ziemlich überflüssig vorkamen.

Das Erstaunlichste für mich ist, dass diese Frauen sich

eine derart gefährliche Arbeit überhaupt zutrauen. Sie sind womöglich nie zur Schule gegangen und haben auf keinen Fall eine medizinische Ausbildung genossen – woher wissen sie also, wo sie die Klinge ansetzen müssen und wie tief sie schneiden dürfen, wo die Venen verlaufen und wie sie die Stiche zu setzen haben? Wie leicht kann ein Kind dabei verbluten! Es kommt gelegentlich auch vor, wenn ein Mädchen sich wehrt, dass der *Halaleiso* die Klinge ausrutscht und sie eine Vene trifft. Aber egal, wie viele Kinder eine *Halaleiso* auf dem Gewissen hat, sie macht weiter. Vielleicht, weil niemand auf die Idee käme, ihr deshalb Vorwürfe zu machen. Kein Mensch würde sagen: »Du hast meine Tochter getötet, du bist eine Mörderin!« Da heißt es bloß: »Es war eben ihre Zeit zu gehen.« Und niemand würde der *Halaleiso* die Schuld geben oder sie zur nächsten Polizeiwache bringen. Diesen Frauen kann keiner etwas anhaben. Aber sie erschienen mir auch nie so, als ob sie in ihrem Leben viel gelacht hätten.

Für mich jedenfalls war alles überstanden. Ich durfte mich nun also rein und beinahe schon erwachsen fühlen und hätte an die ganze Sache sicher bald nicht mehr gedacht – mit vier Jahren vergisst man schnell, vor allem, wenn das Leben danach mit unverminderter Wucht weitergeht. Bloß – dann geschah etwas wirklich Schreckliches. Wild, wie ich war, sprang ich wieder herum, kletterte auf einen Baum bei uns im Hof, schwang zwischen zwei Ästen hin und her, griff daneben und fiel herunter.

Etwas explodierte zwischen meinen Beinen.

Ich rappelte mich auf und sah, dass ich blutete. Es war kein hoher Baum gewesen, und ich war nicht besonders tief gefallen, aber es hatte gereicht.

Alle stürzten ins Auto, und wir fuhren zum Krankenhaus. Die Naht war aufgeplatzt, die Wundränder klafften auseinander. Der Arzt schüttelte den Kopf. Da könne er gar nichts machen. Da solle sich, bitte schön, die Person drum kümmern, die die Beschneidung vorgenommen habe. Und am selben Tag noch kam die *Halaleiso* wieder – dieselbe, die mit dem Schal um den Kopf und dem geflochtenen Täschchen –, und noch einmal schabte und kratzte sie mit ihrer Rasierklinge an der offenen Wunde herum, nähte mich noch einmal zu, rieb mir noch einmal ihre Kräuter hinein. Und das war die schrecklichste Stunde meines Lebens. Nie werde ich diesen Schmerz vergessen. Wann immer ich darüber spreche, kommt er zurück. Ich lebe mit diesem Schmerz, und der Schmerz lebt in mir.

Sie haben das alles noch einmal mit mir gemacht, und wieder ohne Betäubung. Sie hätten mich doch auch so lassen können, wo es nun schon geschehen war.

Mein Vater war dafür gewesen. Er hatte meine Mutter beschworen und angefleht, mich so zu lassen und nur dafür zu sorgen, dass die Wunde verheilt. Er wollte mich nicht noch einmal so leiden sehen. Eigentlich hatte er gar nichts zu sagen. Eigentlich durfte er sich gar nicht einmischen. Und meine Mutter ließ sich auch nicht darauf ein. Sie befürchtete, dass ich ihr irgendwann Vorwürfe machen würde. Weil ich später Nachteile davon haben könnte. Die Verantwortung dafür wollte sie nicht übernehmen. Also lag ich wieder in diesem Raum, diesmal als Einzige, und alle kümmerten sich um mich, alle waren besorgt, auch mein Vater schaute jetzt häufig herein. Aber es war mein Schmerz, nicht ihrer. Auch diesmal verheilte die Wunde rasch, bei jedem Gang auf die Toilette prüfte ich wieder die Narbe, noch einmal beobachtete ich irgendwann, wie der letzte

Faden sich löste und abfiel – und von diesem Tag an, von diesem Augenblick an habe ich meinem Geschlecht keine Beachtung mehr geschenkt.

Es spielte für mich keine Rolle mehr.

Ich wusch mich da unten, ganz automatisch, und sah nie mehr hin und dachte nie mehr dran. So, als gehöre dieser Teil meines Körpers nicht mehr zu mir. So, als gäbe es da gar nichts.

Schluss, aus, vorbei.

DAS KRUMME BÄUMCHEN MUSS BEIZEITEN AUFGERICHTET WERDEN

Die Tage, Wochen und Monate danach ähnelten den Tagen, Wochen und Monaten davor, und sie waren auch nicht weniger schön. Weiterhin stürmte meine Großmutter unsere Schlafzimmer, kaum dass die Muezzins von Mogadischu ihr »Allahu akbar« ertönen ließen, und rief mit schriller Stimme: »Sala! Sala! Sala!« – was »beten« heißt. Und weiterhin hielten wir uns dann die Ohren zu, sagten: »Ja, Großmutter, ich komme«, rollten unter unseren Moskitonetzen auf die andere Seite und schliefen weiter.

Wie wir es von ihr gewohnt waren, fielen ihr auch immer neue Heilmethoden ein. Bei Halsschmerzen zum Beispiel nahm sie ihren Schuh. Sie hielt ihn geduldig übers Feuer, bis die Sohle ordentlich warm war, drückte sie dem Kranken dann an den Hals – und der Besuch beim Arzt erübrigte sich. Wieder einmal.

Aber das Leben blieb nicht stehen. Mit fünf bereits, ein Jahr nach meiner Beschneidung, kam ich in die Schule. Kaum hatte ich das arabische Alphabet in der *Madrassa* gelernt, kam also gleich das nächste dran – die somalische Sprache wird nämlich in lateinischen Buchstaben geschrieben. Dieses lateinische Alphabet war eine ziemlich neue Errungenschaft, denn eine allgemein gültige Schriftsprache war erst 1972 in Somalia eingeführt worden, gerade zwei Jahre vor meiner Geburt. Das Somalia, in dem ich lebte, war ein junger Staat und stand, wie sich bald zeigen sollte, auf wackligen Beinen.

Ich erinnere mich noch gut an die Aufbruchstimmung, die jeden Morgen unter uns Schulkindern herrschte. Nach dem Zähneputzen schlichen wir möglichst leise in die Küche, um meinen Vater nicht zu wecken – wer weiß, vielleicht war er spät ins Bett gekommen und schlief noch. Jeder nahm sich einen kleinen Hocker, und dann warteten wir ungeduldig, die Teller auf den Knien. Im Esszimmer zu frühstücken, das wäre gar nicht infrage gekommen. Da stand zwar ein Tisch, aber der wurde eigentlich nur von meinem Vater benutzt, wenn Gäste kamen. Die enge, qualmige Küche war uns tausendmal lieber. Da saßen wir also in unseren Schuluniformen in einem Halbkreis ums Feuer, jeder streckte Mutter seinen Teller entgegen, und die sorgte laufend für Nachschub. Den ersten *Injera* bekam Mohamed, den zweiten Yurop, Fatma und ich mussten warten, bis die Nächsten fertig wurden, und wenig später sprangen alle auf und rannten zur Schule.

Die *Madrassa* besuchte ich natürlich auch weiterhin, nun aber nachmittags. Das war ziemlich viel Ernst des Lebens auf einmal. Zeit zum Spielen blieb da kaum – was allerdings ganz im Sinne meiner Mutter war, die unentwegt an unsere Zukunft dachte. Sie selbst war tüchtig, aber ungebildet, wir Kinder sollten nach ihrem Willen einmal tüchtig und gebildet sein. Dieses Ziel verfolgte sie mit unnachgiebiger Strenge: Hatten wir mal keine Lust, prügelte sie uns zur Schule. Sie gehörte nicht zu den Müttern, die ihre Töchter dann eben zu Hause herumsitzen ließen, bis der erstbeste Verehrer auftauchte, um sie dann zu einem guten Preis loszuschlagen. Das wäre meiner Mutter nie in den Sinn gekommen, und auch dafür liebe ich sie. Aber anstrengend war es doch mit ihr. Wollte ich nach der Schule noch auf der Straße spielen, hieß es: »Komm rein! Vergiss nicht, dass du ein Mädchen bist, kein Junge. Du gehörst ins Haus!« Nachts saß ich manchmal da, todmüde, die Füße in kaltem Wasser, und zerbrach mir den Kopf über der letzten Rechenaufgabe. Und immer war ihr Stock in Reichweite.

Der Stock meiner Mutter, auch der Stock meiner Großmutter … Sie sind aus meiner Jugend nicht wegzudenken. Die Stöcke meiner Mutter konnten die beträchtliche Länge von über einem Meter erreichen, und sie hielten nie lange – manchmal eine Woche, manchmal nur zwei Tage. Entweder schnitt sie sich dann den nächsten eigenhändig, von einem bestimmten Baum mit langen, biegsamen Zweigen, oder sie besorgte sich einen auf dem großen Markt von Mogadischu. Die gekauften waren von soliderer Qualität, speziell für die Kindererziehung, und hielten gelegentlich auch länger. Noch in Kenia saß sie mit ihrem Stock am Mittagstisch, oft ohne selbst etwas anzurühren, und wachte nur darüber, dass wir Kinder genug aßen. Achtzehn oder neunzehn war ich damals, doch wenn mein Appetit zu wünschen übrig ließ, half sie auch zu der Zeit noch mit dem Stock nach. So lange, bis ich ihrer Meinung nach genug gegessen hatte, um für den Lebenskampf wieder gerüstet zu sein.

Nicht, dass meine Mutter eine Ausnahme gewesen wäre. Somalische Mütter sind nicht zimperlich, und der Schmerz von Stockhieben ist unser ständiger Begleiter auf dem Weg zum Erwachsensein. Bei uns regt das niemanden auf. Auch unsere Lehrer hatten Stöcke, die unablässig im Einsatz waren. Wohlerzogenheit und Bildung, so viel stand fest, sind nur mit Schlägen zu erreichen. An manchen Tagen kamen erregte Mütter mit ihrem Söhnchen in die *Madrassa* und forderten den Lehrer auf, den Bengel zur Raison zu bringen. Dann setzte es vor der ganzen Klasse und unter den Augen der zufriedenen Mutter Hiebe für den Kleinen.

Ich glaube fast, unsere Lehrer hatten oft gar keine Wahl. Wie ich somalische Kinder kenne, würden sie ohne Schläge überhaupt keine Notiz von ihren Lehrern nehmen. Sie würden einfach nicht hinhören. Oder gar nicht erst zum Unterricht erscheinen. Bei kleineren Vergehen kam man meist mit zehn Schlägen davon – bei den Jungen auf den Po, bei den Mädchen auf die Hände. Fünf Schläge rechts, fünf links, auf die offenen Handflächen, vor der versammelten Klasse. Weil es links schmerzhafter ist als rechts, haben wir dem Lehrer immer nur die rechte Hand hingehalten. Aber wie die Strafe auch ausfiel, in jedem Fall galt es zu beweisen, dass man aus tapferem somalischem Kriegergeschlecht stammte. Wer schrie oder weinte, wurde von seinen Klassenkameraden ausgelacht.

Offen gesagt: Wenn Strafe schon sein musste, waren uns Schläge noch am liebsten. Später, auf der höheren Schule, unterrichteten uns unter anderem zwei europäische Lehrer. Die schlugen uns als Einzige nicht – sehr zu unserem Verdruss. Stattdessen ließen sie uns zur Strafe arbeiten, die Toiletten putzen, den Schulgarten harken oder den Schulsportplatz nach Abfall und Steinen absuchen – und hielten das für menschlicher. Also, uns waren zehn Schläge allemal lieber als Toiletten zu schrubben oder in der Gluthitze zur Mittagszeit auf einem Sportplatz Abfälle aufzusammeln. Deshalb zogen wir die somalischen Lehrer vor.

Was nicht heißen soll, dass ich die europäischen nicht gemocht hätte. Die wenigen Weißen, die ich in Somalia kennen gelernt habe, waren freundliche Menschen. Vielleicht etwas sentimental. Wie schon mein allererster Europäer. Oder was ich dafür hielt.

Ich muss etwa elf Jahre alt gewesen sein. Ich saß auf den Stufen unseres Ladens und war in das Schauspiel des

Lebens vertieft, das die »Straße des Feuers« täglich bot. Da sah ich ein kunstvolles Gebilde aus blonden Haaren auf mich zukommen, angestrahlt vom Licht der untergehenden Sonne. Noch nie hatte sich ein Weißer, zudem eine Frau, in unsere Gegend verirrt. Die Europäer hatten ihr eigenes Viertel in einem anderen Teil der Stadt. Sie kam näher, und mir schoss der Gedanke durch den Kopf, der in diesem Augenblick jedem somalischen Kind durch den Kopf geschossen wäre: Die hat Geld. Der verkaufst du was. Die lotst du in unseren Laden und verkaufst ihr was. Um ihr eine *Dirrah* zu verkaufen, in der sie auf jeden Fall besser aussehen würde, dafür reicht dein Englisch allemal.

Sie blieb tatsächlich vor mir stehen, eine üppige, ältere weiße Frau. Ich kannte Weiße bislang nur aus dem Fernsehen oder aus Großmutters verschwommenen Berichten über die englischen Kolonialherren – und jetzt stand eine vor mir. »Hello, how are you?«, lächelte ich. »Was brauchen Sie, was darf ich Ihnen anbieten?« Ich hatte zwei Zöpfe und diesen vermutlich unwiderstehlichen Gesichtsausdruck eines überschwänglich freundlichen Menschen, der ich damals wohl wirklich war. Und sie schaute mich nur an und sagte: »Weißt du, dass du ein sehr schönes Mädchen bist?« Aha. Und ich wieder: »Kommen Sie doch herein, sehen Sie sich um.« Aber sie stand nur da und bewunderte mich. Fatma tauchte in der Tür auf und rief: »Sie verschlingt dich mit den Augen. Pass auf, sonst klaut sie dir noch deine Schönheit.« Ich sprang auf, um meine Verehrerin irgendwie in unseren Laden zu bugsieren, aber sie wollte nicht. »Ich möchte dich nur anschauen«, sagte sie. Fatma wurde das schon unheimlich. »Komm rein!«, rief sie mir zu. »Am Ende hat sie den bösen Blick!« Mir kam er eher wehmütig vor. Später schrieb sie mir Briefe aus Kanada, und ich erfuhr, dass sie keine Kinder hatte. Sie wünschte sich jedenfalls, dass wir Freunde würden, wir tauschten unsere Adressen aus, und jetzt bestürmte ich sie erst recht, hereinzukommen und einen Tee mit uns im Hof zu trinken – vielleicht würde sie später ja doch noch was kaufen. Aber nein, sie wollte weiter und zog in Richtung Strand davon.

Meine erste Europäerin, die eine Kanadierin war. In einigen der Briefe, die sie mir später schickte, lag sogar Geld für mich.

Ich erinnere mich nicht genau, ob meine Mutter zur Zeit dieser Begegnung schon wieder verheiratet war. Vielleicht war es auch erst im Jahr danach, dass sie uns ihren neuen Ehemann präsentierte. Jedenfalls hatte ich damals vier Jahre ohne Vater hinter mir. Ich war sieben, als sich das Glück meiner Eltern erschöpfte. Wie es dazu kam? Keiner von beiden hat je darüber gesprochen. »Es ist eben geschehen« – das war das Einzige, was aus meinem Vater später herauszubekommen war. Wir Kinder sollten unberührt bleiben von dem, was vorgefallen war.

Alles, was ich weiß, ist also, dass diese Liebe so stürmisch, wie sie begonnen hatte – mit einer geplanten Flucht, mit den Vorbereitungen zu einer Entführung vielleicht –, auch endete. Selbst wenn sie sich nie in unserer Gegenwart stritten, jeder konnte spüren, dass meine Eltern unglücklich waren. Und vielleicht ist erstaunlicher, dass es so lange gut gegangen war. Mein Vater war ein ruhiger, ausgeglichener Mensch, meine Mutter das genaue Gegenteil – ruhelos, von feurigem Temperament, eine mittlerweile dreiunddreißigjährige Frau, deren Kleider knallbunt sein mussten und deren Schmuck schwer und aus Gold sein musste und deren Mann … nun, vermutlich hätte mein Vater mehr von ihrer draufgängerischen Art besitzen müssen.

Es kam so weit, dass sich die Clan-Ältesten einschalten mussten. Das war ihr Recht, und das war ihre Pflicht.

Ein Teil der fünfzig Kamele nämlich, die die Familie meines Vaters seinerzeit für meine Mutter bezahlt hatte, war an die Ältesten von Mutters Unterclan abgetreten worden. Nach altem somalischem Verständnis gab es dafür einen guten Grund: Ein Kind gehört nie seiner Familie im engeren Sinne, ein Kind gehört immer zur ganzen Gemeinschaft. Weil das so ist und weil sich die Gemeinschaft auch als Ganzes für das Gedeihen des Kindes einsetzt, ihm Schutz und notfalls Obdach gewährt, deshalb dürfen die höchsten Vertreter der Gemeinschaft auch ihren Anteil am Brautpreis erwarten, wenn dieses Kind schließlich heiratet. Sollte die Ehe nun auseinander zu brechen drohen, müssen sie alles versuchen, um die Eheleute wieder miteinander auszusöhnen – auch wenn sie gar nicht mehr zusammenbleiben wollen.

Die Ältesten erschienen also immer häufiger bei uns. Das nützte nicht viel – meine Mutter wurde weiterhin laut, mein Vater brüllte nach wie vor zurück –, doch sie versuchten es noch eine Weile miteinander. Und dann war es mein Vater, der beschloss, zu gehen, damit seine Frau und seine Kinder in Frieden leben könnten. Die Ältesten bestärkten ihn in seinem Entschluss, weil sie einsehen mussten, dass die beiden zusammen keine Zukunft hatten. Mein Vater überließ meiner Mutter das Geschäft und fing noch einmal von vorne an. Er war nicht unglücklich. Wir besuchten ihn dann und wann, bis er eines Tages nach Tansania auswanderte und dort eine große Zwiebelplantage erwarb. Er hatte schon eine Ahnung, dass es mit Somalia nicht gut gehen würde. Heute verkauft er seine Zwiebeln bis nach Kenia, und als ich ihn bei meinem letzten Besuch vor drei Jahren fragte, warum er nie mehr geheiratet habe, lächelte er: »Nura. Fünf Kinder sind doch genug, oder?« Er hat nie viele Worte gemacht, mein leiblicher Vater.

Von nun an war Mohamed mit seinen vierzehn, fünfzehn Jahren der älteste Mann in der Familie und damit auch der Herr im Haus. Neben der Schule kümmerte er sich jetzt um die Abrechnungen, überprüfte abends die Sicherheit unseres Grundstücks und sah eine seiner wichtigsten Aufgaben darin, uns Mädchen ins Haus zu scheuchen, wann immer er uns auf der Straße beim Gespräch mit einem Jungen erwischte oder uns auch nur im Nachbarhaus antraf. Oh, Mohamed nahm es sehr genau mit seiner Pflicht, unser Haus vor Schande zu bewahren. Und für die Schande waren wir Mädchen zuständig, vor allem Yurop und ich. Einmal erwischte er mich auf einem Fahrrad. Einer der beiden Vettern, die bei uns wohnten, hatte ein Fahrrad geschenkt bekommen, das ich unbedingt ausprobieren wollte. Ich verlor das Gleichgewicht, sprang ab, und als ich mich eben wieder draufschwingen wollte, hörte ich Mohamed schreien: »Lass das sein, Nura! Runter da! Als ob du nicht wüsstest, dass Fahrradfahren für euch verboten ist!«

Der Ärmste, er hatte viel Ärger – und wenig Unterstützung. Denn meine Mutter arbeitete den ganzen Tag, unternahm häufig Geschäftsreisen und war glücklich, uns überhaupt zu sehen, wenn sie abends aus dem Geschäft kam. Und Großmutter tat zwar weiterhin ihr Bestes, um neben ihrem Koranstudium noch die Hausarbeit einzuteilen, den Holzkohlevorrat zu überprüfen und darüber zu wachen, dass beim Kochen eine unvorhersehbare Anzahl von Gästen mitberücksichtigt wurde, aber sie sorgte immer erfolgloser für Disziplin.

Vielleicht hätte ein Fremder bald bemerkt, dass bei der Familie Abdi in der »Straße des Feuers« ein Vater fehlte. Vielleicht lag es aber auch nur daran, dass wir älter wurden, jeder neue Vorlieben und Interessen entwickelte und Yurop in die Pubertät kam. Jedenfalls scheint mir, dass es bei uns damals noch turbulenter herging als in den Jahren zuvor.

Allein das unaufhörliche Theater wegen der Ventilatoren! Ohne Ventilatoren wäre es gar nicht auszuhalten gewesen, bei 40 Grad. Ventilatoren waren auch besser als jede Klimaanlage, denn sie vertrieben die Moskitos. In allen Zimmern standen deshalb Tischventilatoren. Aber es gab nie genug. Also ließ man vor dem Schlafengehen noch schnell den Ventilator seiner Schwester mitgehen oder den seines kleinen Bruders, und schon ging der Krach los. Das war ein ewiger Streit, genau wie um die Fernbedienung des Fernsehers. Es war ja sowieso unmöglich, sich in diesem Haus in Ruhe einen Film anzusehen. Jeder riss sich um die Fernbedienung, weil jeder ein anderes Programm sehen wollte. Und wofür hatten wir eigentlich einen Videorecorder? Wollte ich mir einen Videofilm anschauen, musste ich samstagmorgens in aller Frühe vor allen anderen aufstehen, das war die einzige Chance. Aber meist kamen die Ersten auch schon ins Wohnzimmer, kaum dass ich meine Kassette eingelegt hatte, und redeten los, wild durcheinander, wie üblich. Die interessierte mein Film in keiner Weise, sie machten ihn höchstens madig, ich verstand ohnehin kein Wort mehr, und irgendwann lagen wir uns alle dermaßen in den Haaren, dass Mutter hereingeschossen kam und den Fernseher einfach ausschaltete.

Mit Musikkassetten war es das Gleiche. Yurop hat sich vielleicht eine Kassette von ihrer Lieblingsmusik gekauft, kommt damit nach Hause – und sieht sie nie wieder.

Irgendwer hat sie mitgenommen, ist damit zum Nachbarn gelaufen, weil man bei uns ja keine Ruhe hat, und da bleibt sie dann liegen. Oder der Kampf um die Schuluniformen: Das waren lange, weiße Hemden, die nach der Schule sofort gewaschen werden mussten, weil der Lehrer am nächsten Morgen sein Augenmerk als Erstes auf den Kragen richtete, und wehe, da war ein Schmutzfleck. Gut, Fatma ist gestern nicht zum Waschen gekommen, oder sie war zu faul – was macht sie? Sie reißt das saubere Hemd ihrer Schwester von der Leine, hängt stattdessen ihr schmutziges hin, frühstückt auch gar nicht, damit keiner was merkt, und rennt zur Schule. Dort läuft sie früher oder später ihrer Schwester in die Arme, und das Geschrei geht los. Ihr Pech, wenn sie Yurops Hemd erwischt hat. Und am Ende erwartet sie obendrein der Stock unserer Mutter.

Aber vielleicht täuscht mich meine Erinnerung, dass es daheim drunter und drüber ging. Denn eigentlich waren das die Jahre, in denen wir Mädchen in unsere häuslichen Pflichten eingeführt wurden, und das bedeutete: noch mehr Ernst des Lebens. Faulheit wurde bei uns ebenso wenig geduldet wie Zaghaftigkeit. Und wie es in Somalia heißt: Das krumme Bäumchen muss beizeiten aufgerichtet werden.

Als ich neun oder zehn war, kam die Reihe an mich.

Hausarbeit. Also mindestens Wäsche waschen, Frühstück zubereiten, Essen kochen. Wir hatten zwar eine Waschfrau, die sich täglich in den Vormittagsstunden durch die Wäscheberge kämpfte, denn was bei uns an Wäsche anfiel, war unbeschreiblich, aber sie brauchte nur einen Tag auszufallen, schon trommelte meine Mutter alle anwesenden Mädchen zusammen. Und kurz darauf saßen wir zu viert oder zu fünft über unsere Schüsseln gebeugt im Hof, und die Wäscheteile wanderten von einer zur Nächsten. Für das fleckenlose Weiß unserer Schuluniformen waren wir sowieso selbst verantwortlich. 1990 kam eine Waschmaschine ins Haus. Die wurde allerdings nie in Betrieb gesetzt, weil sie viel zu klein war und wie der Fernseher, die Zimmerventilatoren und alles Übrige zwei Jahre später die Beute plündernder Soldaten wurde. Aber bis zu jenem Tag stand sie im Hof und gab ein Bild von Wohlhabenheit und Fortschritt ab.

Und was erwartete mich, wenn meine Großmutter auf ihre sehr bestimmte Art sagte: »Nura, setz dich zu mir. Schau zu, wie ich koche«? Eine kulinarische Welt, aus der auf jeden Fall eines verbannt war: Fisch. Dass der Indische Ozean von Fischen wimmelt, war für uns kein Grund, sie zu essen. Es gab in Mogadischu zwar ein paar Fischer, aber die hatten es schwer. Sie verkauften ihren Fang wohl an die Italiener. Wenn unsere Frauen auf dem Markt Fisch gesehen hätten, wären sie mit verächtlicher Miene vorbeigegangen. Ich erinnere mich nicht, dass es bei uns zu Hause jemals Fisch gegeben hätte. Und Hühnchen wurde bei uns als Nahrungsmittel ebenso wenig ernst genommen. Nein, bei uns drehte sich alles um richtiges Fleisch. Kamelfleisch, wenn irgend möglich. Kamelleber zum Frühstück, mittags vielleicht Kamelfleischsuppe und abends auf jeden Fall Kamelbraten mit Reis oder Spaghetti. Am liebsten alles aus einer großen Schüssel und mit den Fingern gegessen. Selbst wer im Besitz von Löffeln ist, benutzt die Finger – einfach, weil es auf diese Art besser schmeckt.

So gern wir zum Frühstück *Injera* aßen – wir Kinder mit Butter bestrichen und Zucker bestreut und dann zusammengerollt, die Erwachsenen am liebsten mit einer Füllung aus Kamelleber –, seine Zubereitung war eine gefürchtete

Strapaze. Wer fürs Frühstück zuständig war, kam als Letzte ins Bett und musste als Erste aufstehen. Denn der Teig aus Mais- oder Weizenmehl, Salz und Wasser musste tief in der Nacht angerührt werden, dann ein paar Stunden stehen und morgens in kleine Pfannen gegossen werden, bevor sich die Küche mit hungrigen Familienmitgliedern füllte. Ich war genau die Richtige für diese Arbeit, denn ich war als Einzige morgens um fünf schon zu gebrauchen. Wenn meine Schwestern an der Reihe waren – Mutter konnte das Haus zusammenbrüllen, Yurop und Fatma drehten sich einfach um und schliefen weiter. Bis Mutter mit ihrem Stock kam …

Nach dem Frühstück ging es dann praktisch gleich mit dem Kochen weiter. Zwiebeln anbraten, Tomaten pürieren, das Fleisch in der großen Pfanne würzen, den Reis aufs Feuer stellen – mit jeder Mahlzeit war man gut und gerne drei Stunden beschäftigt. Mit anderen Worten: Das Feuer brannte bei uns von morgens bis abends, entweder in der Küche oder, an besonders heißen Tagen, draußen im Hof, und je häufiger ich jetzt zum Kochen hinzugezogen wurde, desto besser verstand ich Großmutters ständige Sorge um unsere Holzkohlevorräte.

Die Holzkohle aus den Augen zu lassen, das war für sie die schlimmste Sünde überhaupt. »Ein Haus ohne Herdfeuer ist kein Haus!«, schimpfte sie, wenn in dem großen Fass mit der Holzkohle nur noch der Boden bedeckt war. Wäre es nach ihr gegangen, es hätte ununterbrochen gekocht werden müssen. Und zwar so viel wie möglich. Massenhaft. Dass jemand nicht satt werden könnte, war für sie ein unerträglicher Gedanke. Dass irgendein Onkel oder Nachbar hereinschauen könnte, und es gäbe gerade einmal nichts zu essen. »Es ist eine Schande für ein Haus, wenn ein

Gast mit leerem Magen gehen muss!«, zeterte sie noch, wenn sie sich bereits wieder unter ihrem Baum niedergelassen hatte.

Der Tag, an dem ich zum ersten Mal allein kochen sollte, ist mir in keiner guten Erinnerung. Ich musste mittendrin aufgeben, denn ich hatte mir den Fuß dermaßen mit heißem Fett verbrannt, dass eine große Narbe davon zurückblieb. Mit dem zweiten Versuch habe ich gewartet, bis meine Eltern nicht zu Hause waren. Und siehe, meine Geschwister fanden es genießbar.

Aber das war erst, als ich schon wieder einen Vater hatte. Diesmal einen, der es mit meiner Mutter tatsächlich aufnehmen konnte.

EIN GANZ BESONDERER MANN

Auf einmal war er da. Nein, das stimmt nicht. Auf einmal war er unser Vater. Da war er schon seit geraumer Zeit, immer mal wieder, zu einer Besprechung, zum Tee, zu einer Runde *Khat*. Ja, er war selbst dann noch gegenwärtig, wenn er nicht mehr da war. Er hinterließ eine Duftspur. »Aha«, sagten wir, »das ist sein Parfum.« Umso präsenter war er, wenn er tatsächlich da war. Ein großer, starker, lebhafter Mann. Und immer elegant. Seine Anzüge und Hemden waren so weiß wie seine Zigaretten, seine fezähnliche Kopfbedeckung so weiß wie der Rest. Gut, da gab es den Ansatz zu einem kleinen Bauch, da gab es den Ansatz einer Glatze, aber nichts davon tat seiner Wirkung Abbruch. Denn er verstand es meisterhaft, jeden Menschen im Handumdrehen für sich einzunehmen. Ein Lächeln, eine freundliche Bemerkung, ein kleines Geschenk... Wenn er da war, war er für jeden da.

Seit meine Mutter in den *Khat*handel eingestiegen war, machten sie gemeinsame Geschäfte. Doch unser Vater wurde er genauso unverhofft wie unbemerkt. Die beiden heirateten gewissermaßen im Vorübergehen. Keine langwierigen Verhandlungen zwischen Clan-Ältesten, keine fünfzig Kamele, keine zwanzig Kilo Kamelfleisch, keine Hochzeitsfeier. Nur ein *Scheik* und zwei Trauzeugen: meine Großmutter und ein Onkel. Nur eine kurze Unterbrechung ihres Tagesablaufs, in dem es um Wichtigeres, viel Wichtigeres ging, nämlich um Geschäfte im ganz großen Stil: *Khat*import aus

Kenia und Viehexport nach Saudi-Arabien. Ihre Hochzeit ging so unauffällig über die Bühne, dass wir Kinder nicht das Geringste davon mitbekamen. Und auf einmal hörten wir von Großmutter, dass sie verheiratet seien.

So war er, das war seine Art. Nur keine Umstände. *Scheik*? Trauzeugen? Am liebsten hätte er wohl bei seiner Hochzeit deren Rollen gleich mit übernommen. Einfachheitshalber, und weil er ja sonst auch alles selbst machte. Er hieß Abdi, war ein paar Jahre jünger als meine Mutter, und er war der außergewöhnlichste Mann, dem ich je begegnet bin. Wir Mädchen haben ihn um die Wette geliebt, Yurop, Fatma und ich. Anfangs haben wir ihn bestaunt, zunächst auch heimlich belächelt, bald bewundert und dann geliebt, und noch heute hofft wohl jede von uns im Stillen, seine Lieblingstochter gewesen zu sein. Er wurde jedenfalls mein eigentlicher Vater. Letztes Jahr ist er gestorben, noch jung, nach einem Leben, das ihn seine ganze unbändige Kraft gekostet hat, in dem er durch eigene Anstrengung zu einem reichen Mann geworden war und alles wieder verlor. Doch er lebt in mir weiter. Wo immer ich bin, fühle ich seine Stärke, seine Kraft. Allein, dass er meine Mutter mit fünf Kindern geheiratet hat! Für ihn war es die erste Ehe. Meine Mutter wurde bald wieder schwanger. Meine letzten drei Geschwister sind von ihm …

Er war viel unterwegs. Ein großer Viehtransporter hielt vor unserem Laden, der Fahrer kam herein, mein Vater besprach kurz die Ladung mit ihm, füllte Frachtpapiere aus, packte sich ein frisches Hemd und eine Hose zum Wechseln in die Reisetasche, drückte jedem Kind noch etwas Geld in die Hand und war wieder verschwunden. Seine Welt waren die Viehmärkte in den Dörfern, der Hafen von Mogadischu, wo die Frachter nach Saudi-Arabien und

Dubai lagen, und der große *Khat*markt in der Altstadt, der sich jeden Morgen in ein Irrenhaus verwandelte, wo in der Morgendämmerung bereits ein Schreien und Rennen und Streiten und Feilschen losging, als hinge das Leben ganzer Familien von der Qualität des *Khats* ab, das man sich am selben Nachmittag zwischen die Zähne schieben würde. Da wurden hektisch 20-Kilo-Säcke aufgerissen, die Büschel herausgezogen, beschnüffelt und betastet, ob sie ordentlich feucht und frisch waren, dann probiert und immer lautstark kommentiert, und so ging es weiter von Sorte zu Sorte, denn davon gibt es viele: Die einen haben kleine, rote Blätter, die anderen lange grüne, manche bringen schnell auf Touren, manche dämpfen den Tatendrang. Und wenn am Nachmittag eine weitere Lieferung eintraf, ging der Zirkus von neuem los. Ohne *Khat* läuft in Somalia eben nichts. Auf Essen können die Leute notfalls verzichten, auf *Khat* nicht. Und wenn sie in ihren *Khat*runden zusammensitzen auf ihren arabischen Polstern, rührt sich in ganz Somalia keine Hand mehr. Dann haben die Somali ihre »happy hour«.

Es ist kaum übertrieben: Das Wohl und Wehe Somalias lag in den Händen meines neuen Vaters – und einiger anderer Großhändler seines Kalibers. Noch bevor die Sonne über dem Indischen Ozean aufging, landete auf dem Flughafen von Mogadischu ein Flugzeug mit einer Großlieferung *Khat* für meinen Vater an Bord, und zwar Tag für Tag und mindestens eins. Aus Kenia, aus dem Jemen, manchmal auch aus Äthiopien. Wobei das kenianische *Khat* das beliebteste war, weil es schnell ins Blut geht. Ein gutes Geschäft und von existenzieller gesellschaftlicher Bedeutung. Ohne *Khat* wäre das Leben in Mogadischu vollständig zum Erliegen gekommen. Dann hätten wir in einer Geisterstadt gelebt.

Aber was mein Vater und die anderen importieren konnten, das reichte nicht fürs ganze Land. Von Mogadischu aus wurden ja auch die übrigen somalischen Städte beliefert, bis hinauf nach Hargeysa im Norden. Ein Umstand, der meiner Mutter keine Ruhe gelassen hatte. Wozu hatten wir denn unseren Toyota Landcruiser vor der Tür stehen? Um dreimal die Woche damit zum Hafen oder zum Markt zu fahren? Wo gleich nebenan, in Nordkenia, das *Khat* auf riesigen Plantagen wuchs, bloß zwei Tagesreisen entfernt, wenn man Tag und Nacht durchfuhr! Meine Mutter heuerte einen Fahrer an, manchmal setzte sich auch Mohamed selbst ans Steuer, und innerhalb von fünf Tagen traf nun regelmäßig eine schöne Lieferung bestes kenianisches *Khat* bei uns in der »Straße des Feuers« ein. Das wurde nicht bei uns im Laden verkauft, das ging gleich auf den Altstadtmarkt – und so hatten sie sich kennen gelernt, meine Mutter, die kleine *Khat*händlerin, und er, der *Khat*baron, der gleichzeitig ein Viehbaron war und dessen Transporter auf allen Viehmärkten Somalias zu sehen waren. Und wahrscheinlich haben sie nicht lange gebraucht, um festzustellen, dass sie aus ähnlichem Holz geschnitzt waren.

Er liebte meine Mutter, und er scheint sie schon lange geliebt zu haben, bevor er sich ihr erklärte. Als es herauskam, waren wir jedenfalls nicht erstaunt. Sie hatten beide den gleichen Humor, sie hatten beide die gleiche energische, zupackende Art, und sie haben immer viel miteinander gelacht. Meine Mutter hätte schwerlich noch einmal einen Mann wie ihn gefunden. Und er hätte kaum noch einmal eine Frau wie meine Mutter gefunden.

Was war das für ein Mann? Um hinter seine Lebensgeschichte zu kommen, brauchten wir Kinder nicht lange. Er erzählte gern, er war gesprächig, und wenn er einen Termin hatte, musste er eine halbe Stunde früher aus dem Haus gehen, um pünktlich zu kommen, weil er unterwegs immer wieder mit Leuten ins Gespräch kam, ob er sie kannte oder nicht. Er war ein Geschichtenerzähler, und seine eigene gab er besonders gern zum Besten.

Außer einer Schwester hatte er keine weiteren Geschwister. Er wuchs in Mogadischu auf, als Südsomalia noch italienisch war, eine italienische Kolonie, und Italienisch lernte er rasch genauso fließend zu sprechen wie Arabisch. Zwei Fremdsprachen in wenigen Jahren. Er war noch keine fünfzehn, da lief er von zu Hause fort. Er brach die Schule ab, verließ sein Elternhaus und schlief bei Freunden. Er ertrug es nicht mehr, unter der Fuchtel seiner Mutter zu leben – einer Mutter, die überdies davon träumte, dass ihr Sohn Beamter würde und sich ein sicheres Pöstchen im Staatsdienst suchte. Genau das war sein Albtraum: in einem Büro zu sitzen. Er liebte seine Freiheit, und er wusste, was er wollte – Geld verdienen. So schnell wie möglich und so viel wie möglich. Und seit dem Tag, an dem er sich für die Straße entschied, hat er geschuftet. Nahm jeden Job an, den er kriegen konnte. Hockte auf dem Boden und flickte Reifen in einer Autowerkstatt. Arbeitete als Schaffner in einem städtischen Autobus. Saß bald selbst hinter dem Lenkrad dieses Busses. Und so weiter, einen Job nach dem anderen. Mit zwanzig stand er finanziell schon ziemlich gut da. Und immer gab er seiner Mutter einen Teil des Geldes ab, das er verdiente, damit sie verstand, dass er sie liebte. Dass er nur einfach seine Freiheit brauchte.

Sein Selbstbewusstsein war enorm. Einmal, mitten im Gespräch, sagte er zu uns: »Intelligenz kann man nicht lernen. Damit wird man geboren, oder man erwirbt sie nie. Was wollen sie dir auf der Schule dann überhaupt beibringen? Alles, was man da lernt, sind die Ideen anderer Leute. Ich habe meine eigenen, und die sind nicht schlechter.« Was meine Mutter von solchen lockeren Reden hielt, weiß ich nicht, aber wir mussten ihm Recht geben. »Wenn ich die Schule beendet hätte«, fuhr er grinsend fort, »wäre ich unweigerlich Staatspräsident oder so etwas geworden.«

Stattdessen wurde er ein ungemein erfolgreicher Geschäftsmann.

Und eines Tages zog er bei uns ein. In diesen Hexenkessel. Fünf Kinder von einem anderen Mann, zwei adoptierte Vettern, eine Großmutter und – diese Frau. Er zog ein und setzte sein Leben einfach fort! Das Beste aber war – er redete auch uns nicht in unser Leben hinein! Wir Mädchen konnten kaum glauben, dass er uns mit Befehlen verschonte, wie wir sie sonst von allen Seiten zu hören bekamen und pausenlos zähneknirschend befolgen mussten: »He, Fatma, bügele mein Hemd! Nura, bring das Essen auf den Tisch! Yurop, beeil dich, räum die Teller ab!« Meine Brüder, die waren so. Sie kamen nach Hause und erwarteten, dass sie bedient wurden. Auch wenn sie bloß die Kelle in einen Topf zu tauchen brauchten, weil das Essen längst fertig war, musste man sie füttern wie Vogeleltern ihre Jungen.

Meinen Stiefvater nicht. Er ging frühmorgens um fünf als Erstes in die Moschee, und wenn er zurückkam, weckte er niemanden auf, rüttelte niemanden wach, sagte nicht: »Koch Tee für mich.« Er schlich auf Zehenspitzen in die Küche, machte, falls wir noch schliefen, eigenhändig Feuer und goss Tee auf – für uns alle! Das war unerhört. Viele somalische Männer wissen nicht, wo die Küche überhaupt ist. Und auf keinen Fall haben sie eine Ahnung, wie es da drinnen aussieht. Völlig ausgeschlossen, dass einer sich etwas selber kocht. Kann er auch nicht. Ohne Frauen müssten unsere Männer im Restaurant essen oder verhungern.

Allerdings, und das darf man nicht vergessen, riskiert ein Mann, der Hausarbeiten erledigt, sich lächerlich zu machen. Ein Mann, der einkauft, ist ein urkomisches Bild, da lacht der ganze Markt, die Händler wie die Käuferinnen. Und ein Mann, der eine Küche betritt, setzt seine Würde aufs Spiel. Mein Vater tat, als habe er nie davon gehört. Er war ein Selfmademan, und von bestimmten Traditionen hielt er überhaupt nichts. So warf er zum Beispiel kurzerhand die Familienhierarchie bei unseren Mahlzeiten über den Haufen. Üblicherweise werden Väter und Söhne als Erste bedient. Sie bekommen die guten Sachen, die leckersten Stücke, das beste Fleisch. Danach sind Töchter an der Reihe, schließlich die Mütter. Und was dann noch übrig ist, darüber dürfen sich die Hausangestellten hermachen.

Bei uns aber kam es von nun an immer häufiger vor, dass mein Vater seine Portion mit dem ersten Dienstmädchen teilte, das er im Hof erblickte. Er nahm einen leeren Teller, schaufelte die prachtvollsten Fleischstücke von seinem eigenen Teller darauf und reichte ihn einem Mädchen, das gerade im Schatten eines Baums über irgendeiner Arbeit schwitzte. Noch bevor er selbst aß, noch bevor irgendeiner aus der Familie auch nur die Hand zum Mund geführt hatte, hockte dieses Mädchen bereits einigermaßen verdattert vor einem Teller mit dem vorzüglichsten Fleisch! Mein Vater kam zurück, setzte sich wieder zu uns und ließ es sich schmecken. »Sie arbeitet schwer. Und sie arbeitet für uns«, sagte er zwischen zwei Bissen und wischte sich mit einer beiläufigen Handbewegung das Bratenfett vom Kinn. »Und ich will nicht, dass sie mit leerem Magen arbeitet.«

Er nahm sich ungeahnte Freiheiten.

Ich gestehe, auch wir haben anfangs oft hinter seinem Rücken gelacht. Er flickte seine Kleider selbst! Wir trauten unseren Augen nicht. Und wenn er nach Einbruch der Dunkelheit dasaß, sein *Khat* kaute und beobachtete, wie meine Mutter sich ans Bügeln machte, sprang er auf und rief: »Naima, setz dich! Ich bügele!«

Allmählich gewöhnten wir uns daran, dass er anders war. Dass für ihn die engen Grenzen nicht galten, in denen die meisten von uns lebten. Ein Haus, eine Straße, ein Viertel, das wäre zu klein für ihn gewesen. Sein Zuhause war die ganze Stadt – keine Gasse, kein Teehaus, in dem er sich nicht wohl und daheim gefühlt hätte. Er liebte es, gleich nach der Moschee den ersten Tee des Tages in einem kleinen Restaurant zu trinken, angeregt mit den Leuten zu plaudern und ein wenig durch die Straßen zu schlendern – lag etwas in der Luft? Ging etwas vor, das er wissen musste? Er hielt seine Nase in den Wind, er ließ seine Augen schweifen, er lauschte dem Tag seine ersten Geheimnisse ab. Und gelegentlich, wenn er so für sich umherstreifte, lud er einen Bettler zum Frühstück ein.

Wir Kinder verehrten ihn. Nur Mohamed verzieh ihm nicht so bald, dass er ihn als Familienoberhaupt entmachtet hatte. Meine Mutter aber sollte für ihn zu einer echten Herausforderung werden.

Das war sie schon in ihrer normalen Verfassung. Doch wenn sie *Khat* gekaut hatte ... *Khat* verändert jeden Menschen, aber nicht jeden auf gleiche Weise. Ich selbst rührte es nicht an, mir schmeckte es zu sauer. Außerdem war ich jung und brauchte nichts, was mich in Fahrt brachte. Meine Eltern hingegen sah ich mit größtem Vergnügen *Khat* kauen, denn es machte sie nachsichtiger und stimmte sie milder. Sie ließen in diesem Zustand Dinge durchgehen, die sonst strikt verboten waren. Als Mädchen konnte man dann schnell mal entwischen und wenigstens für eine kurze Weile seine Freiheit genießen.

Das Problem war nur: Meine Mutter, die sowieso unablässig in Bewegung war, in deren Nähe ohnehin immer Aufregung herrschte, geriet unter dem Einfluss von *Khat* vollends aus dem Häuschen. *Khat* verlieh ihr übermenschliche Kräfte und Energien, und sie fegte durch Hof und Wohnung wie eine Windhose, die alles mitreißt, aufwirbelt und durcheinander wirft. Meinen Vater konnte das wahnsinnig machen. Gerade zur Stunde der *Khat*runden will man nichts weiter, als gemütlich herumsitzen und sich die Zeit mit fernsehen oder singen und plaudern so angenehm wie möglich vertreiben. Das Letzte, das man da brauchen kann, ist eine Frau wie meine Mutter, die wie ein *Dschinn* durchs Haus tobt. Keine zwei Sekunden konnte sie dann stillsitzen. Da versiegte manchmal sein Humor, und er vertrieb sie unter Drohungen aus seiner Nähe. Aber kaum hatte mein Vater sie weggeschickt, stürmte sie das Geschäft, legte endlose Listen an von dem, was fehlte, sortierte alles neu und krempelte den halben Laden um.

Uns Kindern jedoch war das gerade recht. Wir hofften jedes Mal, dass sie nie wieder zur Besinnung kommen würde. Denn ohne *Khat* lag sie uns mit allem Möglichen in den Ohren, feuerte pausenlos Befehle ab und scheuchte uns vor sich her. Mit *Khat* aber mussten wir uns nur vorsehen, dass wir ihr nicht im Weg standen. Alles wollte sie selbst machen, duldete keine Hilfe und brachte es sogar fertig, regelrecht liebevoll zu sein. »Ich koche euch was Besonderes«, sagte sie dann, »etwas, das es schon lange nicht mehr gab.« Und es kam vor, dass sie nachts, während ich schlief, an mein Bett trat und meine Haare mit Öl einrieb. Welche

Überraschung, am nächsten Morgen mit schönen, glänzenden Haaren aufzuwachen! Mein Vater hätte ihr *Khat* am liebsten ganz verboten. Aber wir Kinder hätten ihr dieses Zeug am liebsten gleich zum Frühstück verabreicht.

Und an diese Frau war er nun geraten, dieser stets aufgeräumte Mensch, dem das *Khat* höchstens die Zunge löste und der nie auf Streit aus war. Er liebte den Frieden und stiftete Frieden – selbst in heiklen Angelegenheiten wie einem Ehekrach riefen sie ihn als Schlichter und Vermittler. Aber wehe, er geriet in Rage. Er war ein starker Mann. Hatte er die Beherrschung einmal verloren, gab es kein Halten mehr. Wie damals, als der Krieg zwischen uns und unseren Nachbarn ausbrach:

Es war einer dieser Abende. Ich erinnere mich, dass wir unter Großmutters Baum saßen. Nun, da wir älter waren, duldete sie uns schon mal in ihrem Bezirk. Längst war es dunkel, längst flackerte das Feuer, und Großmutter prüfte unser Wissen. »Die dreiundzwanzigste Sure!«, sagte sie, schnipste mit den Fingern und zeigte auf einen von uns. Nach sieben Jahren *Madrassa* konnte ich den Koran wie am Schnürchen hersagen. Solche kleinen Examen hatten inzwischen die Sagen und Fabeln unserer Kindheit abgelöst. Wenn sie in Fahrt kam, machte sie mit Rechenaufgaben weiter. »52 mal 52?« Sie wusste es schon. Wieder zeigte sich, dass sie alles im Kopf hatte, ohne je etwas gelesen zu haben. Ich vermute allerdings, dass sie in Kamelen rechnete. Dass sie beim Dividieren Kamelherden teilte und sich beim Multiplizieren vorstellte, wie ihre Kamele sich vermehrten. Jetzt konnten wir zeigen, was wir gelernt hatten, diskutieren und uns die Köpfe heiß reden. Wir liebten diese Abende, an denen wir endlich mit einem erwachsenen Menschen von Gleich zu Gleich sprechen konnten. Diese Gnade wurde uns immer noch höchst selten gewährt. Deshalb ärgerte es uns umso mehr, als der erste Stein geflogen kam.

Mit lautem Knall landete er auf unserem Wellblechdach. Wir sahen uns an. Dass Kinder mit Steinen warfen, kam häufiger vor. Und dass der Nachbar uns nicht mochte, aus dessen Hof der Stein wohl kam, das war nichts Neues. Großmutter verwünschte ihn, und wir setzten unser Gespräch fort. Dann kamen die nächsten Steine geflogen. Nicht nur aufs Dach, nein, bis in den Hof. Wir sprangen auf. Yurop feuerte einen Stein zurück, das Bombardement von der anderen Seite verstärkte sich, ich hob einen Stein auf, alle hoben Steine auf, Großmutter spie Gift und Galle, mein Vater kam angelaufen, allgemeines Geschrei, die Geschosse flogen hin und her, und als Nächstes rannten Mohamed, Yurop und Fatma hinaus auf die Straße. Die Vettern hinterher, ich hinterher, die Erwachsenen hinterher. Wir waren nicht wenige an diesem Abend.

Yurop riss die Tür zum Nachbarhaus auf, stürmte in den Hof und fiel über den Erstbesten her. Wir stürzten ihr nach. Im Nu war eine riesige Prügelei im Gange. Von allen Seiten liefen die Nachbarn zusammen, mischten sich ein, warfen sich ins Getümmel, jeder schlug zu, so gut er konnte, Steine flogen, Sand spritzte, mein Vater arbeitete sich mit den Fäusten von einem Ende des Hofs bis zum anderen vor, ich natürlich mitten drin, und Großmutter stand am Tor und feuerte uns aus dem Hintergrund an. Die Gegenseite ließ sich durch die gellenden Schreie einiger älterer Tanten aufmuntern, bis, nach einer Stunde vielleicht, mein Onkel Ali sein Messer zückte, sich auf den Nachbarn stürzte – den Vater der Kinder, die angefangen hatten – und ihn niederstach. Nicht, dass er ihn tödlich verletzte, und dennoch, das war übel. Wenn Blut fließt, kommt die Polizei.

Die kam auch. Normalerweise – denn solche Kämpfe erlebte man in Mogadischu häufiger – waren zwei oder drei Polizisten machtlos, selbst wenn sie Waffen trugen. Die wurden entweder ins Geschehen einbezogen oder rückten unverrichteter Dinge wieder ab. Sollten sie schießen? Das hätten sie kaum überlebt. Eigentlich also kein Grund, eine Prügelei abzubrechen. Jetzt mussten wir allerdings schleunigst den Rückzug antreten, um unseren Onkel Ali in Sicherheit zu bringen und sein blutiges Messer verschwinden zu lassen. Onkel Ali musste auf der Stelle die Stadt verlassen. Das tat er auch, noch in derselben Nacht. Und wer in der Arrestzelle landete, war mein friedliebender Vater.

Es mag für europäische Ohren seltsam klingen, aber wir waren alle mit einer gewissen Freude bei der Sache gewesen. Auch ich.

Ja, es kann ziemlich schnell gehen, wenn uns die Wut übermannt und der Hass hochkocht. Möglich, dass es bei uns schneller geht als in anderen Ländern, bei anderen Völkern. Das Recht auf Selbstverteidigung ist uns in Fleisch und Blut übergegangen. Zuerst versuchen wir es im Guten. Wir reden aufeinander ein, wir beschwören uns gegenseitig, eine friedliche Lösung zu suchen. Doch wenn sich zeigt, dass einer nicht zuhören will … Das kann harte Konsequenzen haben. Da nützen Worte gar nichts mehr. Es kann so weit gehen, dass sich selbst Clan-Angehörige einmischen, die gar nicht in deiner Nachbarschaft wohnen.

Wir müssen zusammenhalten. Hätte mich in Mogadischu jemand in einer Diskothek angepöbelt, meine Freundinnen hätten auf der Stelle Partei für mich ergriffen. Sie hätten sich auch für mich geschlagen, ohne lange zu fragen. Aber man explodiert nicht sofort. Man gibt dem anderen immer die Chance, sich aus der Affäre zu ziehen. Aber wenn es ernst wird, gilt für alle dasselbe Gesetz, ob Junge oder Mädchen: Wenn dich dein Mund nicht mehr verteidigen kann, wird deine Faust dich verteidigen. In dem Fall vertut man keine Zeit damit, sich Beleidigungen an den Kopf zu werfen. Dann gilt reden nur noch als Zeitverschwendung.

Was ich dann in Deutschland erlebt habe … Zumindest in der Anfangszeit war ich regelrecht sprachlos. Da arbeitete ich auf dem Flughafen, Innenreinigung von Flugzeugen.

Damals wusste ich noch nichts über die Gesetze und die Gepflogenheiten in Deutschland. Wir gingen also in Gruppen von drei bis fünf Leuten in die Flugzeuge, sobald die Passagiere ausgestiegen waren – immer ein bunt gemischtes Team, die meisten waren Türkinnen und Westafrikanerinnen. Eines Tages aber hatte ich einen somalischen Jungen in meiner Gruppe. Es musste schnell gehen, er hatte etwas übersehen, und eine Arbeitskollegin aus Westafrika regte sich furchtbar auf. »Fuck your mother!«, schrie sie ihn an. So viel Englisch verstand er. Er ging sofort auf sie los – vor den Augen der Stewardessen und Piloten. Was war das Ergebnis? Der Bundesgrenzschutz kam, und der Junge wurde gefeuert!

Ich verstand die Welt nicht mehr. Was?, dachte ich, in diesem Land darf jeder jeden ungestraft beleidigen? Und wenn man sich wehrt, kriegt man selbst die größten Schereien? Was sind denn das für Menschen hier? Und am nächsten Morgen, gleich im ersten Flugzeug, beleidigte dieselbe Person mich! Kein Wunder, sie war mutig geworden. »Fuck your father!«, fauchte sie mich an und spuckte sogar vor mir aus. Mein Gott, was sollte ich machen? Ich zitterte am ganzen Leib. Ich hielt eine Flasche Mineralwasser in der Hand. Ich war außer mir. Ich warf die Flasche nach ihrem Kopf, sie duckte sich, das Glas zerschellte im Gang. Ich wollte mich auf sie stürzen. Aber die Umstehenden warfen sich dazwischen und trennten uns.

Gott sei Dank, mein Schichtleiter war ein guter, verständnisvoller Mensch. Er nahm mich beiseite. »Nura, du bist hier in Deutschland«, redete er auf mich ein. Ich zitterte immer noch. »Eigentlich müsste ich die Polizei rufen. Sei in Zukunft vorsichtig. Du hast keine Papiere, und deine Arbeit ist wichtiger als sich zu rächen. Vergiss die Sache …«

Und so machte ich Bekanntschaft mit etwas Neuem, etwas Unglaublichem und Unbegreiflichem. »Ihren lieben Frieden« nannten es die Deutschen. Und das Gesetz des lieben Friedens lautete: nachgeben, wegschauen, im schlimmsten Fall die Polizei rufen. Von meiner Großmutter hatte ich gelernt: Du musst kämpfen! Egal, um wie viel größer und stärker dein Gegner ist, du musst kämpfen. Wenn du zehn Schläge einstecken musst, gib wenigstens fünf zurück. Hauptsache, du wehrst dich. Und jetzt, in Deutschland? Als wäre ich auf einem anderen Stern gelandet. Keiner ergriff hier Partei. Jeder hielt sich an die oberste Regel, und die lautete: sich heraushalten, wenn irgend möglich. Oh, das fiel mir schwer. Ich habe Jahre gebraucht, bis ich gelernt habe, nur noch mit dem Mund zu kämpfen. Und auch später konnte es immer noch passieren, dass ich mich vergaß, dass ich mich auf jemanden stürzen wollte. Aber dann blinkte mein inneres Warnlicht im letzten Augenblick auf, und ich dachte: Vorsicht, Nura, du bist nicht mehr in Somalia. Hier in diesem Land darf man sich nicht rächen. Schade.

In Deutschland ging es nach Recht und Gesetz, oder es ging gar nicht. Und mit der Zeit wurde ich kälter. So kalt wie das Wetter in Deutschland. Und immer weicher. So weich und sentimental wie meine europäischen Lehrer in Mogadischu, wie meine erste Europäerin, die eine Kanadierin gewesen war.

Wie sehr ich mich verändert hatte, merkte ich selbst, als ich zwischendurch für kurze Zeit in Afrika war. Noch stärker aber fiel es den anderen auf. Mein Vater schlachtete eine Ziege. Ich stand dabei und schrie auf. Ich hatte Mitleid mit einer Ziege! Meine Familie lachte mich aus. »Was bist du für ein Weichling geworden!«, lachten sie. »Wird man in Europa so weich? Dann komm lieber zurück.« Und früher hatte ich selbst mit angefasst, hatte die Beine festgehalten, das Fell abgezogen, die Eingeweide ausgenommen. Vorbei. Ich war auch die Einzige, die sich an den Bushaltestellen von Nairobi über die alten Frauen wunderte, die sich genau wie alle anderen mit Ellbogenstößen und Fußtritten durch das Menschengewühl zum Einstieg vorkämpften. Kein Wort der Entschuldigung, wenn du eins in die Rippen bekamst, nicht einmal ein bedauernder Blick, einfach weiterboxen, durchwühlen, vorwärts schieben. Und was soll ich sagen? Es ärgerte mich. War es gelungen, eine Europäerin aus mir zu machen? Es sah so aus. Jedenfalls dachte ich mit Befriedigung an die Schlangen, die sich in einem deutschen Supermarkt vor den Kassen bilden. Wo sie »Entschuldigung« sagen, wenn dich einer auch nur versehentlich anstößt. Gewiss, ich war kalt und weich geworden, da hatten sie Recht. Aber ich fand es großartig, nachts um vier durch die Straßen von Düsseldorf gehen zu können, ohne beraubt oder vergewaltigt zu werden.

Aber damals, in Mogadischu ... Die Polizisten, die Ärmsten. Niemand nahm sie ernst. Alles, was sie bei einer Massenschlägerei tun können, ist, einen Bericht zu schreiben und den Hauptverdächtigen auf die Wache zu zitieren. In diesem Fall sperrten sie meinen Vater ein. Sie wollten ihn zwingen, das Versteck meines Onkels zu verraten, aber meine Mutter holte ihn raus. Wahrscheinlich brauchte sie ihnen nur damit zu drohen, den *Khat*nachschub einzustellen. Oder es reichte schon, dass sie leibhaftig vor ihnen stand. Jedenfalls war mein Vater nach zwei Tagen wieder frei, und die Polizei war so klug wie zuvor.

Damit war die Sache zwischen unseren beiden Familien aber noch lange nicht erledigt. Es war Blut geflossen, und der Hass war groß. Solche Kämpfe gehen so lange weiter, bis die Ersten Vernunft annehmen. Oft sind es die alten Männer, die des Streits irgendwann überdrüssig werden. Sollten die Gegner dann immer noch nicht direkt miteinander verhandeln wollen, werden die Clan-Ältesten versuchen, sich zunächst einmal untereinander zu verständigen. Herauszufinden, wie es überhaupt dazu kommen konnte, wodurch der Hass ausgelöst wurde, wer angefangen hat. Später werden sie dann die Vertreter der Kampfparteien hinzuziehen. Und zum Schluss werden alle feststellen, dass sie im Grunde Brüder sind und solche Kämpfe sich für Brüder eigentlich nicht gehören.

In unserem Fall war es so, dass mein Vater die Gegenseite zu Friedensgesprächen in unser Haus einlud. Auch die Clan-Ältesten kamen. Um jede Störung auszuschließen, wurden Frauen und Kinder auf die Zimmer geschickt, die Delegationen nahmen auf der arabischen Polstergarnitur im Wohnzimmer Platz, und für die nächsten Stunden war nichts zu hören als das dumpfe Murmeln und gelegentliche Poltern erregter Männerstimmen. Und ohne dabei gewesen zu sein, bin ich mir sicher, dass die Verhandlung so abgelaufen ist:

Zunächst scheint eine Einigung in weiter Ferne zu liegen. Alle machen Gesichter, die dem Ernst der Lage angemessen sind – und die Lage ist sehr ernst. Jeder besteht wortreich auf seinem Recht zur Selbstverteidigung, und einer nach dem anderen beteuern sie, dass es eine unerträgliche Schande gewesen wäre, nicht zu kämpfen. Es sei die Pflicht eines jeden Menschen, zurückzuschlagen – darauf bestehen vor allem die jungen Männer, deren Blut besonders leicht in Wallung gerät. So geht es gut und gerne zwei oder drei Stunden lang, und mein Vater lässt sie reden. Doch irgendwann setzt er zu einer längeren Rede an und sagt, dass der Koran in der soundsovielten Sure zur Vergebungsbereitschaft ermahnt und dass alle Anwesenden als gute Somali und gute Moslems diese Sure in dieser Stunde beherzigen sollten. Dann bietet er an, für das vergossene Blut zu bezahlen. Und nun sind tatsächlich alle bereit, nach dieser Sure zu handeln. Die Gesichter hellen sich langsam auf, man liest aus dem Koran, man dankt Gott dafür, dass es vorbei ist, man reicht sich die Hände – und der Versöhnung steht nichts mehr im Wege.

So oder so ähnlich wird es vor sich gegangen sein. Jedenfalls verkündete mein Vater am nächsten Morgen der ganzen Familie das Verhandlungsergebnis, unterrichtete später auch Onkel und Tanten von dem Friedensschluss, und von nun an lebten wir mit unseren Nachbarn wieder im besten Einvernehmen. Sie besuchten uns, und wir besuchten sie. Als wäre nichts gewesen. Nebenbei – den Grund für diesen Streit habe ich nie verstanden. Vielleicht sind meine älteren Schwestern die Ursache gewesen. In der Nachbarschaft hieß es, sie seien hochnäsig. Möglich, dass es mit einer Pöbelei in der Schule begonnen hatte. Hinterher kam heraus, dass sie sich früher bereits auf dem Schulweg mit Steinen beworfen hatten. Letztendlich spielt die Ursache allerdings überhaupt keine Rolle. Wenn es losgeht, fragt keiner mehr nach dem Grund.

Im Übrigen kam dergleichen bei uns nie wieder vor. Vielmehr erwarb sich mein Vater bald im ganzen Viertel den Ruf eines Schlichters und Friedensstifters. Kaum gab es irgendwo Ärger, schickte man nach ihm. Oft reichte es dann, wenn er an die Frömmigkeit der Streitenden appellierte. »Wo bleibt eure Gottesfurcht?«, sagte er nur. »Wollt ihr euch benehmen wie die Ungläubigen?« Schon wollten die meisten gute Moslems sein, und der Frieden war gerettet. Und wenn sich eine Ehefrau bei meinem Vater über ihren Mann beschwerte, ging er hin und sprach mit ihm ein ernstes Wort. Er war kein Clan-Ältester, dafür war er viel zu jung, Mitte dreißig. Aber er genoss ebenso viel Respekt. Er war unparteiisch, er war ein guter Redner, und dazu kam, dass er wegen seines Reichtums in hohem Ansehen stand. Er redete überzeugend und urteilte weise. Aus all diesen Gründen hörte man auf ihn.

Einen Monat gab es, da kamen selbst die Heißblütigsten zur Vernunft, und mein Vater konnte sich von seinen Friedensbemühungen ausruhen. Das war der Fastenmonat *Ramadan*, in dem jeder Moslem zu neuer innerer Reinheit findet. Die Zeit des Fastens ist daher auch eine Zeit des Friedens.

Jedes Jahr fieberten wir dem *Ramadan* entgegen. Es war ein Monat der Freude und der aufrichtigen Bemühungen, aller Bosheit und Lüge zu entsagen. Und zu keiner Zeit dachte man an seine Nachbarn, ja, an die Bewohner von ganz Mogadischu mit so brüderlichen Gefühlen wie im *Ramadan*. Das Beste am *Ramadan* aber war *Id*, das Fest am Ende des Fastenmonats, der Höhepunkt des Jahres. Für mich ersetzte *Id* vom sechsten Lebensjahr an den Geburtstag. Seit über zwanzig Jahren habe ich meinen Geburtstag nun nicht mehr gefeiert, und heute überkommt mich selbst dann nicht das Gefühl, wieder ein Jahr älter geworden zu sein, wenn ich ihn einmal nicht vergessen haben sollte. Damals fiel es mir leicht, darauf zu verzichten, weil keine Geburtstagsfeier so schön sein konnte wie *Id*.

Am deutlichsten ist mir das letzte *Id*fest, das wir gemeinsam mit unserer Großmutter feierten, im Gedächtnis. Wie immer stellte sich schon am Vorabend dieses besondere Glücksgefühl ein. Nach Sonnenuntergang wurde in großer Runde das Fasten gebrochen. In allen Höfen saßen in dieser Nacht Menschen beisammen, bis sie vom Essen, Lachen und Reden erschöpft waren, und überall wartete eine Ziege oder ein Schaf darauf, am nächsten Morgen geschlachtet zu werden. Meine Mutter hatte sogar drei Ziegen gekauft, damit noch genug Fleisch für ärmere Nachbarn übrig blieb. Später gingen wir Frauen daran, das üppigste Frühstück des Jahres vorzubereiten, aufzuräumen und das ganze Haus gründlich zu säubern. Wenn schon nicht alles neu war, sollte es doch wenigstens so aussehen, aber manches war auch wirklich neu – das Bettzeug und zwei Teppiche nämlich.

Wir waren also wie üblich sehr beschäftigt in dieser Nacht, und trotzdem fand meine Mutter noch Zeit, Henna vorzubereiten. Kein *Id* ohne Henna! Sie löste Hennapulver in schwarzem Tee auf, gab etwas Zitrone dazu, und bald waren alle Frauen damit beschäftigt, sich zu verschönern. Solange wir klein waren, bemalte Mutter unsere Handrücken, Handflächen und Fingernägel. Danach umwickelte sie unsere Hände mit Tüchern, damit niemand die Bettdecke beschmutzte, und am nächsten Morgen war die Überraschung groß, wenn die Tücher abgenommen wurden und unsere Hände ganz rot waren. Mit meinen elf Jahren war ich inzwischen aber alt genug, das Henna mit einem Zahnstocher selbst auf meine Haut auftragen zu dürfen. Für uns große Mädchen blieb es auch nicht bei den Händen, wir verzierten unsere Arme bis fast zu den Schultern und unsere Füße bis über die Knöchel mit roten Mustern.

Henna war übrigens, was ihre Schönheit anging, neben Salzwasser die zweite große Leidenschaft meiner Großmutter. Sie frönte dieser Leidenschaft mit gutem Gewissen, denn nach dem Koran galt ihre Schwäche für Henna nicht als Eitelkeit. Wenigstens Hände und Haar mussten bei ihr immer rot sein. Doch leider hatte kein Mensch etwas von ihren schönen, roten Haaren, denn sie zeigte sich niemals ohne Kopftuch. Wir Kinder waren die Einzigen, die es bestaunen durften, wenn sie still auf einem Hocker im Hof saß und ihr frisch gefärbtes Haar in der Sonne trocknen ließ oder dann und wann ihr Kopftuch abnahm, um andächtig ihr langes, strahlend rotes Haar zu kämmen.

Schlaf fanden wir in der Nacht vor *Id* nur wenig, die Aufregung war einfach zu groß. Am nächsten Morgen, wenn alle, Männer wie Frauen, in der Moschee waren, schlüpften wir in unsere nagelneuen Kleider – es ist völlig undenkbar, zu *Id* alte Kleider anzuziehen –, und dann füllte sich unser Haus mit Leben. Ich hatte Freundinnen eingeladen, Fatma und Yurop ebenso, natürlich hatte auch mein Vater unterwegs Freunde aufgesammelt, alle strömten jetzt in den Hof, und nun gab es ein Frühstück mit den seltensten Köstlichkeiten. Großmutter brannte derweil Weihrauch unter ihrem Baum ab, und im ganzen Hof duftete es wie in einer Moschee.

Anschließend wurde geschlachtet und gekocht. Zur Mittagszeit kamen neue Gäste, darunter auch Menschen, die wir kaum kannten, Leute, die sich kein eigenes Festessen leisten konnten. Und dann ging das Schmausen von neuem los: Fleischsuppe, gewürzter Reis, Spaghetti für meinen Vater – mein Vater brauchte mindestens einmal am Tag Spaghetti –, Fleisch vom Kamel, von Ziege und Schaf, alles ebenfalls scharf gewürzt, verschiedene Kuchen, Ananas, Wassermelonen, Papayamus mit Zucker und Zitronensaft und schließlich gewürzter Pudding. Wer sich danach noch rühren konnte, ging in die Stadt oder an den Strand.

Ganz Mogadischu war an diesem Tag blendend weiß,

weißer noch als sonst, weil alle Männer lange, weiße Hemden trugen. Mit dem Rauch aus Schalen voll glühender Holzkohle zog der schwere, süße Geruch von *Unzi*, einer Duftmischung aus Zucker, Parfüm und Gewürzen, durch die belebten Straßen. Abends besuchten wir Freunde. Noch einmal wurde gegessen, gut gegessen, dann *Khat* gekaut und viel gelacht – es war die Zeit, in der immer mehr Witze über unseren Staatspräsidenten in Umlauf kamen –, und als wir nach einer langen, ausgelassenen Nacht am nächsten Morgen vom Ruf der Muezzins geweckt wurden, lief das Leben wieder in den alten, vertrauten Bahnen weiter.

Dann hieß es für uns Mädchen wiederum ein ganzes Jahr warten, bevor wir erneut einen Tag lang unsere Freiheit genießen konnten. Denn an *Id* kümmerte sich nicht einmal meine Mutter darum, was wir so trieben und mit wem wir uns unterhielten.

ABSCHIEDE, AUFBRÜCHE

Wir trauten unseren Ohren nicht, als Großmutter uns verkündete, dass sie eine Ortsveränderung brauche. Natürlich hätten wir sie in den vergangenen zehn Jahren gerne mal für eine Weile in die Wüste geschickt, oder sagen wir in Ferien, um wenigstens einmal aufatmen zu können, um wenigstens einmal nicht vor ihr auf der Hut sein zu müssen. Aber ein Leben ohne sie? Das war einfach unvorstellbar. Nie hätte ich geglaubt, dass sie ihre roten *Dirrahs*, ihr Kofferradio und ihre Korankassetten einfach einpacken und von uns allen Abschied nehmen könnte. Aber so kam es.

Es kam der Tag, an dem niemand mehr im Schatten des Granatapfelbaums lag, niemand mehr den Untergang unserer Familie beschwor, wenn der Holzkohlevorrat zur Neige ging, niemand mehr am nächtlichen Feuer Spottgesänge auf andere Clans anstimmte. Und das war ein trauriger Tag. Denn schließlich war sie für uns doch sowohl Wachhund als auch Schutzgeist gewesen. Früher, wenn einmal niemand daheim war, wenn alle ausgegangen waren, dann hatte doch immer noch Großmutter einsam unter ihrem Baum gesessen, das Kofferradio am Ohr. Sie war einfach immer da gewesen, in unserem Hof genauso wie in unseren Köpfen.

Doch ihr Entschluss stand fest, und niemand konnte sie umstimmen. Möglich, dass die alte nomadische Wanderlust sie noch einmal gepackt hatte. Vielleicht spürte sie auch, dass ihr nicht mehr viel Zeit blieb, wenn sie noch etwas von der Welt sehen wollte. Von ihrer zweiten Begegnung mit dem *Dschinn* hatte sie sich nie mehr ganz erholt. Plötzlich fand sie, dass sie doch schon sehr lange bei uns war. Mit einem Mal sprach sie davon, unbedingt ihrer Kusine in Nairobi mit ihren acht Töchtern helfen zu müssen. Und eines Tages nahm sie den Überlandbus und fuhr davon. Nach Kenia.

Tatsächlich ging sie zunächst nach Nairobi, zu ihrer Kusine, aber die Stadt war ihr zu europäisch und zu kalt. Und so zog sie weiter, nach Isiolo, einer Stadt im Norden Kenias, am Fuß der Berge. Sie hatte über diese Stadt vieles gehört, das sie neugierig machte. In den Zwanzigerjahren, nach einem Aufstand gegen die Engländer, hatten die Kolonialherren viele Somali aus dem Norden vertrieben und nach Isiolo deportiert. Es hieß, dass diese Menschen sich ihre alte nordsomalische Lebensart bewahrt hätten, dass es dort viele Kamele gebe und jeden Tag frische Kamelmilch. Sie liebte frische Kamelmilch. In Isiolo wird sie sich zu Hause gefühlt haben, sicher mehr als in Mogadischu, obwohl sie da keinen Menschen kannte. Dort blieb sie also, und dort starb sie auch, zwei Jahre nachdem sie mit ihrem Koffer den Überlandbus bestiegen hatte.

Eigentlich hätte sie bei uns auch sterben sollen, nach all den Jahren. So kam es, dass ich sie nie wiedersah. Aber nachdem sie nun schon fort war, haben wir uns gleich am nächsten Tag über ihren Baum hergemacht. Wir haben ihn regelrecht geplündert! Wir haben alles nachgeholt. Wie die Affen sind wir durch den Baum getobt und haben runtergeholt, was da an Früchten hing, sogar die unreifen. Granatäpfel für alle!

Es war ein Jahr großer Veränderungen. Mit meinen elf Jahren war ich alt genug für die höhere Schule. Lernen machte mir mittlerweile Spaß, so gesehen erfüllte ich alle Hoffnungen meiner Mutter. Und die englische Secondary School, die ich nun besuchte, wurde fast zu einer zweiten Heimat für mich. Ja, und außerdem schied ich aus der *Madrassa* aus.

Ich hätte auch auf der *Madrassa* bleiben können – manche machten das, sie besuchten überhaupt keine andere Schule. Aber dann hätte ich nur Wanderpredigerin werden können, sonst nichts. Eine dieser Frauen, die von Haus zu Haus gehen oder Versammlungen für die Ehefrauen eines Viertels veranstalten. Da predigen sie dann und erklären anhand von wortreichen Beispielen, wie man richtig lebt. Sie hören sich auch an, wie die Frauen denken und welche Fragen sie haben, zum Beispiel, warum sie in der Öffentlichkeit ihr Haar verstecken müssen oder nicht Fahrrad fahren dürfen oder ihre Männer wie Kinder umsorgen sollen. Und die Wanderpredigerin findet auf jede Frage im Koran eine passende Antwort. Also, das wollte ich nicht. Von nun an galt mein ganzer Ehrgeiz der Schule.

Um diese Zeit, Großmutter war noch nicht lange fort, wachte ich eines Morgens auf, und alles war voll Blut. Das ganze Laken blutverschmiert! Ich erinnere mich, dass es ein Mittwoch war und der Bettbezug hellrosa. Gott sei Dank, wenigstens hatte ich in dieser Nacht ein Bett für mich allein gehabt. Ich wollte mir gar nicht ausmalen, wie entsetzlich es gewesen wäre, wenn Fatma neben mir gelegen hätte. Und Gott sei Dank war meine Mutter verreist. Was sollte ich jetzt machen? Das Laken blutig, ich selber blutig, und gleich musste ich zur Schule. Die anderen schliefen noch. Zum Glück hatte die Matratze nicht viel abbekommen. Ich riss das Laken herunter, zog ein neues auf, lief in die Küche, fand eine Papiertüte, stopfte das besudelte Stück Stoff zusammen mit der blutigen Unterhose hinein und nahm alles mit in die Schule.

Niemand hatte mich darauf vorbereitet, auch Yurop und Fatma nicht. Im Unterricht, ja, da hatten wir über den menschlichen Körper gesprochen. Aber ich hatte keine Ahnung gehabt, was genau auf mich zukam und wann. Jetzt besaß ich kein Geld. Ich konnte kein neues Laken kaufen. Ich konnte nicht einmal Binden kaufen. Den Schulweg trat ich völlig verzweifelt und ratlos an. Auf meiner weißen Schuluniform hätte man jeden Fleck sofort gesehen. Was wusste ich, wie viel Blut noch kommen würde? In der Schule angekommen, zog ich mich mit meiner Papiertüte so unauffällig wie möglich auf die Toilette zurück. Gerade noch rechtzeitig fiel mir ein, wie ich doch noch an eine Binde kommen könnte. Und mit aller Kraft riss ich einen ziemlich großen Fetzen aus dem Betttuch, faltete ihn zusammen und steckte ihn mir in die Hose, bevor ich das restliche blutige Zeug in das Loch im Boden stopfte, tief hineindrückte und vorsichtshalber auch noch nachspülte. Dann ging ich in die Klasse.

Es ist warm in Somalia. Heiß. Den ganzen Morgen lief ich mit diesem Stück Stoff zwischen den Beinen herum und scheuerte mir bei jedem Schritt die Oberschenkel auf. Ein furchtbarer Tag. Mir war die ganze Zeit übel. Meine größte Sorge war, dass es jemand bemerken könnte. Dass es irgendeine von meinen Klassenkameradinnen oder Schwestern mitbekommen könnte. Als ich nach Hause kam, bin ich als Erstes in unseren Laden gegangen und habe mir ein Stück von der großen Watterolle abgeschnitten. So, das Schlimmste war überstanden. Keinem war etwas aufgefallen. Und nach drei Tagen war es vorbei.

Es war keineswegs vorbei. In der Schule hatten sie uns

gesagt, dass einen Monat später alles von vorn losgehen würde. Ich armes Mädchen wartete also auf die nächste Katastrophe in vier Wochen. Und tatsächlich, wieder dasselbe: das Bett voller Blut! Aber diesmal war ich klüger, diesmal war ich vorbereitet, und wieder ist es mir gelungen, alles geheim zu halten. Meine Schwestern haben nichts gemerkt, meine Mutter hat nichts gemerkt, niemand. Das war ein Triumph! Ich konnte ja nicht einmal meinen Freundinnen in der Schule davon erzählen. Das hätte sich wie ein Lauffeuer herumgesprochen, und wenn die Jungen davon Wind gekriegt hätten, wäre alles zu spät gewesen. Dann hätten sie auf dem Schulhof mit dem Finger auf mich gezeigt und gebrüllt: »Guckt mal, die da, die blutet!«

Nein, da schämt man sich zu sehr. Vor den Lehrern und den Freundinnen und vor der eigenen Familie nicht weniger. Mit der Pubertät beginnt das Privatleben. Früher hatten wir Mädchen gemeinsam geduscht. Damit war es vorbei. Eine nach der anderen zog sich zurück, kaum dass sich bei ihr eine Andeutung von Brüsten zeigte. Mittlerweile durfte uns nicht einmal mehr unsere eigene Mutter nackt sehen. Meine jüngeren Schwestern hatten es später besser. Sie mussten solche Qualen wie ich – und wahrscheinlich auch Yurop und Fatma – nicht mehr ausstehen. Mit ihnen haben wir Älteren gesprochen, bevor es so weit war. Nach drei Jahren in Kenia waren wir unbefangener geworden. Unbefangenheit, das konnte man in Kenia lernen. Das war ein großer Vorteil unserer Flucht.

Solange wir in Somalia lebten, war es mit der Unbefangenheit nicht weit her.

Aber etwas anderes, ebenso Unbekanntes lernte ich nun kennen, nämlich Freiheit. Natürlich war das nicht dieselbe Freiheit, die ich später in Europa erlebt habe. Es war nichts weiter als das wunderbare Gefühl, etwas weniger beobachtet zu werden, etwas weniger unter Kontrolle zu stehen und nicht ständig mit Strafe rechnen zu müssen. Sich als Mädchen einzumischen, wenn Jungen Fußball spielten, und die lachten nur und ließen dich ein Weilchen mitspielen – solcher Art war die Freiheit, mit der ich in den nächsten Jahren Bekanntschaft machte. Und zwar in der Secondary School. Da habe ich tatsächlich manchmal Fußball gespielt. Es war verboten, aber es hat mich so gereizt. Plötzlich war ich auf dem Spielfeld und rannte als einziges Mädchen mit zwanzig Jungen hinter dem Ball her. Denen war es egal, solange ich nicht ihre Schwester war. Klar, dass meine Brüder mich niemals hätten erwischen dürfen.

Was wollte ich? Ich wollte mich austoben. Austoben und etwas lernen. Also so viel wie möglich Sport treiben und genug lernen, um hinterher studieren zu können. Beides habe ich gemacht. Ich war eine gute Schülerin. Doch, offen gesagt – wenn ich ein paar Stunden in einem Klassenzimmer gesessen hatte, verspürte ich bald den Wunsch, wieder ins Freie zu kommen. Entweder auf einen Sportplatz oder noch weiter hinaus, in den Busch. Das ließ sich gelegentlich auch machen. Ich war nämlich Mitglied der Wildlife-Gruppe an unserer Schule. Wir kümmerten uns um Tiere in freier Wildbahn, hauptsächlich, indem wir sie beobachteten. Aber wir sammelten auch Geld, gingen in Mogadischu von Laden zu Laden und erbaten Spenden, die dem Ministerium für wilde Tiere zugute kommen sollten. Dieses Ministerium hat sich meines Wissens nie durch besondere Aktivitäten ausgezeichnet, desto rühriger aber waren wir. Einer von uns besorgte einen Geländewagen und einen Fahrer, und dann sind wir rausgefahren, manchmal bis an die Grenze nach Äthiopien, und haben in den Nationalparks studiert – wie leben die Tiere, welche Umgebung brauchen sie, gibt es Hinweise auf Wilderer? Nun, jedenfalls habe ich auf diese Weise schon in Somalia viele Tiere zu Gesicht bekommen, die uns in Kenia später ständig über den Weg liefen: Leoparden, Zebras, Elefanten, Nashörner, Hyänen und Gazellen. Ich befürchte allerdings, dass es heute kaum noch Elefanten in Somalia gibt, denn als der Krieg ausbrach, kamen einige Milizen auf die Idee, ihren Kampf durch den Export von Elfenbein zu finanzieren.

Da draußen hatte ich völlige Freiheit. Wenn ich mich aber richtig austoben wollte, gab es nichts Besseres als den Sportplatz. Und ich hatte es nötig... Jetzt, wo ich in der Pubertät war, galten daheim noch schärfere Gesetze. Und seit der Abreise von Großmutter hatte meine Mutter ihre Aufmerksamkeit ohnehin verdoppelt. Ich brauchte schon einen guten Grund, um überhaupt noch vor die Tür gelassen zu werden. Die Überwachung ging so weit, dass ich nicht einmal mehr vor der Ladentür mit einem Klassenkameraden sprechen durfte. Einmal ertappte mich einer meiner Vettern dabei, und schon brüllte er von weitem: »He, was will der Kerl von dir?« »Wir reden über die Schule«, sagte ich. »Aber doch nicht vor der Tür, wo euch jeder sehen kann! Wo jeder, der vorbeikommt, euch sieht!«

Natürlich muss man sich als Mädchen in Acht nehmen, solange man unverheiratet ist. Wäre das albernste Gerücht über mich aufgetaucht, meine Mutter hätte mein beschnittenes und eigentlich nicht mehr vorhandenes Geschlecht kontrolliert. Das war normal, das war ihr Recht. Und es wäre nicht zu verbergen gewesen, wenn sich ein Mann daran zu schaffen gemacht hätte. Da reichte es, dass eine Tante einen entsprechenden Verdacht äußerte, und jede somalische Mutter hätte selbst bei ihrer erwachsenen Tochter eine solche Prüfung vornehmen dürfen. Das geschah dann in Anwesenheit einer Zeugin, und sollte sich der Verdacht bestätigen, wurde das Mädchen so lange drangsaliert, bis sie den Namen des Mannes preisgab, damit die beiden umgehend miteinander verheiratet werden konnten. Aber ich brauchte diese Prozedur nie zu fürchten. Bei mir wäre keiner auf die Idee gekommen, dass ich mich mit Männern abgeben könnte. In dieser Hinsicht durfte mir meine Mutter völlig vertrauen. Ich trieb lediglich Sport.

Und zwar mit immer größerem Erfolg. Bald stand ich in dem Ruf, jeden Wettbewerb zu gewinnen. Unseren Gästen zeigte ich meine Siegerurkunden wie andere ihre Fotoalben. Ich sammelte sie in einem Aktenordner, ich wollte sie nicht an die Wand hängen. Ich hatte ja kein Zimmer für mich, das ich abschließen konnte. Die Tür stand immer offen. Jeder hätte meine Urkunden runterreißen und Papierflugzeuge daraus falten können. Ich war so stolz darauf, dass ich sie einschloss. Und jedes Jahr, bei den großen Schulwettkämpfen, staubte ich drei oder vier neue ab.

Mit Sackhüpfen fing es an. Ich habe grundsätzlich gewonnen. Das waren manchmal ziemlich heimtückische Äcker, über die wir da geschickt wurden, voller Löcher und Disteln und Elefantengras. Und ich habe gewonnen, weil ich nicht blindlings drauflosgehüpft bin, sondern immer genau auf das Gelände vor mir geachtet habe. Ebenso konkurrenzlos war ich beim Eierlaufen. Das Ei auf den Löffel, losgerannt, gewonnen! Und dann die Ballspiele. Basketball war meine Stärke. Später, beim Langstreckenlauf, lief ich ganz vorn in der Gruppe der besten Jungen mit. Und auch im Hochsprung war ich unschlagbar. Bei jeder Siegerehrung fiel für mich ein Teeglas, ein Teller oder ein Taschentuch oder ein Kugelschreiber ab, die Siegerurkunde nicht zu vergessen. Dabei war ich damals, mit vierzehn, fünfzehn, ziemlich dick!

Für somalische Verhältnisse bin ich heute sehr dünn. Damals war ich wirklich dick. Ich war durchtrainiert und stark, aber dick. Nicht, weil ich zu viel aß. Ich war dick, weil ich glücklich war. Wenn man glücklich ist, wird man dick. Und je glücklicher ich bin, desto mehr muss ich darauf achten, nicht zu viel zu essen. Wenn ich glücklich wäre, würde ich ziemlich schnell wieder dick werden.

In Somalia jedenfalls war ich glücklich. Es gab ja nichts, worüber ich mir den Kopf zerbrechen musste. Mein Kopf war frei, und mein Herz war voll schöner Erwartungen. Das Leben zu Hause war so lustig wie eh und je, und alles, was ich mir nur wünschen konnte, schien in greifbarer Nähe. Mein Lebensweg war damals vorgezeichnet, und er lief wie ein Pfad im hellsten Sonnenlicht immer weiter, schnurgeradeaus, bis zum Horizont. Keine Windungen, keine bösen Überraschungen, keine Gefahren. Das Einzige, was dieses Glück hätte stören können, wäre ein Mann gewesen.

Und als ich sechzehn war, wurde mein Glück gestört. An einem Wochenende tauchte ein Mann bei uns auf, der mich heiraten wollte. Das war, wie ich fand, das Schlimmste, was mir passieren konnte.

Er wohnte drei Tage bei uns. Irgendwie war er entfernt mit uns verwandt, aber das traf ja auf halb Somalia zu. Ich behandelte ihn als guten Freund, wie bei uns alle Gäste als gute Freunde behandelt wurden. Jeder war bei uns willkommen – oh, hereinspaziert, Küsschen, möchtest du einen Tee?, und dann setzte man sich, und es wurde geplaudert. Das Haus war ja immer voller Jungen: meine beiden Brüder Mohamed und Elmi, die Vettern, deren Freunde und die Nachbarsjungen. Für mich waren sie alle wie Brüder.

Dieser Mann war deutlich älter als ich, sehr kultiviert, hatte einen tollen Job und lebte eigentlich in Dubai. In Mogadischu war er nur auf Urlaub. Erst unterhielt er sich fast nur mit Yurop und Fatma, zwei Tage lang. Am Abend des dritten Tags sahen wir uns gerade einen indischen Spielfilm im Fernsehen an, als er hereinkam. Diese indischen Filme sind in Somalia sehr beliebt, es geht fast immer um Liebe, um unglückliche Liebe und furchtbare Liebesqualen und die nicht enden wollenden Leiden der Liebenden, meist in eine völlig banale Alltagsgeschichte eingebettet. Wir saßen also vor dem Fernseher, über die arabischen Sitzpolster und den ganzen Boden verteilt und ausnahmsweise ziemlich still, weil alle so gerührt waren, und er gesellte sich dazu. Später, als der Film zu Ende war, gingen wir in den warmen Abend hinaus und ließen uns unter unserem Versammlungsbaum nieder. Und er nimmt sich einen Hocker, setzt sich neben mich und erklärt mir, dass er mich heiraten möchte. Aus heiterem Himmel. »Nura«, sagt er mit vertraulich gesenkter Stimme, »ich weiß, du bist noch jung, aber ich mag dich sehr, und ich möchte bei deinen Eltern um deine Hand anhalten und dich heiraten.«

Also, nach diesem Film war der Zeitpunkt für einen Antrag in jedem Fall schlecht gewählt, egal, wen er in diesem Augenblick gefragt hätte. Aber für mich lag es sowieso vollkommen außerhalb meiner Vorstellungswelt, zu heiraten. Ich habe ihn angebrüllt, als hätte er mich eine Hure genannt. Ich war so wütend. Am liebsten hätte ich ihn davongeprügelt. Ich bin in Tränen ausgebrochen und habe ihn beschimpft. Es war fürchterlich. Der Ärmste wusste gar nicht, wie ihm geschah. Er nahm Reißaus und floh aus dem

Haus, noch bevor meine Brüder und Yurop unruhig werden konnten. Ich lief schreiend zu meiner Mutter. »Habt ihr mir etwa diesen Kerl auf den Hals geschickt?!« Ich berichtete ihr alles. Und sie lachte bloß. »Wenn er dich nun aber nett findet …«, lachte sie. »Was ist denn dabei? Magst du ihn nicht?« Sofort kamen mir wieder die Tränen.

Ich war völlig durcheinander. Ich begriff nicht, wie er darauf kommen konnte, dass ich die Richtige sei. Und ich fragte mich auch, was er wohl an mir fand. Besonders hübsch war ich damals wirklich nicht, wie gesagt immer noch ziemlich dick. Aber, ja, ich hatte diese überschwängliche Art, mich zu freuen. Ich lief immerzu mit einem strahlenden Gesicht durch den Tag, als würde ich jedem zurufen wollen: »Willkommen! Schön, dass du da bist!« Das hatte nichts weiter zu bedeuten. Ich strahlte, weil ich mich wahrhaftig über jeden Menschen freute, der mir begegnete. Daraus konnte man, wenn man wollte, eine besondere Vorliebe für sich herauslesen. Aber das war ein gewaltiger Irrtum.

Nein, ich habe überhaupt nicht an Liebe gedacht. Und ich habe damals auch nichts dergleichen gefühlt. Erstens, weil es sowieso verboten ist – und warum sollst du dich verlieben, wenn das einzige Ergebnis ein Riesenärger ist? Zweitens, weil man kaum Gelegenheit findet, mit einem Jungen zu reden, geschweige denn einen Mann kennen zu lernen, sich irgendwo hinzusetzen und herauszufinden, wer der Bursche überhaupt ist. Und drittens, weil die einzige Form, in welcher Liebe überhaupt möglich ist, die Ehe ist – und alles, was ich damals im Kopf hatte, war Schule, Wettkämpfe, Studium, Beruf, und danach, irgendwann einmal vielleicht …

Ein paar Wochen später kam ein Brief von ihm, aus Dubai. Er schrieb, dass er es ernst gemeint habe und dass er möchte, dass ich die Mutter seiner Kinder würde. Er ließ ebenfalls durchblicken, dass er mein Verhalten ziemlich befremdlich gefunden habe. Schließlich habe er sich doch, wie es sich für kultivierte Menschen gehöre, erst einmal an mich und nicht direkt an meine Eltern gewandt … Ich habe diesen Brief gelesen und gleich weggeschmissen. Ich habe ihm nicht geantwortet, und ich habe auch nicht mehr mit ihm gesprochen, solange ich in Somalia war.

Aber zwei Jahre später, in Kenia, bin ich ihm noch einmal begegnet. Im Haus einer Tante von mir. Er erkannte mich nicht sogleich, denn ich war inzwischen schlank geworden. Dann stutzte er, und wir haben gelacht. »Erinnerst du dich …«, sagte er, und diesmal hatte ich nichts dagegen, von ihm ausgeführt zu werden. In Begleitung einiger Vettern selbstverständlich. Hinterher, wieder daheim, bat er noch einmal um meine Hand. Er war inzwischen verheiratet, aber ein Mann darf ja vier Frauen haben. Ich habe abgelehnt, ganz kultiviert. Ich war noch lange nicht bereit, ans Heiraten zu denken. Oder auch nur an Liebe.

TANZEN

Auch eine Sechzehnjährige ahnt schon, dass beides zusammenhängt: was sie mit deinem Körper gemacht haben und was du später denkst und empfindest. Sie nehmen dir bei der Beschneidung ja nicht nur dein Geschlecht, sie schneiden dir gleichzeitig ein Stück aus deinem Gehirn heraus. Allein der Gedanke, einen Freund zu haben, einen Geliebten womöglich, einen Ehemann ... Ich wusste, welche Schmerzen ich erlitten hatte. Die Angst in mir war stärker. Angst, die sich zusammensetzte aus der Panik, die meine Eltern, meine Brüder, überhaupt alle erwachsenen Angehörigen verbreiteten, sobald es auch nur entfernt um Sexualität ging. Und aus dem Schrecken, der seit damals tief in mir steckte, als sie »es« mit mir gemacht hatten. Beides zusammen verhinderte ziemlich gründlich, dass ich mir unter Liebe etwas Erfreuliches vorstellen konnte. Ausgehen sollten die Männer mit mir, einladen sollten sie mich, vielleicht noch mit mir tanzen. Mehr nicht. Eine Rolle aber, so habe ich mir damals wohl gedacht, eine Rolle sollen Männer für dich noch lange, lange Zeit nicht spielen.

Nein, mich beschäftigten ganz andere Sachen. Zum Beispiel, dass es schier unmöglich war, zu Hause in Ruhe zu lernen. Ich war fünfzehn, als es mir zu viel wurde.

Oh, es war das Übliche. »Hol uns dies! Hol uns das!« Jemand platzte herein, und da konnte man nicht sagen: »Tut mir Leid, ich lese gerade, ich möchte im Augenblick nicht gestört werden ...« Nein, da sprang man auf und erfüllte dem einen diesen Wunsch und tat dem anderen jenen Gefallen. Viel von meiner kostbaren Zeit vergeudete ich auch mit dem Versuch, den Geschichten einer Tante etwas abzugewinnen, der ich Gesellschaft leisten sollte. Aber das war alles harmlos im Vergleich zu dem, was mich erwartete, wenn Nomaden in unseren Laden kamen. Dann konnte man nur noch in Deckung gehen.

Wir Mädchen mussten seit Jahren im Laden aushelfen, was grundsätzlich eine gute Idee war, denn so lernten wir, mit Geld umzugehen und höflich mit den Kunden zu sprechen. Doch wenn Nomaden bei uns auftauchten, versagten alle unsere Künste. Von Zeit zu Zeit kamen sie in die Stadt, um Einkäufe zu machen. Dann stürmten sie mit ihren Messern und Speeren einfach herein, zu jeder Tages- und Nachtzeit, marschierten schnurstracks durch in den Hof, wenn gerade niemand im Laden war, durchstöberten jeden Winkel, rissen Türen auf, spionierten in der Küche herum, guckten in die Töpfe und führten sich auf, als seien sie bei uns zu Hause. Es störte sie auch nicht, dass nach Mitternacht vielleicht schon alles schlief. Dann wurde eben bis zum nächsten Morgen bei uns im Hof campiert. Campiert und lautstark palavert.

Für diese Leute war Zurückhaltung ein Fremdwort. Was mich jedoch am meisten irritierte, war, dass man mit ihnen unmöglich ein vernünftiges Verkaufsgespräch führen konnte. Wenn ich 30 Shilling sagte, entgegneten sie 20. Sie fingen sofort an zu handeln und ließen nicht locker, bis man weich wurde. Ihre ganze Strategie bestand darin, immer das Gleiche stur zu wiederholen, gleichgültig, was ein anderer vorher gesagt hatte. Nomaden sind gewöhnt, dass ihr Wort gilt, Schluss, aus, und dass sie sich von keinem Menschen auf der Welt etwas sagen zu lassen brauchen. Wenn sie in den Laden kamen, habe ich mich über kurz oder lang verdrückt und nach meinem Vater gerufen. Er kannte diese Leute. Er wusste, wie man sie anfassen musste.

Wenn ich Glück hatte, war mein Vater im Haus. Hatte ich Pech, wurde er erst Stunden später zurückerwartet. In diesem Fall ließen sie sich einfach im Hof unter unserem Versammlungsbaum nieder und fingen an, Reden zu schwingen und unterdessen ihre Zähne mit Stöckchen zu säubern. Wenn mein Vater dann in den Laden kam oder wenn er sie im Hof vorfand, nahm ein sehenswertes Schauspiel seinen Lauf: Kaum hatte er sie erblickt, wusste er sich vor so viel Ehre kaum zu lassen, freute sich unbändig über derart hohen Besuch, klatschte in die Hände und posaunte nach allen Seiten: »Schnell, schnell, Wasser für diese Leute! Die müssen müde sein, die kommen von weit her! Nura, mach sofort Tee für sie!« Ha, das wirkte. Wenn man sie so behandelte, wurden sie vernünftiger. Und mein Vater setzte sich zu ihnen und fragte sie aus: »Wie geht 's den Kamelen? Wie viele Jungtiere gibt 's dieses Jahr? Haben sich eure Ziegen schön vermehrt? Wie ist das Gras in diesen Tagen?« Und erst dann, nach endlosem Palaver, ging er zum geschäftlichen Teil über.

Meist kamen so viele Waren zusammen, dass sie den Geländewagen meines Vaters mieten mussten: Reis, Zucker, Maismehl, Salz und Öl. Und wenn es ans Bezahlen ging, fing das Theater von neuem an. Nein, hieß es, so viel Geld haben sie nicht. Mein Vater sei doch ein reicher Mann und sie nur arme Nomaden, die ihre Tage unter glühender Sonne in der staubigen Wüste zubrächten, von Gott nicht halb so gesegnet wie ihr großer Wohltäter, der berühmte Händler Abdi Habib aus Mogadischu! Und überhaupt –

wenn mein Vater zu ihnen ins Lager käme, dann könne er doch auch alles haben, Kamelmilch und Ziegenfleisch im Überfluss, und alles umsonst, aus purer Gastfreundschaft!

Na, mein Vater ließ sie reden, hörte geduldig lächelnd zu und ließ sich auf überhaupt nichts ein. »Wie viele Kamele habt ihr?«, fragte er bloß grinsend. Geschäft ist Geschäft, und bei meinem Vater wurde bezahlt. Das hat den Nomaden dann schließlich doch imponiert. Am Ende fuhr mein Vater sie hinaus zu ihren Herden, und alle nahmen als gute Freunde Abschied voneinander.

Also, unter diesen Umständen sah ich meine Zukunft gefährdet. Solche Überfälle kamen ja nicht selten vor, und dazu das übliche Chaos. Ich wollte ins Internat. Meine Schule hatte ein Internat, mithin kein Problem, am Geld sollte es auch nicht scheitern, davon hatten wir genug, und als ich meiner Mutter den Vorschlag machte, hatte sie überhaupt nichts einzuwenden. So kam es, dass ich für die nächsten zwei Jahre nur noch die Wochenenden zu Hause verbrachte und im Übrigen auf dem Schulgelände wohnte, ziemlich weit draußen, am Stadtrand.

Das war großartig! Niemand mehr, der mich herumkommandierte! Nur meine Klassenkameraden um mich herum und meine Lehrer! Die Klassen waren gemischt, Jungen und Mädchen saßen zusammen, aber die Jungen hatten natürlich einen Wohntrakt für sich. Wie frei habe ich mich dort gefühlt! Und welche Freiheiten habe ich mir dort genommen! Freiheiten, von denen meine Mutter nichts ahnte und nie etwas erfahren durfte.

Wir Mädchen sind nämlich manchmal entwischt. Nachts. In die Diskotheken von Mogadischu.

Beim ersten Mal wäre ich fast gestorben vor Angst. Dabei war alles gut organisiert, denn meine Komplizinnen waren älter als ich, Mädchen aus der Klasse über mir und abgebrühte Profis, was solche nächtlichen Eskapaden anging. Gegen zehn, als im ganzen Haus Nachtruhe herrschte, stahlen wir uns die Treppe hinunter. Vorne am Tor saßen Pförtner, wir liefen also nach hinten raus, über den Hof. Auf der dunklen Straße warteten bereits die Brüder derjenigen Freundinnen, die weniger strenge Eltern hatten als ich, in ihren Autos. Das einzige Hindernis war ein hoher Drahtzaun, der um das gesamte Grundstück lief. Doch das machte nichts. Eine von uns hatte eine Drahtschere dabei. Mit schweißnassen Händen schnitten wir den Zaun auf, und dann ging es in die Autos und los und rein in die Stadt!

Und mir schlug das Herz bis zum Hals. Ich hatte nur einen Gedanken: Wenn dich jetzt jemand sieht, der dich kennt ... Vor der Diskothek angekommen, stieg ich aus, musterte die Leute am Eingang und lief vorsichtshalber um das ganze Gebäude – nirgendwo ein bekanntes Gesicht. Aber drinnen vielleicht? Ein Lehrer, oder ein Freund von Mohamed? Wenn meine Mutter jemals dahinter käme, wäre es aus mit mir ... Ich zahlte den Eintritt – und vor Staunen vergaß ich fast meine Angst. So etwas hatte ich noch nie gesehen! Wie frei sich hier die Menschen bewegten, wie locker jeder mit jedem redete und was man hier an gewagter Mode sah – alles in dieser lärmenden, glitzernden Welt schien einfacher zu sein als dort draußen, wo ich herkam! Wildfremde Jungen kamen mit einem Lächeln auf mich zu und wollten mit mir tanzen! Und ich ließ mich nicht lange bitten, ich tanzte, in der hintersten Ecke der Tanzfläche, wo niemand mich sehen konnte, halb ohnmächtig vor Gewissensbissen und Angst, aber im siebten Himmel.

In den nächsten Wochen habe ich viele Nächte durchgetanzt, oft ganz für mich allein vor den großen Spiegeln, die um die Tanzfläche liefen, schweißgebadet, bis morgens um vier. Ich konnte nie genug bekommen, ich tanze für mein Leben gern. Einmal bin ich mit meinem Fuß in einer Drahtspitze des Zauns hängen geblieben, weil jemand rief: »Der Pförtner kommt!« Der Pförtner kam nicht, aber mein Fuß blutete stark und meine Sandale färbte sich rot. Mir war das völlig egal. Die ganze Nacht habe ich getanzt, mit dem verletzten Fuß in der blutigen Sandale. Ich hätte alles getan, ich hätte alles gewagt, ich hätte mein Leben und mein Glück aufs Spiel gesetzt, nur um rauszukommen und tanzen zu gehen. Und im Morgengrauen kehrten wir dann auf demselben Weg zurück. Wenn die Muezzins riefen und die Welt wieder einmal für einen Augenblick stillstand, lag ich gerade im Bett.

Das dicke Ende ließ nicht lange auf sich warten. Eines Tages, wenige Monate vor der Zwischenprüfung, wurden wir von einem Mädchen, das nicht mitmachen wollte, verpfiffen. Du meine Güte, war das ein Drama! Eine richtige Katastrophe. Meine Mutter, die ohnehin keinen Spaß verstand, wenn es um Bildung und Schule ging, war außer sich vor Zorn. Sie nahm meine Schuluniform und warf sie in der Küche ins Feuer. »Du bist in der Disco gewesen?« Das war ein Verbrechen für sie, als hätte ich mich auf dem *Khat*markt von Mogadischu prostituiert. Eine Woche lang sperrte sie mich ins Haus. »Wenn du so eine bist«, schrie sie mich an, »dann gehst du überhaupt nicht mehr zur Schule! Dann bleibst du zu Hause und spielst für mich das Hausmädchen, dann kann ich mir die Putzfrau sparen!«

Ich habe geweint und gebettelt und gefleht und Besserung geschworen von morgens bis abends, und sie hat weitergeschimpft. Aber – sie hat meinem Vater nichts erzählt.

Und sie hat mich auch nicht gezwungen, auf der Stelle zu heiraten. Das hätte sie tun können. Sie hätte ja sagen können: »Du gehst in die Disco, um nach Männern Ausschau zu halten? Also, da haben wir einen für dich!« Nein, sie hat sich am Ende doch erweichen lassen. Das Internat hatte ich mir zwar verscherzt, aber meine alte Schule nahm mich wieder auf. Brav, als Tagesschülerin, das Kopftuch umgebunden, fuhr ich morgens mit dem Bus zur Schule, nachmittags wieder zurück, und gehorchte meiner Mutter aufs Wort – als gleich wieder etwas dazwischenkam. Die nächste böse Überraschung für meine geplagte Mutter und für mich ein ganzer Monat zwangsweise daheim.

Einer unserer *Khat*fahrer kam nicht mehr aus Kenia zurück. Möglich, dass er mit unserem Geländewagen selbst ins *Khat*geschäft einsteigen wollte. Auf jeden Fall hatte er sich verrechnet. Meine Mutter ließ sich einfach von einem der vielen Lastwagenfahrer, die zwischen Mogadischu und Kenia verkehrten, mitnehmen und nahm persönlich die Verfolgung auf – eine Woche nachdem sie ihr siebtes Kind zur Welt gebracht hatte! Das sechste war ein Junge gewesen, Achmed, dies nun wieder ein Mädchen namens Ayan, und ich sollte mich um das Neugeborene kümmern, solange sie auf Verbrecherjagd war. Das ging mir sehr gegen den Strich, aber ich verstand sie. Sie wusste die Kleine nun einmal lieber in meiner Obhut als in der von Fatma oder gar Yurop.

Es hätte ihr ja nichts genützt, sich an die Polizei zu wenden. Wir waren in Afrika. Entweder sie löste den Fall selbst, oder sie vergaß die Sache besser. Ich aber hatte in den ersten Tagen Angst, das Baby auch nur zu berühren, so klein war es. Umso stolzer war ich, meiner Mutter das Kind wohlbehalten zurückgeben zu können, als sie nach über einem Monat wieder in der »Straße des Feuers« auftauchte – und zwar mit unserem Auto, einem neuen Fahrer und der ganzen Ladefläche voll *Khat*! Sie hatte es tatsächlich geschafft. Mit grimmiger Genugtuung erzählte sie uns, wie sie in der kenianischen Grenzstadt Mandera an der Straße nach Nairobi die Bekanntschaft von Männern ihres eigenen Clans gemacht hatte und wie sie alle zusammen den Schuft aufgespürt hatten. In einem Städtchen, mitten im *Khat*anbaugebiet, entdeckten sie nach wochenlangem Suchen und Fragenstellen unseren Geländewagen auf dem Hof eines kleinen Hotels. Der Kerl hatte sogar noch das Geld in der Hose, mit dem er die Ware bezahlen sollte. Meine Mutter rieb sich die Hände. So leicht machte ihr keiner was vor.

Ja, und ich? Ich bestand kurz darauf, allen Hindernissen und Aufregungen zum Trotz, die Zwischenprüfung an der Secondary School. Von den vier schönsten Augenblicken meines Lebens war dies der erste.

Es gab nicht viele, die mir das zugetraut hätten. Jahrelang hatte ich überall mitgemischt: in der Theatergruppe, in der Wildlife-Gruppe, in der Basketball- und Volleyballmannschaft, auf den meisten Sportplätzen Somalias. Zu den großen Wettkämpfen war ich bis hinauf nach Hargeysa gereist. Wenn die anderen über ihren Hausaufgaben brüteten, rannte ich beim Querfeldeinlauf in der Spitzengruppe mit, allein unter lauter Jungen. Nichtsdestoweniger hatte ich glänzend bestanden. Noch zwei Jahre Schule, und ich konnte studieren. Volkswirtschaft? Nein, doch lieber Jura. Ich hatte eine Schwäche dafür, mich für das Recht anderer Leute einzusetzen. Menschen helfen und für Gerechtigkeit kämpfen, davon träumte ich, das sollte meine Lebensaufgabe werden.

Ich war überglücklich.

Nur zwei Wochen später wurde meine Schule, wie alle anderen Schulen der Stadt, geschlossen. Der Bürgerkrieg, der seit Jahren im Norden unseres Landes wütete, hatte meine Heimatstadt Mogadischu erreicht.

Wie ging dieser Spruch noch? »Mit meinem Bruder gegen den Rest der Familie. Mit meiner Familie gegen meinen Clan. Mit meinem Clan gegen alle übrigen Clans. Und alle Clans gemeinsam gegen den Rest der Welt.« Ja, so geht er. Muss es früher oder später nicht zum Krieg kommen, wenn man so denkt? Die Somali dachten so, denken vielleicht immer noch so. Und solange es keine Regierung und keine Polizei gab, funktionierte es auf diese Art ganz gut, weil unser Zusammengehörigkeitsgefühl letztlich doch immer siegte.

Schließlich ist Somalia die ganz große Ausnahme in Afrika. Denn in Somalia leben wirklich nur Somali. Jeder andere afrikanische Staat besteht aus vielen Völkern – Äthiopien, unser Nachbarland, zum Beispiel beherbergt mehr als achtzig. Aber wir Somali sind ein Volk. Wir sprechen alle dieselbe Sprache. Wir stammen alle von einem Stammvater ab. Wie ein Baum, der viele Äste hat, aber nur eine Wurzel. Und eigentlich fühlen wir uns auch als ein Volk. Streit gehörte immer dazu, das stört keinen, und in Mogadischu lebten Somali aus allen Teilen des Landes, von allen Clans friedlich zusammen. Wie konnte das alles zusammenbrechen? Wie konnte es zu den Leichen vor unserer Tür, zu den Vergewaltigungen auf offener Straße kommen? Vielleicht, weil in der Politik eben doch jeder nur seinen eigenen Clan kannte. Weil es den Politikern nur darum ging, welcher Clan bevorzugt und welcher benachteiligt wurde. Waren also die Clans schuld am Krieg?

Jahre bevor der Krieg Mogadischu erreichte, waren bereits Kassetten mit Spottliedern auf unseren Präsidenten Siad Barre aufgetaucht. Diese Lieder waren richtig beleidigend, wurden aber überall verkauft. Man warf ihm zum Beispiel vor, sich wie ein Europäer aufzuführen, unter anderem, weil er sich für die Gleichberechtigung von Mann und Frau einsetzte. So sollte für eine getötete Frau nicht mehr wie bisher ein Blutpreis von fünfzig Kamelen entrichtet werden, sondern von hundert wie für einen ermordeten Mann. Darüber machten sich viele Männer lustig und höhnten, dann solle Siad Barre den Frauen doch gleich befehlen, Hosen zu tragen.

Unzufriedener als alle anderen waren die Somali im Norden, der alten Heimat meiner Familie. Während der Süden vielen unterschiedlichen Einflüssen ausgesetzt war, hielt man im Norden hartnäckig an alten Traditionen fest, und die Menschen dort fühlten sich von den Politikern in Mogadischu bevormundet und verraten. Der Bürgerkrieg war deshalb im Norden ausgebrochen, und die *Lali*, mein Clan, hatten anfangs am meisten gelitten, weil sich der Staat mit seiner geballten Macht auf ihn geworfen hatte. Viele sind in Hargeysa gestorben, durch Kugeln, Bomben und Hunger. Für uns aber spielte sich der Krieg vorerst nur in den Zeitungen oder im Fernsehen ab. So lange, bis Mogadischu immer mehr Flüchtlinge aus dem Norden aufnehmen musste.

Oh, wir haben uns unseren Humor zunächst bewahrt. Die kommen auf Gewehrkugeln angereist, hieß es in Mogadischu von den Flüchtlingen. Die kommen auf Patronen angeritten. Aber die Menschen aus dem Norden sind bekanntlich auch nicht auf den Mund gefallen, und sie entgegneten ihren Landsleuten im Süden: »Die Patronen, auf denen wir reisen, die werden euch treffen.« Das war der Inhalt vieler Gespräche, wenn sie auf den öffentlichen Plätzen zusammenstanden oder in den Teehäusern beisammensaßen. »Die Kugeln, auf denen wir angereist sind, die werden auch zu euch kommen. Die werden sich euch in die Brust bohren.«

1990 hatte man bereits das Gefühl, dass großes Unheil in der Luft lag. Und dann sprach sich wie ein Lauffeuer herum, dass sie aufeinander losgingen. Nicht irgendwelche Soldaten oder Clan-Milizen draußen im Land, sondern die Leute in den Straßen von Mogadischu. Die Streitgespräche wurden hitziger, die Beleidigungen wüster, die Handgreiflichkeiten blutiger. Die Bevölkerung spaltete sich in Clans, und bei dem Temperament der Somali war es kein Wunder, dass jetzt der Hass aufbrach. Die ganze Stadt zerfiel in verfeindete Parteien. Es wurde so schlimm, dass die Zugehörigkeit zu einem anderen Clan ausreichte, um Menschen zu erschießen und ganze Familien auszulöschen. Auf einmal musste man mit allem rechnen. Bewaffnete gingen von Haus zu Haus und sortierten aus – wer vom falschen Clan war, musste mit dem Schlimmsten rechnen. Anfangs wurde nur geplündert, später erschossen.

Es war kein Problem, herauszufinden, welchem Clan du angehörst. Jeder wusste das. Man kannte sich untereinander, man hatte keine Geheimnisse gehabt, solange Frieden herrschte. Und was früher normal gewesen war, dass Kinder unterschiedlicher Clans miteinander spielten, dass Angehörige verschiedener Clans abends auf der Straße zusammensaßen, das war plötzlich vorbei. Plötzlich regierte der Hass. Es kam so weit, dass Eheleute, die unterschiedlichen Clans angehörten, einander bedrohten. Wenn ich einen Mann aus einem anderen Clan geheiratet hätte … Die Blutrache herrschte. Bringst du einen von meinem Clan um, bringe ich einen von deinem um. Man konnte niemandem mehr trauen, nicht einmal mehr dem Nachbarn, mit dem man Wand an Wand wohnte.

Sie kamen auch zu uns. Plötzlich standen sie im Laden, bewaffnet. Aber nicht mit Messern und Speeren wie die Nomaden. Richtig bewaffnet. Sie plünderten den ganzen Laden, stahlen das Geld aus der Kasse, nahmen mit, so viel sie zu schleppen vermochten, und wir konnten nur stumm zusehen. Wehe, man dachte an Gegenwehr. Meine Mutter machte den Laden gar nicht mehr auf.

Und die Nächsten, die kamen, plünderten unser Haus.

Wir hatten sie die »Straße des Feuers« hochkommen sehen. »Versteckt euch unterm Dach«, sagte mein Vater zu uns. Durch eine Öffnung in der Decke krochen wir Mädchen hinein, in den Zwischenraum zwischen Zementdecke und Wellblechdach, lagen auf dem Bauch, wagten nicht zu atmen, hörten, wie sie unsere Eltern schlugen, und harrten dort aus, bis mein Vater uns rief. Sie hatten sämtlichen Schmuck meiner Mutter, die schweren Goldreifen, die sie so liebte, und alle Wertsachen mitgenommen, doch unser Geld hatten sie nicht gefunden. Das hatte mein Vater vergraben, praktisch sein ganzes Vermögen in Dollar und das meiner Mutter.

Meine Eltern lebten noch. Solange es so glimpflich abging, hatten wir immer noch Glück.

Und dann saß ich wieder zu Hause herum, wie meine ganze Familie, wie unsere Nachbarn und wie überhaupt alle, die nicht schießen oder erschossen werden wollten. Wir waren zur Untätigkeit und zur Unsichtbarkeit verdammt. Und jeder wartete. Wartete darauf, dass der Krieg aufhörte. Anfangs hatten wir geglaubt, ja, waren wir sicher gewesen, dass er nach ein paar Wochen vorbei sein müsste. Aber die nächtlichen Schießereien dauerten an. Gegen sieben Uhr abends waren die ersten Schüsse zu hören, während der Nacht kamen sie dann wie die Stimmen der Muezzins von allen Seiten, und im Morgengrauen verebbten die Salven und Detonationen auch genauso wie diese nach und nach, bis bei Sonnenaufgang nur noch vereinzelt Schüsse in der Ferne knallten. Und in immer größeren Schwärmen flogen die schwarzen Koras über den Himmel von Mogadischu, über unseren Hof hinweg, landeten auf den Leichen in der »Straße des Feuers« und ließen sich höchstens von streunenden Hunden vertreiben.

Ein normales Leben war nicht mehr möglich. Busse fuhren nicht mehr. Einkaufen? Wie und auf welchem Markt? Autos wurden auf offener Straße beschossen. Die Menschen verkrochen sich nachts unter ihre Betten oder legten sich flache Gruben in ihren Innenhöfen an, wo sie fast wie im Grab schliefen, um bei den wilden nächtlichen Schießereien nicht von einer verirrten Kugel getroffen zu werden. Niemand hätte geglaubt, dass dergleichen in Mogadischu passieren könnte. Schwangere Frauen wurden vergewaltigt, von mehreren Männern und vorzugsweise auf offener Straße, um ihren Clan so tief wie möglich zu demütigen. Jeder sollte die Schande ihres Clans mit ansehen müssen. Es war der blanke Hass. Niemand hätte so etwas für möglich gehalten.

Und niemand traute sich mehr auf die Straße. Wir hatten, Gott sei Dank, immer noch Lebensmittel, Ware aus unserem Laden, die noch nicht den Plünderern in die Hände gefallen war. Andere hatten sich einen Vorrat angelegt. Jeder aß, was da war. Und als die Vorräte aufgezehrt waren, war Schluss. Nach Mogadischu kam nichts mehr herein. Der Krieg machte keine Pause. Manche haben Kamelhäute gegessen, um nicht zu verhungern. Natürlich brannten wir anfangs auf Neuigkeiten. Jeder wollte wissen, was in den Straßen von Mogadischu überhaupt vor sich ging. Aber auch daran verloren wir allmählich das Interesse. Denn jeder, der sich hinaustraute und heil zurückkam, wusste von neuen Gräueltaten zu berichten. Bei dieser Familie haben sie geplündert, bei jener die Mädchen vergewaltigt, bei einer dritten Mutter und Vater erschossen. Scheußlichkeiten, die ich auch aus den Familien meiner Freundinnen zu hören bekam.

Sicher, nicht alle guten Freundschaften zerbrachen, auch wenn die Freunde unterschiedlichen Clans angehörten. Mein Vater hat manchem, der ohne Geld dastand, geholfen, das Land zu verlassen. Denn nur wer Geld hatte, konnte fliehen. Wer keins hatte, verkroch sich in seinem Haus und nagte an Kamelhäuten. Auch von meinen Freundinnen waren irgendwann die meisten geflohen. Und viele dieser Flüchtlinge trafen sich in Nairobi wieder. Die aus dem Norden mit ihren sarkastischen Prophezeiungen und die aus dem Süden mit ihren drastischen Witzen und jene, die kürzlich noch in Mogadischu aufeinander geschossen hatten – fast alle begegneten sich in Nairobi wieder als Opfer desselben Kriegs. Die Gewehrkugeln hatten erneut ein Volk aus ihnen gemacht. Ein Volk von Emigranten und Flüchtlingen. Bald sollten auch wir dazugehören.

Mein Vater war so vorausschauend gewesen, einen großen Treibstoffvorrat anzulegen und ebenso gut zu verstecken wie die zahlreichen Dollarbündel, in die sich unser Vermögen verwandelt hatte. Nur vorsichtshalber, denn eigentlich … Eigentlich klammerten wir uns auch nach bald einem Jahr Krieg immer noch an die Hoffnung, dass wir am nächsten Morgen aufwachen würden, und alles wäre vorbei. Außerdem gewöhnte man sich mit der Zeit an das Geballer. Man stumpfte ab. Aber nur äußerlich. Mohamed brauchte nur kurz vor die Tür zu gehen, schon wartete jeder auf eine Schreckensmeldung. Und wenn wir sahen, dass irgendjemand den Hof betrat, zuckten wir zusammen. Wir mussten uns eingestehen, dass ein Ende dieses Wahnsinns nicht abzusehen war. Es war mein Vater, der schließlich den Beschluss fasste, mit seiner Familie in Kenia ein neues Leben zu beginnen.

Und jetzt musste er plötzlich kämpfen. Gegen den Widerstand meiner Mutter und vor allem gegen den Starrsinn meiner Brüder Mohamed und Elmi.

Meine Mutter war zunächst durch nichts zu bewegen, sich mit dem Gedanken an Flucht anzufreunden. Sie konnte einfach nicht fassen, dass das schöne Leben in Mogadischu vorbei sein sollte. »Wir müssen bleiben«, beschwor sie meinen Vater. »Früher oder später ist das Morden vorüber, und dann werden wir alle wieder so glücklich leben wie vorher. Unseren Leuten im Norden ist es doch auch gelungen, den Krieg zu beenden.« »Um welchen Preis?«, hielt ihr mein Vater mühsam beherrscht entgegen. »Burao und Hargeysa bombardiert. 50000 Tote. 300000 Flüchtlinge, die jetzt in Äthiopien sitzen. In einem Land, das selbst gerade einen Bürgerkrieg hinter sich hat. Und weißt du, wie lange der gedauert hat? Dreißig Jahre! Noch können wir hier raus«, sagte er. »Wenn sich die Lage beruhigt, kehren wir zurück.« Schließlich gab meine Mutter ihren Widerstand auf. Von da an war sie still. So still, wie sie es immer wurde, wenn sie furchtbar bedrückt war.

Meine Brüder aber blieben stur. Für sie stand fest, dass der Spuk bald vorbei sein müsse. Und vor allem waren sie strikt dagegen, kampflos aufzugeben. Natürlich war es gefährlich, in Mogadischu zu bleiben. Aber sie hatten Gewehre und fühlten sich stark. Mit einem Gewehr konnte man überall einkaufen und sich Respekt verschaffen. Wenn man die Mafiamethoden der anderen mitmachte, hatte man eine Überlebenschance. Mein Vater schüttelte den Kopf. »Nein«, sagte er. »Nein. Wir müssen hier raus. Ich habe Kinder, ich möchte, dass sie wieder ein normales Leben führen können. Jeder neue Tag ist trauriger als der vergangene, weil wir ohnmächtig mit ansehen müssen, wie sich unser Volk gegenseitig umbringt. Lasst uns in Kenia ein neues Leben beginnen, bevor wir alle immer tiefer in diesen Irrsinn hineingezogen werden.« Mein Vater war ein Familienmensch. Er liebte uns alle, egal von welchem Erzeuger wir waren. Und er wünschte sich so sehr, dass wir zusammenblieben. Doch allmählich verlor er die Geduld. »Wollt ihr, dass uns das Herz bricht, wenn wir erfahren müssen, dass ihr erschossen worden seid?«, redete er auf sie ein. »Wollt ihr mich zwingen, zurückzukommen und selbst zum Gewehr zu greifen, um euren Tod zu rächen?« Mein Vater wurde immer wütender auf die beiden. Aber Mohamed und Elmi ließen nicht mit sich reden. »Dann seht zu, wie ihr zurechtkommt!«, war das Letzte, was er ihnen nach endlosen Diskussionen sagte. »Wenn euch morgen einer einen Fuß wegschießt oder den Kopf abschneidet, seid ihr vielleicht klüger.«

Ich stand auf der Seite meines Vaters. Was sollten wir noch hier? Mein Mogadischu gab es nicht mehr. Jeder, den ich kannte, hatte sich in seinen vier Wänden verschanzt oder war geflohen. Und ich hing in der Luft. Nach der bestandenen Prüfung waren sie nicht einmal mehr dazu gekommen, mir mein Zeugnis auszustellen. An ein Studium wagte ich gar nicht mehr zu denken. Ich überließ mich düsteren Gedanken an bessere Zeiten. Welche waren die schönsten gewesen? Die Jahre meiner Kindheit oder die letzten Friedensjahre mit all ihren Aufregungen, ihren Abenteuern und Siegen? Vielleicht die Kindheit? Als ich noch kein Gefühl dafür hatte, dass jeder Tag, der verging, unwiderruflich verloren war. Als immer etwas eintrat, das mich neugierig machte, das aufregend und verheißungsvoll war. Spielen, in den Bäumen herumklettern, zur *Madrassa* gehen und abends im Hof beieinander sitzen und den Geschichten meiner Großmutter lauschen – so einfach war das Leben damals gewesen. Unser Tor auf der Rückseite des Hofs stand immer offen, und selbst als kleines Kind konnte ich hinauslaufen und auf Entdeckungsreise gehen. Niemand sorgte sich um mich. Ich lief hierhin, dorthin, sah gedankenverloren und fasziniert den Leuten zu und konnte meine Nase in alles stecken, was mir verführerisch vorkam. Erpresser gab es nicht, Sexualverbrecher waren unbekannt, Kindesentführungen kamen nie vor. Jeder kannte mich, jeder wusste, zu welcher Familie ich gehörte, und wenn ich mich zu weit vorgewagt hatte, schnappte mich irgendjemand, der gerade vorbeikam, und lieferte mich wieder zu Hause ab.

Oder waren die letzten Friedensjahre die glücklichsten gewesen? Lernen, Wettkämpfe bestreiten, siegen, dann und wann eine Reise mit der Basketballmannschaft, Streifzüge mit Freundinnen durch das nächtliche Mogadischu, Picknicks mit der Familie am Strand, Tanzen bis zum Morgengrauen – jeder Tag brachte etwas Neues, und es gab nichts, das ich mir nicht zugetraut hätte. Jede Minute war wertvoll, jede Minute war schön, jede Minute war Leben. Immer war ich auf eine gute Nachricht gefasst, und alles, was ich erlebte, bestärkte mich in dem Glauben, dass das Leben herrlich ist.

Ich konnte mich nicht entscheiden. Schön war alles gewesen.

Der Gedanke, dass es vorbei sein sollte, erschreckte mich genauso wie alle anderen. Aber mein Vater hatte Recht. Ich konnte ja auch nicht mit meinen Brüdern allein zurückbleiben. Und ich war es längst leid, Tag und Nacht mit dieser neuen Angst zu leben. Ja, nach einer Weile verspürte ich sogar eine gewisse Vorfreude. Ich kannte Nairobi nämlich, denn ich hatte zwei Jahre zuvor, mit vierzehn, meine Tante Halina dort besucht. Besagte Tante mit den acht Töchtern, zu der meine Großmutter seinerzeit wollte. Und diese Stadt hatte mich damals begeistert.

Nairobi 1989. Allein diese Tante mit ihren acht Töchtern! Zwei der Mädchen waren verheiratet und hatten ihrerseits Kinder, wiederum nur Mädchen. Diese Wohnung war voller Frauen, denn der Mann meiner Tante war schon tot. Dort habe ich zum ersten Mal die Luft der Freiheit geatmet. Keine Mutter, die ihren Stock über mir schwang, keine Großmutter, die ihre Adleraugen überall hatte! Tante Halina hat sich wenig um ihre Brut gekümmert – Hauptsache, alle waren wieder im Nest, wenn es Zeit war, schlafen zu gehen. Die älteren Mädchen passten einfach auf die jüngeren auf, und meine Tante ging arbeiten. Kein Vater, keine Onkel, keine Brüder, keine Männer, keine Kommandos.

Sicher, ein paar Jungs waren hinter meinen Kusinen her. Sie haben uns manchmal in ihren Autos durch Nairobi gefahren. Und ich bin aus dem Staunen nicht mehr herausgekommen. Da gab es Menschen aus aller Herren Länder! Grellbunt gekleidete, majestätisch einherschreitende Senegalesinnen, temperamentvolle Nigerianer, schweigsame

Äthiopier und Weiße aus allen Teilen Europas und Amerikas. Dann die Hochhäuser! Endlos lange Gebäude wie das »Kenyatta Conference Center«. Das höchste Haus in Mogadischu war vielleicht acht Stockwerke hoch. Und die Straßen: alle geteert und weit und breit kein Schlagloch – damals. Heute kann man die Straßen in Nairobi vergessen.

Die Frauen trugen Hosen oder Miniröcke – am helllichten Tag! Nicht heimlich unter der *Dirrah*. Wir in Somalia achten auf Stil, wir lieben die Schönheit. Aber so manches war bei uns unmöglich – ärmellose Hemden zum Beispiel. In unseren Discotheken wurde in der *Dirrah* getanzt oder im Abendkleid. Später haben wir manchmal eine *Dirrah* über unserer westlichen Kleidung getragen, die *Dirrah* im Auto ausgezogen, uns geschminkt und die Disco wie moderne Menschen betreten. Solch ein Theater brauchte man hier in Nairobi nicht zu veranstalten. Das Faszinierendste aber war das Wetter. Ich hatte in meinem Leben noch nie gefroren. In Nairobi musste man nach Sonnenuntergang einen Pullover überziehen. Und ich dachte: Vielleicht bekommst du bei der Kälte eine schöne Haut, nicht so eine verbrutzelte wie in Somalia. Was mir jedoch am unbegreiflichsten vorkam: Die Leute hatten Respekt vor der Polizei!

Das Haus von Tante Halina jedenfalls wurde für mich zum Inbegriff der Freiheit. Diese Tante besaß nicht mal einen Stock! Sobald wir Mädchen unter uns waren, sind wir in Unterhosen herumgesprungen. Andererseits herrschte ein ziemliches Chaos. Wenn es daranging, die Arbeit zu verteilen, gab es regelmäßig Krach. »Ich habe doch gestern erst gekocht!«, schrien drei gleichzeitig. »Bin ich hier das Kindermädchen?« Weil bei diesem Zetern und Zanken nichts herauskam, kaufte Tante Halina oft alles Nötige ein, kippte es uns daheim vor die Füße und sagte: »Hier habt ihr alles. Seht zu, was ihr daraus macht. Meinetwegen verhungert!« Wenn wir Geld hatten, gingen wir einfach zum Essen aus. Sämtliche Kusinen schwärmten für die äthiopische Küche, und äthiopische Restaurants gibt es in Nairobi an jeder Straßenecke. Das war lustig, und wir haben unglaublich viel gelacht.

Also – in Nairobi ein neues Leben beginnen? Meinetwegen, wenn das alte nicht mehr zu retten war.

Um vier Uhr morgens, in völliger Dunkelheit, fuhr ich zum letzten Mal über die »Straße des Feuers«. Um diese Zeit wurden die Kämpfer müde, und in ganz Mogadischu flauten die nächtlichen Kämpfe ab. Mein Vater saß am Steuer, neben ihm meine Mutter mit den beiden Jüngsten, das Baby auf dem Schoß. Hinten lagen wir, wie *Khat*säcke flach auf der Ladefläche, Yurop, Fatma, zwei Tanten, drei Kusinen und ich. Schon jetzt mehr übereinander als nebeneinander. Zwölf Menschen, zu denen weitere acht stoßen sollten, sobald wir den Kismayu Highway am südlichen Stadtrand erreicht hätten. Denn die beiden Vettern, zwei Onkel und deren vier Söhne versuchten, sich quer durch die nächtliche Stadt zu Fuß durchzuschlagen. Das war unsere einzige Chance. Hätten wir uns schon jetzt mit einem völlig überladenen Geländewagen gezeigt, voll gestopft mit zwanzig Menschen, wären wir kaum durchgekommen. Die Scharfschützen hätten gemerkt, dass da Leute fliehen wollten. Und wer flieht, wird auch Geld dabeihaben.

Es war ein kurzer, trockener Abschied von Mohamed und Elmi gewesen. Mein Vater sprach seit der letzten großen Auseinandersetzung nicht mehr mit ihnen, und meine Mutter liebte keine langen Abschiedsszenen. Sie glaubte, wenn man sich tränenreich verabschiedet, ist es für immer.

Ich habe meine Brüder nur stumm umarmt.

In einem zweiten Auto wartete bereits die Patrouille

von Schwerbewaffneten, die die Fußgänger auf ihrem Weg durch Mogadischu begleiten sollte.

Ohne Geleitschutz hätten sie es gar nicht erst versuchen brauchen. So konnte man wenigstens zurückschießen, wenn einer der Wahnsinnigen da draußen angreifen sollte. Allzu sicher durfte man sich dessen allerdings nicht sein. Denn diese Leute, die dort im Auto mit ihren automatischen Gewehren auf uns warteten, waren die gleichen, die auf uns geballert hätten, wenn wir sie nicht angeheuert hätten. Clan-Miliz, die am Sterben wie am Überleben ihrer Mitbürger verdiente. Diese Milizen hatten regelrechte Fluchtorganisationen aufgebaut und verfügten sogar über Schiffe, mit denen sie Flüchtlinge an der Küste entlang in den Jemen oder nach Malindi an der Mündung des Galana in Kenia brachten. Mit Glück kam man tatsächlich im Jemen oder in Malindi an. Viele Schiffe sind gesunken, viele Flüchtlinge ertrunken. Aber es war ein gutes Geschäft, der Export von Menschen aus einem Land, das sie selbst in eine Hölle verwandelt hatten.

Immerhin, unsere Patrouille wurde gut bezahlt, und mein Vater hatte die Männer mit Bedacht ausgewählt. Sie mussten nämlich von dem Clan sein, der gerade die Kontrolle über die Stadt hatte oder doch wenigstens über die Stadtviertel, die man durchqueren wollte. Da spielte es gar keine Rolle, ob sie nun vom eigenen Clan waren oder von irgendeinem anderen. Das war Mafia, und für Geld ließen sie dich leben. Da sich die Kämpfer eines Clans untereinander kannten, war die Gefahr, beschossen zu werden, mit dem richtigen Geleitschutz relativ gering.

Wir trennten uns. Die, die sich zu Fuß auf den Weg machten, folgten dem Wagen mit den Bewaffneten und verschwanden in der Dunkelheit. Wir anderen bestiegen unseren Toyota. Er war damals noch nagelneu, ein Landcruiser, und meine Mutter fährt ihn heute noch, nach elf ereignisreichen Jahren. Er hat uns viel Glück gebracht, und nächst Gott verdanken wir diesem Auto unser Leben. Mein Vater hat ihn zeitlebens gehätschelt wie ein Lieblingskind, und gäbe es ein Abdi-Familienmuseum, würde diesem Toyota der Ehrenplatz darin zustehen. Dieses Auto könnte erzählen … Dass er für zwanzig Leute viel zu klein war – nun, wir hatten ihn für den Transport von *Khat* angeschafft, nicht für eine Massenflucht. Mehr als einen Koffer für uns alle konnten wir deshalb auch nicht mitnehmen. Alles blieb zurück: mein Aktenordner mit den Siegerurkunden, unsere Fotoalben, unsere Bücher, schlichtweg alles, was die Plünderer uns gelassen hatten. Wir verzichteten sogar darauf, Proviant einzupacken. Jetzt ging es nur noch darum, das nackte Leben zu retten.

Das heißt – etwas mehr als das nackte Leben war es schon. In der letzten Nacht hatte meine Mutter an unseren *Buktas*, diesen knöchellangen Hosen, den Bund stellenweise aufgetrennt, von einem beeindruckenden Haufen einen 100-Dollar-Schein nach dem anderen weggenommen, sorgfältig zusammengerollt und jeweils zehn davon in einen Hosenbund gesteckt, bevor sie ihn wieder zugenäht hatte. Jede von uns, Yurop, Fatma und ich, vielleicht die anderen auch, jede trug jetzt einen unsichtbaren Gürtel aus Dollarscheinen. Wir waren lebende Tresore. Natürlich durften wir die Kleider bis zum Ende unserer Flucht nicht mehr wechseln. Aber wir hatten ja ohnehin nichts zum Wechseln dabei.

Wir erreichten die vereinbarte Auffahrt auf dem Kismayu Highway und warteten. Es waren keine Schüsse mehr zu hören. Hinter uns lag Mogadischu unter einem blasser werdenden Sternenhimmel wie eine friedliche Stadt, und ich wäre am liebsten auf der Stelle umgekehrt. Wir redeten nicht viel. Mir war zum Heulen zumute. Als die anderen auftauchten, dämmerte es bereits. Sie hatten es quer durch die ganze Stadt geschafft, am Denkmal für unseren großen Freiheitshelden Abdi Hassan vorbei, am *Khat*markt, am Parlamentsgebäude und am Stadion vorbei, wo mein fußballbegeisterter Vater sich manches Länderspiel angeschaut hatte. Die Bewaffneten nahmen den Rest der vereinbarten Summe in Empfang, und dann fuhren wir los, nach Süden, in den Morgen hinein. Unser vorläufiges Ziel war die somalische Hafenstadt Kismayu, in der es, nach allem, was man wusste, noch halbwegs ruhig sein sollte.

Wir begriffen sehr bald, welche Strapaze auf uns zukam. Sechzehn Menschen stapelten sich jetzt auf der Ladefläche, untereinander, übereinander. Der Wagen setzte hinten fast auf der Straße auf. An den Seiten hatte die Ladefläche ein Gerüst aus Metallrohren für die Abdeckplane, da saßen jetzt einige der jungen Männer drauf und klammerten sich an die Streben der Dachkonstruktion. Die Metallrohre schnitten ins Fleisch, und bei jeder Rast mussten wir die Ärmsten herunterheben, weil sie sich vor Schmerzen nicht mehr bewegen konnten.

Auf dem Highway ging es quälend langsam Stunde um Stunde in glühender Sonne Kismayu entgegen. Noch gab es Dörfer, in denen man sich etwas zu Trinken oder zu Essen besorgen konnte. Das hier war erst der Auftakt. Kismayu lag nicht auf der direkten Route nach Kenia. Mein Vater wollte dort in aller Ruhe erst einmal Erkundigungen einziehen. Zu welcher Strecke würden die Leute ihm raten? An welcher gab es überhaupt Tankstellen, und welche war für Überfälle auf Reisende berüchtigt? Einen ganzen Monat blieben wir bei Verwandten in Kismayu, weil mein Vater sich nicht mit der ganzen Familie blindlings ins Abenteuer stürzen wollte und wohl auch in der stillen Hoffnung, dass aus Mogadischu im letzten Augenblick noch gute Nachrichten eintreffen könnten. Sie trafen nicht ein. Doch mein Vater hatte jetzt den Eindruck gewonnen, dass wir die Reise wagen dürften. Wir brachen auf, zum zweiten Mal. Diesmal, um Somalia endgültig den Rücken zu kehren.

Nachts stellten wir den Wagen am Straßenrand ab, breiteten Kleider auf dem Boden aus und versuchten, eng zusammengerückt, Schlaf zu finden, meine Mutter und die Kleinste in der Mitte dieses Haufens aus müden Leibern. An Hyänen oder andere wilde Tiere dachten wir lieber nicht, wenn wir so dalagen, aber sie heulten sich die ganze Nacht über in unser Bewusstsein. Da draußen, in der Finsternis, hörten wir ihre Stimmen, das vertraute Lachen der Hyänen, auch das Trompeten der Elefanten und gelegentlich das Brüllen eines Löwen. Vorsichtshalber ließ mein Vater die Scheinwerfer noch eine Weile brennen, um Tiere zu vertreiben und um nicht unvorbereitet zu sein, sollte sich jemand von der Straße her nähern. Meist saßen die Männer noch lange zusammen, mein Vater und meine Onkel, um sich bei *Khat* von einem anstrengenden Tag zu erholen, und wenn Kinder und Frauen schliefen, blieb mindestens einer immer noch auf und hielt Wache. Manchmal lag ich da, lauschte in die Nacht und fragte mich, welches Tier ich wohl gehört hatte. In der Stille drangen Laute an mein Ohr, die ich noch nie vernommen hatte. Stimmen von unbekannten Tieren, die man tagsüber nie zu Gesicht bekam, weil sie dann vermutlich, wie alle anderen, schliefen. Tagsüber sah die Landschaft unbelebt aus, wie ausgestorben.

Anfangs passierten wir noch ungefähr jede Stunde ein

Dorf. Da wurde manchmal kurz angehalten, etwas getrunken und gegessen. Meist gab es in den engen, dunklen Dorfkneipen nur süßen schwarzen Tee und lauwarme Cola. Zwanzig Leute, die aus dem Nichts auftauchten, das war für die Menschen hier in ihrer Einsamkeit wie ein Überfall. Jedes Mal sprach mein Vater mit ihnen, aber sie wussten nichts, sie bekamen wenig von dem mit, was jenseits ihres Heimatortes in der Welt vorging.

Dann kamen wir durch Landstriche, wo es überhaupt kein Leben mehr zu geben schien. Weder Mensch noch Tier. Trockenes, baumloses, ebenes Land bis zum Horizont. Links und rechts der Straße Sand, nichts als Sand. Und dann wieder Steine, nichts als Steine. Bisweilen tauchten Hügel auf, grau und kahl wie aufgeschüttetes Geröll. Es herrschte eine völlige Stille in diesem Land. Manchmal kam ein kühler Wind auf und machte die Hitze etwas erträglicher. Diese einsame, harte Landschaft erschien uns so faszinierend, dass wir unsere Erschöpfung, unseren Durst und unsere schmerzenden Glieder für einen kurzen Moment vergessen konnten.

Ja, allmählich fanden wir sogar Gefallen an dieser Reise. Wir waren so viele, da konnte es nicht ausbleiben, dass unsere Laune immer besser wurde. Wir hatten keine Ahnung, was uns in der nächsten Stunde erwartete, aber keiner von uns da hinten auf der Ladefläche machte sich Gedanken darüber. Wir Kinder gingen einfach davon aus, dass unsere Eltern alles genau berechnet hatten, dass die Dieselvorräte in den Kanistern auf dem Dach des Fahrerhauses reichen würden und der Trinkwasserkanister auch im ungünstigsten Fall für alle genug enthielt. Wir fuhren einem neuen Leben entgegen, und schon jetzt war alles für uns neu. Selbst die schlimmsten Strapazen ertrugen wir klaglos. Manchmal hatten wir furchtbaren Durst, weil Wasser für den Motor gespart werden musste. Erst kam das Auto, dann kamen wir. Einmal saßen wir zwei Tage in der Wildnis fest, weil ein Reifen geplatzt war und wir warten mussten, bis ein Geländewagen desselben Typs vorbeikam, um dem Fahrer einen Ersatzreifen abzuhandeln. Für einen eigenen hatten wir keinen Platz gehabt, alles war bis in die letzte Ecke voll gestopft mit Menschen und Kanistern. Als die Männer endlich den neuen Reifen aufzogen, entdeckte ich das Gewehr.

Ich sollte einen Schraubenschlüssel holen, der unter dem Fahrersitz lag, ich klappte ihn hoch, und da lag es. Meine Mutter saß daneben und flüsterte mir erschrocken zu, um Gottes willen den anderen nichts davon zu sagen. Es war ein großes Gewehr. Es war das Gewehr, mit dem mein Vater in Mogadischu hätte kämpfen müssen, wenn eines seiner Kinder erschossen worden wäre. Und mit dem er jetzt kämpfen würde, wenn wir überfallen werden sollten. Ich nahm den Schraubenschlüssel, klappte den Sitz herunter und verriet keinem ein Wort.

Die Wüste wollte kein Ende nehmen. Bei jeder Rast löcherte ich meine Mutter mit Fragen: »Wann kommt denn Nairobi? Wie lange dauert es noch?« Und dann war ich wieder so müde, dass es mir fast egal war, wann wir wo auch immer landen würden. Es wurde noch heißer, und um die Reifen zu schonen, mussten wir die Fahrt jetzt noch häufiger unterbrechen. Die Reifen verglühten fast auf dem dampfenden Asphalt. Mein Vater schlug vor, nur noch nachts und in den frühen Morgenstunden zu fahren. Ein paar Mal versuchten wir, tagsüber zu schlafen, im Schatten eines Baums oder im spärlichen Schatten des Autos, wenn mal wieder weit und breit kein Baum zu sehen war. Doch hinterher standen wir kaum weniger erschöpft auf, als wir uns niedergelegt hatten, und bereiteten unser Bett doch wieder in der Nacht auf dem Schotter am Straßenrand.

Nichts führte uns unsere Lage drastischer vor Augen als diese nächtlichen Lager. Wir waren ein Häufchen verschwitzter Leiber in schmutzigen Kleidern auf Decken und ausgebreiteten *Dirrahs* – das Urbild von Flüchtlingen, die nur eins wissen: dass sie nicht mehr zurückkönnen. Und die ansonsten keine Ahnung haben, welches Schicksal sie erwartet, was der nächste Tag bringen wird und wie lange dieses Leben auf der Flucht noch andauern wird. Wann hatten wir uns das letzte Mal gewaschen? Wasser war kostbar. Jeden Morgen eine Hand voll fürs Gesicht und eine, um den Mund auszuspülen, das musste reichen. Auch zum Beten kamen wir nicht. Gott wird uns das vergeben. Und trotz alledem – wenn ich heute an diese Nächte unter freiem Himmel denke, inmitten der Wildnis, dann überkommt mich der mächtige Wunsch, das noch einmal zu erleben.

So erreichten wir nach acht Tagen Mandera, die kenianische Grenzstadt an der Hauptroute nach Nairobi. In der guten, alten Zeit hatte der *Khat*-Express meiner Mutter die Strecke Mandera – Mogadischu in weniger als zwei Tagen bewältigt. Wenn sich jemand hier auskannte, dann meine Mutter. Als Erstes suchten wir ihre alten Bekannten auf, *Lali* wie wir, die sich schon damals als gute Freunde erwiesen hatten, als meine Mutter im *Khat*gebiet auf eigene Faust auf Verbrecherjagd gegangen war. »Jetzt müssen wir erst recht zusammenhalten«, sagten sie und luden uns zu einem echt somalischen Festessen ein, bevor sie uns zu Leuten führten, die kenianische Autokennzeichen von Wracks und Unfallwagen abmontierten, um sie an somalische Flüchtlinge zu verkaufen. Mit den kenianischen Nummernschildern am Auto kamen wir uns schon wie halbe Kenianer vor.

In Mandera mussten wir warten, bis ein Lkw-Konvoi unter militärischem Schutz in Richtung Nairobi abfuhr. Zum Glück traf fast täglich ein solcher Konvoi ein, denn es mussten regelmäßig Nahrungsmittel ins Grenzgebiet geschafft werden. Ohne Geleitschutz hätte kein Unternehmer diese Transporte gewagt, denn der Nordosten Kenias war nicht nur eine glühend heiße, ausgedörrte Ebene, er wurde auch von Banditen unsicher gemacht. Niemand traute sich allein aus Mandera heraus, weil Banden an der Strecke lauerten, die auf jedes einzelne Fahrzeug das Feuer eröffnet hätten. Wenn man Glück hatte, wurde man nur ausgeraubt. Meist ließen sie das Auto mitgehen und Tote und Verwundete im Straßenstaub liegen. Die kenianische Regierung stellte deswegen Soldaten zur Verfügung, die die Lastwagen von Isiolo bis zur Grenze und zurück eskortierten.

Es war so weit, die Motoren sprangen mit lautem Getöse an, die Soldaten schwangen sich auf die Beifahrersitze, hielten die Gewehrläufe aus den Fenstern, und eine lange Kolonne röhrender Lastwagen setzte sich in Bewegung, unser braver Toyota mitten dazwischen, eingehüllt in eine gigantische Staubwolke. Das Land war eine einzige weite Ebene, die in der Hitze schmurgelte. In dieser dürren Steppe lebten Somali und kenianische Nomaden, aber wir sahen keine Menschenseele, sofern wir vor Staub überhaupt etwas sahen. Der abenteuerlichste Teil unserer Reise begann. Wenn wir ein Dorf erreichten oder ein Verschlag aus Zweigen und Ästen vor uns auftauchte, in dem eine alte Frau aus verbeulten Blechkannen Tee ausschenkte, legten wir alle eine Pause ein. Einige der Fahrer machten es sich auf Matten unter ihren Fahrzeugen bequem, wenn es sonst kein schattiges Plätzchen gab, andere öffneten die Motorhauben, prüften das Kühlwasser und halfen mit einem Strick nach, wenn die

Haube beim Schließen plötzlich klemmte. Wieder heulten die Motoren auf, und weiter ging 's im Schneckentempo. Wir dösten, halb besinnungslos vor Hitze, auf unserer Ladefläche vor uns hin.

Und dann kam schlagartig wieder Leben in uns, als gegen Abend die ersten Tiere auftauchten. Große, langbeinige Vögel schwangen sich in die Luft, ein Löwe rappelte sich auf und trollte sich gemächlich von dannen, ab und zu überholte uns mühelos ein Vogel Strauß mit kerzengerade hochgerecktem Hals. Und als die Ebene aufglühte und sich jedes Tier im Licht der untergehenden Sonne scharf abzeichnete, begann die Jagd. So etwas hatten wir zu Hause nie erlebt! Plötzlich bogen die ersten Lastwagen von der Piste ab und hielten auf ein Rudel Gazellen zu. Es bestand Aussicht auf Gazellenfleisch – davon hätten wir nicht zu träumen gewagt! Wir polterten hinterher, querfeldein. Alles war rot, der Staub, die Gazellen, das ganze Land. Dann krachten Schüsse. Unsere Soldaten schienen keine Scharfschützen zu sein, jedenfalls schossen sie alle auf einmal. Großes Geschrei, als tatsächlich eine Gazelle umfiel. Alle Fahrzeuge kamen in einem Wirbel von Staub zum Stehen, und einer meiner Onkel stürzte sich mit seinem Messer auf das Tier am Boden, um es zu schlachten, bevor es starb. Den Christen war das egal, die dürfen auch Tiere essen, die nicht vorschriftsmäßig geschlachtet wurden, aber wir nicht.

Ja, da kam wieder Leben in unsere Gesellschaft. Mein Vater war bester Laune und half den Soldaten, tote Äste herbeizuschleppen, meine Mutter gab der Kleinen die Brust, und wir anderen nahmen die Matten und Matratzen entgegen, die die Fahrer von ihren Wagen herunterreichten. Sie hatten alles Mögliche dabei, sogar Kannen und Schüsseln zum Händewaschen. Im letzten Tageslicht entstand inmitten der Wildnis ein richtiges Lager. Die Soldaten häuteten die Gazelle, spießten sie auf einen Stock und wechselten sich dann dabei ab, den Braten langsam über dem Feuer zu drehen. Und später, in der Dunkelheit, saßen alle im großen Kreis um das Feuer herum und tafelten auf Afrikanisch. So ging es drei Tage lang.

Nie werde ich diese Farben vergessen! Wenn wir uns nach der Jagd in der Steppe niederließen, stand die Sonne als glutrote Scheibe über dem Horizont, um uns her war alles in orangefarbenes Licht getaucht, ein leichter Wind wirbelte hier und da Staub auf, der wie ein rötlicher Schleier in der Luft hing und dann verwehte, und bald wurde es stockfinstere Nacht. Es wurde richtig pechschwarz. Nach der Mahlzeit wurde das Feuer gelöscht, und die Soldaten kamen zu uns herüber und forderten uns auf, leise zu sprechen und besser nicht so laut zu lachen. Wegen der Banditen. Also lagen wir unter dem Sternenhimmel, die Männer kauten schweigend ihr *Khat*, und auch wir Mädchen und Frauen dachten trotz unserer Müdigkeit nicht an Schlaf. Wir unterhielten uns flüsternd weiter bis tief in die Nacht. Vor den Banditen hatten alle Angst, auch die Soldaten. Und überhaupt, man wusste ja nie, welche Leute noch aufkreuzen könnten, wem man hier draußen in die Arme laufen würde. Die Banditen, hieß es, hätten ganz andere Waffen. Nicht solche Flinten wie unsere Soldaten. Die hätten Kalaschnikows und keine Scheu, sie zu gebrauchen. Die Soldaten waren eben auch nur Menschen, vermutlich kaum tapferer als wir selbst. Am nächsten Morgen, sehr früh, im ersten Tageslicht, brachen wir wieder auf.

Am vierten Tag näherten wir uns Isiolo, einem Städtchen am Fuß der Berge. Der Ort, den meine Großmutter sich ausgesucht hatte, um noch einmal ein schlichtes, ruhiges Leben zu führen unter Menschen, die so dachten und so sprachen wie jene, mit denen sie aufgewachsen war in Nordsomalia in den Dreißigerjahren. Und hinter Isiolo lag das sagenhafte Land, aus dem meine Eltern den größten Teil ihres *Khats* bezogen, als sie noch *Khat*händler in Mogadischu waren. Zwischen der ersten Hügelkette und dem Mount Kenia in der Ferne musste es sich erstrecken, das kühle Hochland mit den großen Plantagen rings um die Stadt Meru. Mein Vater hatte damals erzählt, seine Geschäftspartner seien britische Farmer, und ich fragte mich, wer die Zurückgebliebenen in Mogadischu jetzt wohl mit *Khat* versorgte, denn ohne *Khat* wäre selbst ein Bürgerkrieg in Somalia zum Scheitern verurteilt – er würde einfach im Sande verlaufen, weil jeder nur noch *Khat* im Kopf hätte.

Unser Konvoi löste sich hier auf. Von nun an bestand keine Gefahr mehr, hier begann überhaupt eine ganz andere Welt. Das Land war hügelig und grün, schwarzgraue Wolken türmten sich darüber auf, und plötzlich gingen heftige Regengüsse nieder. Auf dem aufgeweichten Boden gehorchte der Wagen kaum noch dem Lenkrad. Einige schlugen vor, im nächsten Ort so lange zu warten, bis die Straßen wieder fester wären. Aber das war aussichtslos, die Regenzeit hatte eingesetzt. Kaum hatte es aufgehört zu regnen, fing es nach fünf Minuten von neuem an. Sollten wir hier im Hochland vermodern? Wir fuhren weiter, rutschten von der Straße ab, der Motor heulte auf, die Räder drehten durch, wir steckten fest. Wir sprangen ab und landeten in knöcheltiefem Matsch. Die Männer versuchten, den Wagen mit den Händen auszugraben, meine Mutter stand fuchtelnd und schimpfend dabei, jeder war schlammbeschmiert und durchgeweicht bis auf die Haut, aber wir hatten unseren Spaß. Für uns

Kinder war es ein Abenteuer. In Mogadischu brauchte man nicht mal einen Schirm aufzuspannen, wenn es dort regnete. Meistens schien gleichzeitig die Sonne, und das Wasser versickerte spurlos wie Tränen im Sand. Das hier, das war doch etwas ganz anderes.

Die Männer legten eine Fahrspur aus Steinen an, aber es dauerte trotzdem noch bis zum Abend, bis wir den Wagen freibekamen. Mittlerweile hatte es aufgehört zu regnen. Und kaum setzte sich unser Toyota schwerfällig in Bewegung, sahen wir im letzten Tageslicht einen unheimlichen Schatten hinter uns. Einen Schatten mit großen, aufgestellten Ohren und zwei Stoßzähnen. Der Elefant trat auf die Straße, gewahrte uns und nahm die Verfolgung auf. Eingeklemmt und völlig ungeschützt, wie wir auf unserer Ladefläche kauerten, waren wir diesem Koloss hilflos ausgeliefert, der stampfend und schnaubend näher kam. Er war eindeutig schneller, als mein Vater fuhr. Selten habe ich solche Angst gehabt. Ich schrie aus Leibeskräften: »Schneller, Papa! Gib Gas! Gib Gas!«, und mein Vater gab selbstverständlich Gas, aber wir waren trotzdem nicht schnell genug. Kreischend klammerte sich einer an den anderen. Und dann fiel Tante Amina die Koransure ein, mit der man Unheil abwenden kann, selbst wenn es die Ausmaße eines Elefanten annimmt. Die Sure für aussichtslose Situationen. Diese Sure hatte ich noch nie beten müssen, aber nach sieben Jahren *Madrassa* hatte ich sie natürlich im Kopf. Und jetzt beteten wir sie alle zusammen, oder eher: alle durcheinander, aber so laut wie möglich, aus vollem Hals. Und immer noch donnerte dieser Elefant hinter uns her, machte immer noch keine Anstalten, abzubiegen oder stehen zu bleiben, und hatte uns inzwischen beinahe erreicht. Wir konnten nichts machen als schreien und beten. Im nächsten Moment würde er Yurop und wer da sonst an der Ladeklappe saß mit seinen Stoßzähnen erreichen, mit seinem Rüssel auf uns eindreschen oder gleich den ganzen Wagen umwerfen. Groß genug war er. Da riss mein Vater das Lenkrad herum und bog scharf links ab ins offene Feld. Und der Elefant lief geradeaus. Er hatte eine solche Geschwindigkeit drauf, dass er wie eine abgeschossene Kanonenkugel auf seiner Bahn blieb und weiter die Straße entlangdonnerte. Wir lagen uns halb ohnmächtig in den Armen. Aber die Sure hatte gewirkt.

Also auch das noch. Elefanten. Als mein Herz wieder langsamer schlug, dachte ich an die Worte meines Vaters und musste ihm Recht geben. Der hatte unterwegs immer wieder zu uns gesagt: »Gott allein weiß, warum dies alles geschieht, und nur Gott weiß, wohin wir gehen. Aber wenn wir zusammenhalten, wird alles gut werden.«

Nach diesem Schreck wurde es nun tatsächlich besser. Wenigstens rollte unser Toyota endlich über richtigen Asphalt. Aus der Schotterpiste war eine ordentliche Straße geworden. Und je näher wir der kenianischen Hauptstadt kamen, umso dichter wurde der Verkehr. Wir sahen Geländewagen wie den unseren, voll gestopft mit Menschen, und kleine Lastwagen mit der Menschenfracht ganzer Autobusse. Somali waren nicht die Einzigen, die in Nairobi Zuflucht suchten. Die Stadt war das Ziel von Vertriebenen aus Äthiopien, Sudan, Burundi und Ruanda. Alle wollten sie nach Nairobi, weil sich hier sämtliche Dienststellen befanden, die UNO mit ihren Hilfswerken und, nicht zu vergessen, die amerikanische Botschaft. Wir ahnten, dass die kenianische Polizei uns nicht mit Samthandschuhen anfassen würde. Der Flüchtlingsstrom war eine schwere Belastung für dieses Land.

Schmutzverschmiert, abgerissen, die Haare verfilzt und am Ende unserer Kräfte, nichtsdestoweniger hellwach – so kamen wir am Abend des fünfzehnten Tages nach unserer Abreise aus Kismayu in Nairobi an. Wir hatten keine Adresse und wussten zunächst nicht, wohin wir uns in dem Gewühl der Händler und Passanten und Autos und Autobusse wenden sollten, doch das braucht man in Afrika auch nicht, man fragt sich eben durch. Nairobi ist eine große Stadt, halb so groß wie London, sagt man, aber dieses große Nairobi besteht aus vielen kleinen Nairobis, und eines davon ist Eastleigh, das lebhafteste und geräuschvollste, das somalische Viertel. Was war hier los! Man merkte, dass die Somali von Nairobi nicht auf der faulen Haut lagen. Wir fragten ein paar Passanten und fanden bald ein Hotel. Eine Herberge für Dauergäste. Für Menschen, die nicht wissen, wie lange sie bleiben. Davon gab es in Nairobi jetzt viele. Wir mieteten nur zwei Räume im Erdgeschoss, das war kein Problem, es waren geräumige Zimmer. Und am selben Abend noch trennte meine Mutter den Hosenbund jeder *Buktra* auf, während mein Vater und meine Onkel draußen im Hof so taten, als würden sie die abgefahrenen Reifen an unserem Toyota wechseln.

Wir wurden auf diese sonderbare Aktion erst aufmerksam, als sie den ersten Reifen ins Zimmer rollten und die Tür hinter sich ins Schloss zogen, als mein Vater die Fenster verhängte und sich mit einer geheimnisvollen Feierlichkeit an dem Rad zu schaffen machte. Er ließ die Luft heraus, zog den Reifen von der Felge – und vor unseren Augen ergoss sich eine Sturzflut von Dollarbündeln über den Holzboden unserer Herberge für gestrandete Existenzen! Das wiederholte sich noch dreimal, mit jedem der drei übrigen Räder. Jedes Mal ließ er die Luft raus und löste den Reifen von der

Felge, und jedes Mal wurde der Berg aus graugrünen Banknoten in unserem Zimmer größer.

Wir waren sprachlos. Die Reifen waren also der wirkliche Tresor gewesen und das Auto unsere Bank! Außer meiner Mutter hatte niemand davon gewusst, niemand die leiseste Ahnung gehabt. Vor uns lag der ganze Inhalt jenes sagenhaften Koffers, der daheim in Mogadischu seit langem in einem sicheren Versteck aufbewahrt worden war. Ich sehe ihn heute noch vor mir, diesen Koffer voll gepackt mit 1000-Dollar-Scheinen, die verschnürten Bündel säuberlich übereinander geschichtet. Wir umarmten unseren Vater mit mühsam unterdrückter Begeisterung und so still und geräuschlos wie möglich. Wir waren immer noch reich. Aber wir lebten nun in einer Stadt, wo man sich dessen nie mehr sicher sein konnte. Zu keiner Stunde.

ZWEITER TEIL

Kenia

EASTLEIGH, 9. STRASSE

Am Anfang hat es uns Nairobi leicht gemacht. Wir brauchten ja auch nicht ganz unten wieder anzufangen, so wie all jene Somali, Sudanesen und Äthiopier, die zu Tausenden in einem Flüchtlingslager vor der Stadt lebten, in Zelten hausten und mit ihrer Ration Öl und Mehl wochenlang auskommen mussten. Kaum hatten wir unsere Flucht glücklich überstanden, konnten wir schon fast so weiterleben, wie wir es kannten. Auch hier brauchte man bloß einmal über den *Khat*markt zu laufen, schon war man wieder klüger. Wir wollten in Erfahrung bringen, wo unsere Tante Halina mit ihren acht Töchtern lebte, meine Eltern machten sich also am nächsten Morgen auf den kurzen Weg zum *Khat*markt und kamen wenig später mit der Adresse zurück.

Sie wohnte fünf Straßen weiter, und sie machte gute Miene zu bösem Spiel, als wir alle zwanzig bei ihr auftauchten. Die Sache war aber die, dass wir uns so selten wie möglich im Hotel aufhalten wollten, denn früher oder später würde sich die Polizei dort blicken lassen. Wenn man keine Papiere vorweisen konnte, lief es immer auf dasselbe hinaus, nämlich dass man Geld loswurde. Außerdem galt die Polizei von Nairobi als brutal. Ich machte Bekanntschaft mit ihr, noch bevor eine Woche um war:

Es war gegen sieben Uhr abends, in einem Gewirr enger, belebter, nicht besonders gut beleuchteter Gassen. Ich war mit einer meiner acht Kusinen gerade zwischen unserem Hotel und der Wohnung der Tante unterwegs – das Abendessen wartete, seit unserer Ankunft üblicherweise ein Abendessen für knapp dreißig Personen –, als wir zwei Polizisten entdeckten. Sie knüpften sich gerade eine Gruppe von sechs oder sieben Männern vor. Wir dachten uns nichts dabei, gingen weiter, und schon hieß es: »Stehen bleiben! Ausweise zeigen!« Nun lebte meine Kusine seit langem in der Stadt, sprach fließend Suaheli und entgegnete, dass wir Schülerinnen seien und deshalb keine Ausweise brauchten. »Eure Ausweise – oder mit auf die Wache«, lautete die Antwort.

Mir war mulmig. Erstens war ich illegal, und zweitens … Wenn du erst einmal auf einer kenianischen Polizeiwache gelandet bist, hast du keine Rechte mehr. Was sollten wir machen? Losrennen? Dann laufen sie hinter dir her, schnappen dich und verprügeln dich. Uns blieb also nichts anderes, als zu warten und mit anzuschauen, wie ein Polizist einem der Männer die Uhr abnahm. Damit war die Sache für die beiden Ordnungshüter offenbar erledigt, jetzt waren wir dran. Meine Kusine versuchte es mit Weinen, aber sie trieben uns ungerührt vor sich her, durch immer neue Straßen. Ein Auto hatten sie nicht, und die Wache konnte kilometerweit entfernt sein. Meine Kusine weinte und jammerte unentwegt und stieß mich zwischendurch in die Rippen und flüsterte mir zu: »Warum weinst du nicht? Los, weinen.« Ich brach also auch in Tränen aus. Es war ohnehin das Beste, wenn mir vor Angst und Kummer die Stimme versagte. Hätte ich den Mund aufgemacht, hätten sie sofort gemerkt, was los ist – mit meinem Suaheli war es noch nicht weit her.

Die Polizeiwache war womöglich am anderen Ende der Stadt, wir haben das nie herausgefunden. Nacheiner halben Stunde waren sie es leid, zwei heulende Gören vor sich herzuscheuchen, bei denen nicht mal Zigaretten zu holen waren, geschweige denn eine Armbanduhr. Das hatte ich auch schon kapiert, dass man in Nairobi Uhren und dergleichen schön zu Hause ließ. Sie besannen sich also und ließen uns laufen, allerdings nicht ohne sich zu der Drohung aufzuschwingen, wenn sie uns in unsrem Alter noch einmal um diese Zeit auf der Straße ... Wir rannten los, heilfroh. Hätten sie uns wirklich mit zur Wache genommen – wie hätten unsere Eltern uns je ausfindig machen sollen? Die Polizei hätten sie jedenfalls nicht benachrichtigt. Da verliert sich dann deine Spur, und auf der Wache bist du in ihrer Gewalt. Zu Hause gab es gleich das nächste Theater. Nach dem kenianischen nun das somalische. Wir wurden mit empörtem Geschrei empfangen, meine Mutter war kaum zu beruhigen, unsere Erklärungen gingen in dem Lärm mehr oder weniger unter – also ganz wie daheim in Mogadischu. Ab jetzt, hieß es, dürften wir nach Sonnenuntergang nur noch mit Ausweis auf die Straße. Bloß – solange ich kein Suaheli sprach, hätte mir ein Ausweis auch nichts genützt.

Der Ausweis war ohnehin das geringste Problem. Schließlich lebten wir in Eastleigh unter Somali, die sich vortrefflich darauf verstanden, alles zu fälschen, was nötig war, um aus Flüchtlingen ordentliche Kenianer zu machen. Mein Onkel Hussein etwa arbeitete in einem Büro, das darauf spezialisiert war, jede beliebige Urkunde auszustellen. Also, hier wurde jede Art von Handel betrieben und jede Art von Geschäft abgewickelt. Da die Polizei in Kenia mehr zu sagen hatte als in unserer Heimat, gewöhnten sich die Somali von Eastleigh an, jedem Uniformierten, der sie ansprach, einfach hundert Dollar zuzustecken. Wobei sie keinen Unterschied zwischen einem Polizisten und dem Wachmann eines privaten Sicherheitsdienstes vor einem

Elektroladen machten. Den Unterschied kannten sie nicht. Private Sicherheitsdienste hatte es in Somalia nicht gegeben, weil sie noch überflüssiger gewesen wären als die Polizei. So funktionierte das, und in Eastleigh war deshalb alles oder beinahe alles möglich.

Nicht möglich war es, Tante Halina viel länger mit zwanzig Leuten zu behelligen. Die Tante hatte eine Wohnung mit vier Zimmern. Vom Frühstück an waren wir bei ihr. Alles wurde durch zwanzig oder dreißig geteilt. Wir haben fleißig mitangefasst und eingekauft, gekocht und gespült, aber allein die Aufregung, die meine Mutter verbreitete, brachte Tante Halina an den Rand eines Nervenzusammenbruchs. Jedes Zimmer war voll gestopft mit Menschen, die Türen dazwischen offen und die ganze Wohnung ein einziges Stimmengewirr. Man kann sich vorstellen, dass die schwer geprüfte Tante nichts unterließ, um uns loszuwerden – das heißt, sie kümmerte sich um alles, was unser Leben und das ihre möglichst rasch wieder in normale Bahnen lenken konnte: eine Wohnung für meine Familie, eine *Madrassa* für meine kleine Schwester Ayan, eine Schule für meinen jüngeren Bruder Achmed, eine Arbeit für Yurop und Fatma und Papiere für uns alle. Mit dem Erfolg, dass wir nach einem Monat unser Hotel aufgeben konnten und ein Haus in der 9. Straße bezogen. Nicht ganz so groß, nicht ganz so schön wie das in der »Straße des Feuers«, dafür nicht allzu weit vom Haus der Tante entfernt.

Wir hatten überhaupt Glück. Wenig später kam ein großer Laden für meine Mutter dazu, ebenfalls in der 9. Straße. Ein Laden mit ein paar Hinterzimmern, wo man nicht nur hungrige Lieferanten verköstigen, sondern nach einem langen Arbeitstag auch zu mehreren übernachten konnte. Dieser Umstand hat später meiner Mutter das Leben gerettet.

Von nun an hielten fast täglich schwere, staubbedeckte Lastwagen aus den kenianischen Hafenstädten am Indischen Ozean oder von den Plantagen im Hochland vor ihrer Tür und luden säckeweise Mais, Zucker und Reis ab, denn meine Mutter führte jetzt eine Großhandlung für Lebensmittel. So bunt wie in unserem alten Laden ging es da nicht mehr zu, auch unsere famose Speiseeisproduktion lebte nicht wieder auf, aber es lief sehr gut, und meine Mutter war schnell wieder in ihrem Element.

Mein Vater eröffnete unterdessen ein somalisches Restaurant. Er hatte rasch begriffen, wie hier in Kenia die Uhren tickten – wenn das Geld nur locker genug saß und man die richtigen Leute kannte, war fast alles möglich. Innerhalb von vierundzwanzig Stunden bekam er die Lizenz des Gesundheitsamts, heftete sie gut sichtbar an die Tür seines neuen Lokals, und wenig später schon duftete es aus seiner Küche bis hinaus auf die Straße nach gebratenem Kamelfleisch.

Trotz der harten äthiopischen Konkurrenz war sein Restaurant sogleich ein Riesenerfolg. Hier konnte man von morgens bis abends gut und billig essen. Seine Köche bereiteten echt somalische Speisen zu, Kamelfleisch mit Reis oder Spaghetti mit Lammfleischsoße, und ein Heer von Kellnern flitzte zwischen den voll besetzten Tischen umher. Das Kamelfleisch kam übrigens jeden Morgen mit dem ersten Bus aus Isiolo, zusammen mit großen Kanistern voller Kamelmilch, beides heiß ersehnt von den Somali in ganz Nairobi. Wenn sie bei meinem Vater dann noch frische Leber mit Zwiebeln zum Frühstück bekamen, fühlten sie sich schon beinahe wie daheim, in Mogadischu oder Hargeysa –

wenn man von der Kälte absieht, die allen Somali zu schaffen machte. Ich stellte mir immer vor, das Wasser aus den Wasserhähnen von Nairobi komme direkt aus einem riesigen, unterirdischen Kühlschrank.

Ja, das Leben in Mogadischu war schöner gewesen, denn das Leben in deiner Heimatstadt ist immer schöner. Dennoch durften jetzt alle zufrieden sein. Zufrieden? Um ehrlich zu sein, wir lebten im Luxus. Wir waren Flüchtlinge, und trotzdem machten wir gleich wieder gute Geschäfte, amüsierten uns an den Wochenenden im »Lunapark«, ließen in äthiopischen Restaurants große Platten mit *Injera* und Hühnchen in scharfer, roter Soße auffahren, trugen Levis-Jeans und benutzten echte Parfüms von Nobelherstellern, nicht »made in Dubai«. Es war der reine Luxus – im Vergleich zu dem Leben, das andere Flüchtlinge führten.

Nein, wir brauchten nicht auf den Shilling zu achten, obwohl bald alles dramatisch teurer wurde. Je mehr Flüchtlinge ins Land kamen, desto stärker stiegen die Preise. Und der Flüchtlingsstrom riss nicht ab. Fast jeder, der von dem Blutrausch in Mogadischu nicht mitgerissen wurde, tauchte früher oder später in Nairobi auf. Sogar Leute aus der Regierung, vor kurzem noch ganz hohe Tiere, irrten jetzt in Eastleigh durch die Straßen und hielten die Hand auf. In Somalia hatten sie zu den Reichsten gehört, hatten ihre Kinder womöglich im Ausland studieren lassen, und jetzt boten sie einen erbarmungswürdigen Anblick. Ich erinnere mich an einen bekannten somalischen Politiker, der offenbar durchgedreht war. Täglich saß er inmitten des Menschengewühls auf dem Bürgersteig, unserem Haus gegenüber, bettelte nicht einmal und reagierte auch nicht, wenn jemand über ihn stolperte. Da gab es manche, die alles verloren hatten, am Ende auch ihren Verstand.

Nicht wenige verloren alle Hoffnung und versuchten, nach Europa oder Amerika zu entkommen. Da sie keine Papiere hatten, mussten sie improvisieren. Man ging vielleicht zu meinem Onkel Hussein, kaufte von seinem letzten Geld einen Pass, betrat das nächste Reisebüro und saß eine Woche später im Flugzeug. Das Lieblingsziel aller Flüchtlinge war zunächst Kanada, später kam England in Mode und danach Holland. Nur nach Deutschland wollte keiner meiner Landsleute. Die kenianische Presse tat nämlich alles, um Deutschland in den Ruf zu bringen, für Ausländer glatter Selbstmord zu sein. Vor allem für Schwarze.

Yurop und Fatma arbeiteten in einem Reisebüro und hatten begreiflicherweise gut zu tun. Daran, selbst auszuwandern, haben wir keinen Augenblick lang gedacht. Nicht nur weil wir mit unserem neuen Leben mehr als zufrieden waren – mein Vater hätte auch keinen von uns gehen lassen. Der konnte sich eine Zukunft außerhalb von Afrika gar nicht vorstellen. Sein Traum war, gemeinsam in Kenia auszuharren, bis in Somalia wieder Frieden einkehrte, und er war zuversichtlich, dass es uns unterdessen nicht schlechter gehen würde als früher in Mogadischu. Um gute Kenianer aus uns zu machen, gab er jeweils 2000 Dollar für einen Pass aus. Einen echten. Echte Pässe gab es in Kenia nämlich auch.

Unsere Wohnung in der 9. Straße war zeitweise übrigens noch voller als unser Haus auf der »Straße des Feuers«. Oft begegneten wir daheim wildfremden Menschen. Denn meine Mutter nahm Flüchtlinge auf und ließ sie so lange bei uns wohnen, bis sie eine eigene Bleibe gefunden hatten. Da unser Haus kleiner war als früher in Mogadischu und wir ohnehin zu viert in einem Zimmer schliefen, wurde es dann richtig eng. Aber meine Mutter ließ sich durch keine Unbequemlichkeit beirren. Jemanden abzuweisen, der Hilfe braucht, ist für uns undenkbar, und Hilfe brauchten damals viele. Dass unsere Gäste etwas stehlen könnten, diese Sorge hatten wir nicht. Erstens, weil Somali sich untereinander nicht bestehlen, und zweitens, weil es bei uns gar nichts zu stehlen gab. Alles von einigem Wert war in Mogadischu zurückgeblieben, und in Nairobi hatten wir von der Schöpfkelle über Kleider bis zur Kücheneinrichtung buchstäblich alles neu anschaffen müssen. Die ersten zwei Wochen hatten wir sogar in einer völlig leeren Wohnung auf Matratzen am Boden geschlafen, und, im Vertrauen: Auf alles andere hätten wir Mädchen auch gut verzichten können. Wozu brauchten wir überhaupt eine Wohnung, wenn uns die brennende Neugier schon morgens in aller Frühe aus dem Haus trieb und nachts kaum schlafen ließ, egal, wie spät wir heimgekommen waren? Jede Ecke, jede Gasse wollten wir kennen lernen in dieser atemberaubenden Stadt, die so ganz anders als Mogadischu war.

Die 9. Straße lag zwischen den beiden großen Hauptstraßen, die in die Innenstadt führten, und dort ging es genauso laut und lebhaft zu wie überall in Eastleigh. In unserer Nachbarschaft gab es ein paar Bierkneipen, aus denen unablässig Musik herüberschallte, und eine kleine Tanzbar, die vor allem Betrunkene anzog. Wir Töchter aus gutem somalischem Haus hatten in einer Kneipe, in der Bier ausgeschenkt wurde, sicherlich nichts verloren. Dass man uns manchmal trotzdem dort antraf, lag an einer Sache, die sie in Kenia *Nyama Choma* nennen: gebratenes Rind- oder Lammfleisch, das sich in Nairobi jeder zum Bier dazubestellt und das sehr, sehr lecker schmeckt. *Nyama Choma* war ein guter Grund, unsere Erziehung gelegentlich zu vergessen.

Bei meinem ersten Besuch zwei Jahre zuvor hatte ich Eastleigh noch als beschauliches Viertel erlebt. Die Invasion somalischer Flüchtlinge hatte es in einen ungemein geschäftigen Ort verwandelt, zu einer Stadt in der Stadt gemacht. Die einen eröffneten ihren eigenen Laden und verkauften Textilien oder Goldschmuck, die anderen machten eine Wechselstube auf oder betrieben dieses Geschäft »ambulant«, am Rande des *Khat*markts. Und auf den Bürgersteigen ging es weiter. Händler ließen sich einfach mit ihren Waren draußen auf der Straße nieder und verkauften gebrauchte Kleidung aus Europa und Amerika. Aus Wohnhäusern wurden Läden und aus Bürgersteigen Märkte. Die Somali begannen diesen Handel, und bald gesellten sich Kenianer mit ihren Marktständen und Straßengeschäften dazu. Kurzum: In Eastleigh herrschte unglaubliches Gedränge. Die Straßen waren so verstopft, dass man mit dem Auto kaum noch durchkam, und dennoch wühlten sich von morgens früh bis tief in die Nacht städtische Autobusse da durch, denen es mühelos gelang, mit der Musik aus ihren Lautsprechern den Lärm von Eastleigh zu übertönen. Vorübergehend zumindest.

Das war schon etwas anderes als die »Straße des Feuers« mit ihren gemütlich *Khat* kauenden, Tee schlürfenden Lastwagenfahrern unter einem Baum in glühender Hitze. In Eastleigh herrschte rund um die Uhr Leben. Aber das Tollste an Nairobi waren die Diskotheken.

Ja, Nairobi machte es anfangs auch mir leicht. Die Stadt hielt das Versprechen, das sie mir vor zwei Jahren gegeben hatte, sie befreite wirklich. Und ich stellte mich darauf ein, mit Leib und Seele. Was den Leib anbetraf: Ich war schlank geworden. Beängstigend dünn, wie meine Mutter fand. Nicht, dass ich in Nairobi unglücklicher als in Mogadischu gewesen wäre. Aber es war jetzt nicht mehr dieses sorglose Glück, das eine angenehme Leere im Kopf erzeugt und dick macht. Es war das atemlose Glück, das einem die Entdeckung einer fremden Welt beschert. Wie leicht es mir gefallen war, neue Freundinnen zu finden! Gar kein Problem, denn in Kenia redet jeder mit jedem. Man kam laufend mit Leuten ins Gespräch, die Nachbarn mit den Nachbarn, die Passanten mit anderen Passanten, und im Handumdrehen waren zehn Mädchen zusammen, mit denen man sich in ein einziges Auto zwängen und ins Autokino fahren konnte. Eine meiner neuen Freundinnen hieß Wangeschi – eine Kenianerin, mit der ich immer seltener Englisch und immer häufiger Suaheli sprach.

Ich habe in Windeseile Suaheli gelernt. Es ist eine einfache Sprache, und man lernt schnell, wenn man auf alles neugierig ist. Ich habe sie einfach aufgeschnappt, in den Straßen, auf dem Markt, durchs Fernsehen. Außerdem fällt alles leicht, wenn einem das Herz leicht ist. Im Übrigen blieb mir auch gar keine Wahl, wollte ich nicht laufend Ärger mit der äußerst lästigen kenianischen Polizei riskieren. Die wartete nämlich vor jeder Discothek.

Dass die somalischen Flüchtlinge in Nairobi sonderlich beliebt gewesen sind, kann man nicht behaupten. Jeder wusste, wie leicht Somali die Beherrschung verlieren, und in viele Discotheken wollten sie uns erst gar nicht hineinlassen. Den Eingang versperrten also immer Polizisten, die den Ausweis sehen wollten. Wenn du dann nicht Suaheli konntest und genug Geld dabeihattest, um die Beamten darüber hinwegzutrösten, dass es bei dir nichts zu kontrollieren gab, dann drohte gleich wieder die Wache. Ich besaß noch keinen eigenen Ausweis, aber ich sprach Suaheli, ich hatte sogar Verständnis dafür, dass sie ihr dürftiges Gehalt auf diese Weise aufbesserten, und meistens kam ich damit durch. Dann war ich am Ziel meiner Wünsche, oder genauer: im Reich meiner Träume!

Nie wieder habe ich so fantastische Discotheken gesehen wie in Nairobi. Wunderschön, riesengroß, mit gigantischen Tanzflächen und tanzenden Menschen jeder Hautfarbe. Ganz Nairobi war eine Entdeckung, aber das Schönste waren diese Nächte im flackernden Licht der Discotheken. Manche waren unter freiem Himmel, da wurde an großen Feuern gegrillt und unter einem hohen afrikanischen Strohdach getanzt. Das waren wilde Jahre. Mit acht oder zehn Freundinnen ausgehen, tanzen und lachen, nichts half besser gegen die Bilder in meinem Kopf von den Toten auf der »Straße des Feuers«. Jede Stunde wechselte die Musik, erst Soul, dann Reggae, dann afrikanische Klänge aus dem Kongo, und ich habe zu jeder Musik getanzt. Nur wenn die Stunde des Blues kam, saß ich still. Dann hatte ich Pause, wenn die anderen sich näher und näher kamen und aneinander rieben und ihre Hände überall hatten. Ich wünschte mir keinen Freund, folglich hatte ich auch keinen. Oh, ich hatte Verehrer, und nicht wenige. Viele Jungen waren hinter mir her. Aber der Gedanke, eine Affäre zu beginnen, war mir nach wie vor fremd. Auch deshalb natürlich, weil ich niemals allein war. Einen Mann zu mir nach Hause mitnehmen? Unmöglich. Meine Familie hätte ihn umgehend in Beschlag genommen, bewirtet, von allen Seiten beschwätzt – und heimgeschickt. Außerdem haben mich Männer damals nicht interessiert. Bloß keine Intimitäten. Dafür war das Leben zu aufregend.

Andererseits – ganz ohne Männer wäre es nicht halb so aufregend gewesen. Und wenn einer darunter war wie dieser Steward von »Kenian Airways« …

Eines Abends waren wir in Eastleigh unterwegs zum Lokal eines Onkels von mir, er betrieb so eine Art somalischen Club. Durch den Straßenlärm hindurch hörte ich, wie jemand immer wieder »Aischa, Aischa!« rief, also etwa: »Hey, du Schöne!« Aha, da saß er in seinem Auto und verfolgte uns, Scheibe heruntergelassen und die Augen auf mich geheftet. Einer von diesen aufdringlichen, dummen Jungen, dachte ich und schenkte ihm weiter keine Beachtung.

Kaum hatten wir im kleinen Lokal meines Onkels Platz genommen, kam er herein – ein toller junger Mann, ein somalischer Dandy, sehr gut angezogen. Er steuerte direkt auf mich zu, baute sich vor mir auf und sagte: »Hör zu, hör mir gut zu. Ich bin dir von der 10. bis zur 7. Straße gefolgt. Ich habe dich ›Aischa‹ gerufen, weil ich nicht weiß, wie du heißt. Und ich möchte nicht, dass du mich noch einmal wie einen Hund behandelst. Wenn du hier fertig bist – ich warte draußen auf dich!« So, in diesem Befehlston. Ich wollte gerade genauso frech werden, als mein Onkel dazukam. Die beiden umarmten sich, und es stellte sich heraus, dass er mein Vetter war, irgendein entfernter, und Steward bei »Kenyan Airways«. Sein Name war Raschid. Ich ließ mich von ihm nach Hause bringen.

Wir sind oft ausgegangen. Raschid sah gut aus, war unterhaltsam und liebte mich. Er wollte mich zur Frau. Ich war gerne mit ihm zusammen, dachte aber trotzdem nicht daran, nachzugeben und ihn zu heiraten. Es war nicht einmal so, dass ich es nicht eilig hatte. Die Liebe sollte für mich der Zukunft angehören, und diese Zukunft sollte so spät wie möglich anbrechen. Die Gegenwart war zu schön, um sie durch etwas derart Beängstigendes wie die Liebe zu zerstören. Vorerst jedenfalls wollte ich diese Zukunft um jeden Preis verhindern. Wenn ich heute daran zurückdenke, kommt es mir vor, als wäre die Liebe für mich ein unbekanntes, dunkles Land gewesen, in dem unsichtbare Gefahren lauerten und das ich deshalb um nichts in der Welt betreten wollte.

Wie ernst Raschid es meinte, das bewies er mir später noch einmal, in einer Zeit, die sehr schwer für mich war. Ich schlief in meinem Zimmer im Düsseldorfer Container, es war noch sehr früh, und ich hatte vierzehn Stunden gearbeitet – als jemand an meine Tür klopfte. Ich ließ damals niemanden herein und reagierte erst, als jemand etwas auf Somalisch rief. Er war es, mein somalischer Dandy, jetzt nicht mehr Steward, sondern Pilot bei »Kenyan Airways«. Seine Maschine stand in Hamburg, er hatte acht Stunden Aufenthalt in Deutschland, er musste in vier Stunden zurück sein, er hatte fünf Minuten Zeit und sagte: »Ich weiß alles – was hältst du davon, mich zu heiraten?« Und ich schickte ihn fort mit den Worten: »Werde du in Afrika glücklich. Ich versuche es jetzt in Europa.«

Bevor ich nach Deutschland kam, habe ich Menschen nie schön über die Liebe sprechen hören. Wie die Deutschen dann über die Liebe sprachen, darüber wunderte ich mich sehr.

»DU KANNST ES NICHT ÄNDERN«

In Nairobi sah ich das erste Mal in meinem Leben Huren. Kurz nach unserer Ankunft machten wir abends einen Abstecher in die Innenstadt, meine Kusinen und ich, und plötzlich sagte eine: »Schau mal da drüben, die hübschen Mädchen im Minirock vor dem Club. Sie warten darauf, dass ein Auto anhält.« Tatsächlich winkten sie den Fahrern. Das seien Prostituierte, erfuhr ich.

Natürlich wusste ich, dass es so etwas gibt. *Dillo*, Hure, ist eins der beliebtesten Schimpfwörter in Somalia, und wenn sich bei uns zwei Mädchen stritten, beschimpften sie sich mit ziemlicher Wahrscheinlichkeit früher oder später gegenseitig als *Dillo*. Doch in Somalia konnte man sicher sein, dass in Wirklichkeit keine von beiden eine *Dillo* war. Denn Prostitution galt in Somalia als himmelschreiende Sünde. Eine Hure machte ihre ganze Familie zu Ausgestoßenen. Umso fassungsloser war ich, als in Nairobi neben den kenianischen nach einer Weile die ersten somalischen Huren auftauchten. Und nicht nur das.

Somalische Männer fingen an zu trinken. In Eastleigh sah man sie mit den Kenianern an einem Tisch beim Bier sitzen. Ein Trinker war für uns in Mogadischu eine verlorene Seele gewesen, und das blieb er auch in Nairobi. Aber war es ein Wunder? Die Familien waren auseinander gerissen, die Clanältesten waren weiß Gott wo, und niemand schritt ein, wenn etwas vorfiel, das in Mogadischu völlig undenkbar gewesen wäre. Jeder hatte genug eigene

Probleme, da achtete keiner mehr auf die Moral des anderen. »Lasst sie doch trinken«, hieß es jetzt bloß.

Die Sitten verwilderten, aber es traten noch ganz andere Veränderungen ein. Geradezu Unglaubliches geschah: In Nairobi verblassten die Clan-Unterschiede mit der Zeit, und die geflohenen Somali lernten, wieder so miteinander auszukommen wie vor dem Bürgerkrieg in ihrer alten Heimat. Das ging nicht von heute auf morgen. Denn auch wenn die Flüchtlinge mit leeren Händen in Eastleigh auftauchten, ihren Hass hatten sie mitgebracht, und zunächst schossen sie in ihrem Exil munter weiter aufeinander. Sie verpflanzten ihren Krieg einfach von Mogadischu nach Nairobi. Aber dann ... In den Herbergen für Dauergäste begegneten sie sich. Da war das erste Zimmer mit Flüchtlingen des einen Clans belegt, das zweite mit Leuten eines anderen und das dritte mit Angehörigen eines weiteren Clans. Und an den Abenden saßen sie alle in den Innenhöfen dieser Hotels zusammen, kauten *Khat*, spielten Karten und fanden sich mit einem Male gar nicht mehr so unausstehlich. Sie machten kleine Geschäfte auf, gewöhnten sich an das neue Leben und kamen immer besser miteinander aus. Jetzt wurde sogar zwischen Clans geheiratet, deren Mitglieder sich früher nicht mit dem Schürhaken angefasst hätten. Alle wurden durcheinander gewürfelt, und das Ergebnis war eine Art neuer Gesellschaft. Angehörige verschiedener Clans, die sich bislang mit tödlichem Hass verfolgt hatten, wurden Nachbarn oder Geschäftspartner, als wäre nichts vorgefallen. Und während in Somalia der Krieg weiterging, zog in Nairobi unter meinen Leuten Frieden ein. Es war zum Verrücktwerden.

Ich dankte Gott, und ich danke ihm bis heute, dass meine Eltern mich von Anfang an vor diesem Hass, vor dieser Herablassung gegenüber anderen Menschen, anderen Clans oder anderen Religionen bewahrt haben. »Sei stolz«, das haben beide stets gesagt, meine Großmutter wie meine Mutter, »stolz auf deine Herkunft, stolz auf deine Familie. Aber beweise allen anderen Respekt.« Meine Eltern brachten uns bei, Menschen grundsätzlich so zu nehmen, wie sie sind, und alle als Freunde zu betrachten, gleichgültig aus welchem Land oder von welchem Clan. Einen Christen nicht mit uns essen zu lassen? Das wäre meinen Eltern nie eingefallen. Bei uns in der 9. Straße standen die Türen zu unseren christlichen Nachbarn weit offen. Das war nicht selbstverständlich. Die meisten Somali hätten das nicht über sich gebracht.

So dankbar ich meinen Eltern für dieses Vorbild war, so entsetzt war ich, als ich hörte, dass meine jüngere Schwester Ayan in Kürze beschnitten werden sollte. Als ich davon erfuhr, war bereits alles geplant. Meine Mutter hatte den Termin bestimmt und eine *Halaleiso* benachrichtigt, und damit war für sie die Sache erledigt. Keine Diskussion.

Es war ja so, dass sie auch hier in Kenia an der Beschneidung festhielten. Meine acht Kusinen waren in Kenia großgeworden und trotzdem alle beschnitten. Wir haben damals nie ein Wort darüber verloren, weil der Unterleib für uns nicht existierte. Beschneidung war für uns genauso natürlich wie die Tatsache, dass einem die Milchzähne ausfallen, und über seine Milchzähne redet später ja auch keiner mehr. Selbstverständlich hielt ich meine kenianische Freundin Wangeschi ebenfalls für beschnitten – was sie nicht war, wie sie mir viele Jahre später am Telefon verriet, als sie bereits in Spanien lebte und ich endlich offen darüber sprechen konnte.

Als ich erfuhr, dass Ayan in drei Tagen beschnitten

werden sollte, zusammen mit ein paar Kusinen in ihrem Alter, fühlte ich einen Stich in meinem Herzen. Und es ließ mir keine Ruhe mehr. Wie oft passiert es im Leben, dass man sich fragt: Warum? Warum? – und keine Antwort erhält. Schon früher, in Mogadischu, habe ich mich das viele Male gefragt. Immer, wenn ich mitbekam, dass eine Frau in der Hochzeitsnacht gelitten hatte, dass ein Mädchen bei der Beschneidung verblutet war ... Auch wenn ich mit niemandem darüber sprechen durfte. »Halt dich da raus«, hätte es geheißen. Und trotzdem habe ich manchmal dagesessen und mir Fragen gestellt, Fragen über Fragen. Wenn alle diese Frauen solche Probleme haben, warum solltest du davon verschont bleiben? Wenn du einmal heiraten wirst, warum sollte es dir dann besser ergehen? Wenn die Liebe zu einem Mann für alle Frauen mit Qualen verbunden ist, warum solltest du sie dann schön finden? Und immer wieder habe ich mich gefragt: Warum machen sie es dann? Obwohl ich wusste, dass ich nie eine Antwort bekommen würde. Ich war mir ja nicht einmal sicher, ob man solche Fragen überhaupt stellen darf. Außerdem kannte ich die Antwort. Die einzige Antwort wäre gewesen: »Ach, du willst also Unmoral in unsere Gesellschaft bringen?«

Aber eins wusste ich: dass es schlecht ist, was sie da machten. Damit leben zu müssen ... Der Schmerz, den ich damals gefühlt habe, war schrecklich. Aber damit leben zu müssen ist noch schrecklicher, noch schmerzhafter als alles, was an diesem Tag an Schmerz über mich kam. Jedes Mal, wenn ich hörte, wie andere Frauen litten, hat er mich von neuem gequält. Hätte ich wenigstens mit einem Menschen reden können. Was für eine Erlösung wäre es gewesen, mit jemandem sprechen zu können! Und deshalb war es jetzt wie ein Zwang, es einmal auszusprechen und gegen das Verbot zu verstoßen. Warum, dachte ich mir, warum sollst du nicht einmal den Versuch machen und mit deiner Mutter darüber sprechen? Selbst wenn ich es nicht verhindern konnte, wollte ich wenigstens einmal gefragt haben: Warum? Ich hatte keinen Hintergedanken. Damals hätte ich mir nicht einmal im Traum vorstellen können, dass wir einmal auswandern würden, nach Europa oder Amerika. Ich dachte gar nicht daran, meine Kultur abzustreifen oder gar zu verraten.

Es war an einem Samstagvormittag. Wir hatten gefrühstückt, wir hatten zusammen die Wohnung aufgeräumt. Danach hatte ich mir mein Haar mit Henna gefärbt und saß jetzt draußen im Hof, um das feuchte Haar in der Sonne zu trocknen. Da betrat meine Mutter den Hof. Ich fasste mir ein Herz und fragte so beiläufig wie möglich: »Mama, bist du sicher, dass es richtig ist, Ayan beschneiden zu lassen?« Weiter kam ich nicht. Sie stand da wie vom Blitz getroffen und sah mich an, mit versteinertem Gesicht. Sie wollte nicht einmal zuhören. Sie wollte das Gespräch auf der Stelle abbrechen. »Frage mich so etwas nie wieder«, sagte sie. »Ist es dein Kind? Hast du sie zur Welt gebracht? Es muss gemacht werden, und du kannst es nicht ändern.« Ich wollte weitersprechen, aber sie fuhr mir über den Mund. »Kein Wort mehr«, sagte sie. Und ich schwieg.

Das hatte also nichts gebracht. Sie würde meiner kleinen Schwester das Gleiche antun. Mit wem hätte ich denn jetzt noch sprechen können? Mit meinem Vater? Der war strikt dagegen, Ayan beschneiden zu lassen, das wusste ich. Aber Väter haben nicht mitzureden. Ein Vater muss sich raushalten. Das hat nichts mit Islam zu tun, das ist keine Frage der Religion, so ist die somalische Kultur. Ein Vater ist für Kinder nicht zuständig. Das ist der Bereich, in dem die Mütter uneingeschränkt herrschen. Mein Vater hätte also nur mit einem Schulterzucken antworten können. Sollte ich etwa zur Polizei gehen? Die hatte meiner Mutter genauso wenig zu sagen. Auch in Kenia dürfen Mütter mit ihren Kindern machen, was sie wollen. Und ich konnte Ayan doch nicht raten, davonzulaufen. Selbst wenn ich Geld gehabt hätte, ihr ein Flugticket zu kaufen und sie ins nächste Flugzeug zu setzen, sie hätte das niemals gemacht. Sie war fünf Jahre alt und liebte meine Mutter. Es gab also gar keinen Ausweg. Auch Ayan würde beschnitten werden. Und als mir klar wurde, dass kein Weg daran vorbeiführte, habe ich ihr nur gesagt, sie solle die Zähne zusammenbeißen. Ich selbst hätte auch nicht geweint. Wie alle Mädchen war Ayan erwartungsvoll und heiter.

Ich wollte nicht dabei sein. Zwei Tage lang ließ ich mich nicht zu Hause blicken. Als ich das nächste Mal unsere Wohnung betrat, war alles vorbei. Aber ich traute meinen Augen nicht – keins der Mädchen weinte! Kein Gewimmer und Gejammer wie bei uns damals. Sie lagen noch nicht einmal auf diesen Matten am Boden, sondern ganz bequem im Bett und waren guter Dinge! Ich wagte gar nicht zu fragen. Aber dann erfuhr ich die ganze Geschichte von einer Tante: Meinen Vater hatte die Sache genauso aufgeregt wie mich. Ayan tat ihm so Leid, dass er sich einmischen musste, und nachdem ich vergeblich mit meiner Mutter gesprochen hatte, hat er sie beiseite genommen und auf sie eingeredet und sie beschworen, bei Ayan nur *Sunna* machen zu lassen. Mich hatte sie abgewiesen, aber auf meinen Vater hat sie gehört. Wie erleichtert war ich, zu erfahren, dass es bei Ayan ohne Knebel und ohne Zunähen abgegangen war. Als ich mich zu ihr aufs Bett setzte, kam ich mir wie meine Großmutter vor. »Du ahnst gar nicht, Ayan, was für ein Glück du gehabt hast«, sagte ich und musste die Tränen zurückhalten. »Du kannst heilfroh sein, dass sie mit dir nicht das gemacht haben, was sie mit mir gemacht haben.« Ayan verstand mich nicht. Aber sie sah wirklich glücklich aus.

Sie hatte doppeltes Glück gehabt. Einmal, dass man ihr nur einen Teil der Klitoris entfernt hatte, bei örtlicher Betäubung sogar – diese leichtere Form der Beschneidung heißt bei uns *Sunna*. Und dann, dass die *Halaleiso* sich an die Anweisung gehalten hatte. Die machen nicht selten, was sie wollen, obwohl sie für *Sunna* nicht weniger Geld bekommen als für die totale Beseitigung eines Geschlechts. Aber sie sind es gewöhnt, alles wegzuschneiden, und sind manchmal durch nichts davon abzubringen. Ayan hatte Glück gehabt.

So durchaus menschlich meine Mutter oft dachte – was Beschneidung anging, war nicht mit ihr zu reden. Dass andere Völker es nicht machen, beeindruckt sie bis heute nicht. Vor vier Jahren sollte auch ihre letzte Tochter noch beschnitten werden, Hoddan, ihr achtes Kind. Meine Mutter selbst ließ es mich wissen, am Telefon. Ich wurde so wütend. »Was, du machst das immer noch?« Auch ich kann aufbrausend sein. Am liebsten hätte ich den Hörer auf der Fensterbank zerschlagen. »Seitdem ich in Europa bin«, sagte ich ihr, »halte ich Beschneidung für eine schlimme Sache. Kannst du dir vorstellen, welche Probleme ich habe?« »Aha, Europa«, entgegnete sie kühl. »Wir sind in Afrika. Hier gelten andere Gesetze. Ich habe zehn Kinder zur Welt gebracht. Zwei davon sind nach der Geburt gestorben. Ich bin zehnmal aufgeschnitten und zehnmal wieder zugenäht worden. Du brauchst mir nichts zu erzählen. Wechseln wir das Thema.«

Unglaublich, aber ihr scheint das nichts ausgemacht zu

haben. Für sie war es offenbar wirklich völlig normal. Wenn sie noch eine Tochter bekäme, sagte sie mir zum Schluss, würde sie auch die beschneiden lassen.

Dass sie in Nairobi starr an alten Traditionen festhielt, an ihrem Stock genauso wie an ihren Vorstellungen von Reinheit und Moral, fand ich im Übrigen nicht ganz unbegreiflich. Was hätte sie der Unsicherheit ihres neuen Lebens sonst entgegensetzen sollen? Und wie unsicher dieses Leben war, sollten wir bald erfahren. Damals, als meine Mutter mit Hoddan schwanger war, fing es an, ungemütlich zu werden. Ganz unspektakulär. Mit einem Überfall, den alle, die ihn miterlebten, in der nächsten Stunde schon wieder vergessen haben dürften, so alltäglich war das hier.

Als Erste traf es meine Mutter, der es ohnehin am schwersten von uns allen fiel, sich mit Nairobi anzufreunden. Schon dass wir kein eigenes Haus mehr hatten, störte sie. Dann war da die alte Nachbarin, die meinem jüngsten Bruder Achmed selbst gebrautes Bier einflößte und sich auch durch inständige Bitten nicht davon abbringen ließ. Außerdem war das Leben teuer, die Stadt turbulent, der Lebensstil hektisch, und Suaheli flog ihr auch nicht gerade zu. Wenn sie des Abends im Hof saß, wo ihr außer den beiden Jüngsten nur noch selten einer von uns Gesellschaft leistete, dann dachte sie wohl bisweilen an unsere Ausflüge zu den Nomaden und unsere Nächte unter einem Sternenhimmel, der von Horizont bis Horizont reichte.

Wie meine Großmutter fühlte sie sich nach Europa verschlagen und trauerte der Freiheit und Leichtigkeit des Lebens in Mogadischu nach. Was sie aber am meisten störte, war das Gefühl allgegenwärtiger Gefahr. Schwer zu sagen, wovor sie sich mehr fürchtete: vor Raubüberfällen oder davor, es mit der Polizei zu tun zu bekommen. Ihr war klar, dass jederzeit alles passieren konnte. In Mogadischu war selbst Goldschmuck auf der Straße verkauft worden, und jedermann hätte es ziemlich unpassend gefunden, wenn sich ein Polizist in der Nähe gezeigt hätte. In Nairobi stand vor jedem Modegeschäft ein bis zu den Zähnen bewaffneter, uniformierter Wächter. In Mogadischu war meine Mutter mit Gold behängt ins Theater gegangen. In Nairobi durfte sie es nicht einmal wagen, die unscheinbarste Halskette zu tragen, weil sie einem hier sogar die Ohrringe von den Ohren rissen. Ja, man konnte nicht einmal ein Eis auf offener Straße essen, ohne damit rechnen zu müssen, es im nächsten Moment von einem Straßenjungen aus der Hand gerissen zu bekommen. Sie kommen von hinten, unbemerkt, und lösen sich gleich wieder im Getümmel auf.

Meine Mutter hatte das Glück, gar nicht im Laden zu sein, als eines Nachmittags gegen vier Uhr zwei Männer mit Gewehren hereinstürmten. Normalerweise saß sie von morgens bis abends in ihrem Kassenhäuschen wie in einem Käfig. Aus Sicherheitsgründen schloss sie sich darin ein und verhandelte mit den Kunden durch ein Drahtgitter. Das nützte nun gar nichts. Einer der Männer hielt unserem Kassierer seine Flinte vors Gesicht, der andere zielte auf meinen Vater, der zufällig im Laden war, und der Kassierer lieferte alles ab, was in der Kasse war. Mein Vater war machtlos – wer Widerstand leistet, bekommt eine Kugel in den Kopf. Sie raubten, was sie zu fassen kriegten, und verschwanden auf der Straße. Die Nachbarn stürzten aus ihren Häusern – in Afrika bekommen die Leute immer alles mit und stürzen immer aus den Häusern –, machten ein großes Geschrei und bewarfen die Gangster mit Steinen, aber die sprangen auf einen Pritschenwagen auf, schossen ein paar Mal in die Luft, alles ging in

Deckung, und weg waren sie. Diesmal hinterließen sie keine Toten.

Dann war mein Vater dran. Spät abends schloss er den Laden ab und fuhr zu Freunden. Nicht mit unserem braven Toyota, sondern mit seinem kleinen Pkw. Er bog in eine ruhige Seitenstraße ein, und da standen sie, die Gewehre im Anschlag. Was blieb ihm übrig, als auszusteigen, den Schlüssel stecken zu lassen und ohnmächtig mit anzusehen, wie sie mit seinem Auto hinten, am Ende der Seitenstraße, in die Hauptstraße einbogen.

Auch das war glimpflich verlaufen. Noch konnten wir von Glück sagen. Im Übrigen kam mein Vater schneller über diese Vorfälle hinweg als meine Mutter. Mein Vater ließ sich immer wieder aufs Neue von Nairobi anstecken. Jeden Abend kam er mit kühneren Ideen nach Hause. Längst hatte er sein Restaurant einem Onkel überlassen, half meiner schwangeren Mutter im Laden und machte nebenbei die unglaublichsten Geschäfte. Die Leute brauchten Pässe? Er machte ein falsches Büro für falsche Pässe auf, er konnte nicht widerstehen – und jede Nacht gab es zwanzig bis dreißig Inhaber kenianischer Pässe mehr! Lebensmitteltransporte zu den Flüchtlingslagern? Er bandelte mit Leuten im Parlament an und bekam die Verträge. Da mussten ja täglich große Warenmengen mit dicken Lastwagen in die Lager geschafft oder Leute mit Bussen von einem Lager ins andere verlegt werden. *Khat* für die Somali in Holland? Er belieferte sie.

Ja, mein Vater fühlte sich in Nairobi wohl. Einerseits. Andererseits ... Manchmal saßen wir beim Abendessen, und er gab sich düsteren Gedanken hin. Es bedrückte ihn zusehends, miterleben zu müssen, wie unsere somalische Kultur vor die Hunde ging. Er bekam ja viel mit, hörte von Vergewaltigungen, traf alte Bekannte, die ihn verschämt oder offen anbettelten, und erfuhr von somalischen Straßengangs, die gemeinsame Sache mit den kenianischen Banditen machten. Alles Zeichen des Untergangs für ihn. Den größten Schmerz aber dürfte ihm der Gedanke an Mohamed und Elmi bereitet haben. Er verlor nie ein Wort über sie. Aber seit über einem Jahr waren wir jetzt ohne Nachricht von ihnen, und jeder hielt sie für tot. Bis zu dem Tag, als Elmi vor unserer Tür in der 9. Straße stand.

Tot waren sie also nicht. Wenige Wochen später tauchte nach einer Irrfahrt durch halb Ostafrika auch Mohamed auf. Sie hatten beide Schreckliches erlebt, aber sie lebten, das war die Hauptsache. Mein Vater wollte gar nichts hören, aber wir belagerten erst Elmi und später Mohamed, bis wir ihre Geschichte in allen Einzelheiten kannten.

Mit dem berühmten Starrsinn meiner Familie hatten sie ein ganzes Jahr in Mogadischu ausgeharrt, hatten mitbekommen, wie die internationalen Hilfslieferungen für die Hungernden von bewaffneten Banden gestohlen wurden, und endlich aufgegeben. Sie mussten raus – aber wohin? Sie hatten keine Ahnung, wo wir lebten. Also einigten sie sich, ihre Familie auf getrennten Wegen zu suchen. Elmi war zunächst nach Kismayu gefahren, hatte dort vergeblich nach uns geforscht und war schließlich in dem großen Flüchtlingslager vor den Toren von Nairobi gelandet, wo ihm ein Vetter über den Weg lief, der wusste, wo wir wohnten. Elmi hatte es heil überstanden. Er war zwar mager, aber er war immer mager gewesen, hatte immer so ausgesehen, als käme er eben aus dem Krieg. Mohamed jedoch war übel dran. Bei mehreren Schusswechseln hatte er Verletzungen davongetragen und konnte sich nur unter Schmerzen bewegen. Trotzdem schaffte er es, nach einer Reise in Lastwagen und auf der Ladefläche von Pick-ups nach Addis Abeba und durch die Steppen und Savannen Südäthiopiens bis nach Mandera zu gelangen. Von dort rief er aus einem Krankenhaus bei uns an, und meine Mutter holte ihn ab.

Wie er uns ausfindig gemacht hatte? Das ist in Afrika keine Frage.

DIE NACHT DES UNHEILS

Wenn es klingt, als habe ich mein Leben in Nairobi anfangs in vollen Zügen genossen, so stimmt das. Es war aber nicht so, dass mich plötzlich mein Ehrgeiz verlassen hätte. Bald nach unserer Ankunft in Nairobi hatte ich mich in einem College vorgestellt, das von der kenianischen Regierung betrieben wurde, einem College für Betriebswirtschaft. Ich kam mit leeren Händen – ohne Zeugnisse – und wurde trotzdem zur Aufnahmeprüfung zugelassen, bestand und war angenommen. Von den vier glücklichsten Augenblicken meines Lebens war das der zweite. Sie hatten mir eine Chance gegeben, und ich hatte sie genutzt. Gut, es war keine Universität, und es war auch kein Jurastudium, dieser Traum war mit dem Krieg zerplatzt. Was mich erwartete, war eine Ausbildung zur Fremdsprachenkorrespondentin. Aber endlich hatte ich wieder eine Zukunft – und überdies viel Zeit fürs Tanzen, denn das nächste Semester begann erst in fünf Monaten.

Ich ging mit Wangeschi in eine Klasse. Wir waren so eng befreundet, dass sie mich jeden Morgen zu Hause abholte, und dann liefen wir die Viertelstunde bis zur Schule in einem Pulk mit anderen Mädchen, alle genauso ausgelassen schnatternd und lachend wie wir beide.

Wer konnte ahnen, dass ich nach nur drei Monaten schon wieder Internatsschülerin sein und in einer Stadt am Indischen Ozean leben würde, die in vielem Mogadischu glich? Das College wurde nämlich von Nairobi nach

Mombasa verlegt, und ich zog mit um. Da wohnte ich jetzt auf einem parkähnlichen Campus, und wenn ich abends ausgehen wollte, brauchte ich keine Drahtschere und keine Ausreden mehr, dann gingen wir einfach los, immer in einem großen Schwarm von Mädchen, zum Essen in die Stadt oder zum Abendspaziergang am Strand oder, ja, Discos gab es auch.

Die Stadt war heiß, immer in gleißendes Sonnenlicht getaucht und viel grüner als Mogadischu. Mombasa war einst Zentrum des Sklavenhandels gewesen, deshalb lebten hier viele Nachfahren von Arabern und Afrikanerinnen, die einem Mädchen am Strand etwas mehr durchgehen ließen als die Somali. Mit anderen Worten: Ich trug am Strand jetzt T-Shirt und Shorts und ging auch damit ins Wasser. Wobei die Shorts immer noch bis zu den Knien reichten.

Dort, in Mombasa, betrat mein bisher sonderbarster Verehrer die Bühne. Als ich eines Abends vom Meer zurückkam – T-Shirt, Shorts, übersprudelnd vor Glück –, sprach er mich am Tor zum College-Gelände an. Er gab unumwunden zu, mir vom Strand aus gefolgt zu sein, und lud mich zum Abendessen ein. Er war Europäer, Engländer, wie sich herausstellte, und mir mit meinen siebzehn Jahren kam er sehr alt vor. Irrwitzig alt, sicher Ende fünfzig. Was hatte er mir zu sagen? »Ich mag dich«, sagte er. »Du hast mich auf den ersten Blick angezogen. Ich konnte nicht widerstehen, ich musste dir folgen. Da waren viele Mädchen am Strand. Warum gerade du mir aufgefallen bist, weiß ich nicht. Noch nicht.« Ich war einigermaßen verblüfft. »Sie sind älter als mein Vater« war das Einzige, das mir einfiel. Mein Vater war bestimmt fünfzehn Jahre jünger als er. »Liebe ist blind«, entgegnete er.

Wie gesagt, ich dachte nicht an Liebe, ich wollte von Liebe nichts wissen. Gut, er war nicht nur alt, er war auch sehr reich. Ein Geschäftsmann, der die eine Hälfte des Jahres in Mombasa lebte und die andere in England. »Ich fliege übermorgen ab«, sagte er. »Morgen Abend gebe ich ein Abschiedsfest bei mir im Hotel. Ich lade dich ein. Wirst du kommen?« »Nein«, habe ich gesagt. Ich wollte mich nicht mit einem grauhaarigen Weißen sehen lassen, der mich womöglich als seine Freundin ausgab. Aber ich überließ ihm meine Adresse. Schreiben, dagegen hatte ich nichts.

Prompt kam ein Brief von ihm aus England. Ein schöner Brief. Ein schmeichelhafter Brief. Dass es Liebe auf den ersten Blick gewesen sei. Dass er die Hoffnung nicht aufgebe. Dass er mit mir zusammenleben wolle. Er schrieb viele Briefe in diesem Stil, und in jedem lagen 200 englische Pfund. »Dein Taschengeld«, schrieb er. »Zur Finanzierung deines Studiums.« Er schrieb mir auch dann noch, als ich längst schon wieder in Nairobi war. In seinem letzten Brief bat er mich, mir einen Pass zu besorgen, ich solle nach England kommen, er würde mir ein Flugticket schicken. Ich überhörte auch diese Bitte. Nicht, dass ich grundsätzlich etwas gegen England gehabt hätte. Aber was wäre meine Rolle dort gewesen? Die seiner Geliebten? Die seiner Ehefrau? Ich habe nie wieder etwas von ihm gehört.

Manchmal hat er mich auch angerufen, in Mombasa und später in Nairobi ebenfalls. Es war zur Zeit des Golfkriegs, und diese Telefonate liefen jedes Mal darauf hinaus, dass er Gift und Galle gegen die Araber und den Islam spuckte. Ich erinnerte ihn daran, dass der Islam auch meine Religion sei, aber er wetterte weiter, gegen Saddam Hussein im Besonderen und die Moslems im Allgemeinen. Ich war anderer Meinung als er. Sicher, die Amerikaner wollten

Frieden bringen, dafür hatte ich Verständnis. »Aber dieser Frieden, den sie in jeden Winkel der Erde tragen wollten«, sagte ich zu ihm, »ist ein Frieden zu ihren Bedingungen. Und das ist kein Frieden. Das heißt eher, neues Feuer zu entfachen.« Aber ich verstand nicht viel von Politik und ließ mich auf diese Diskussionen ungern ein.

Viel tiefer berührten mich seine Angriffe auf den Islam, denn ich war glücklich mit meiner Religion. Ich verdanke dem Islam viele nützliche Lehren, und zu wissen, dass es einen Gott gibt, hat mir immer Kraft zum Leben gegeben. Jetzt hatte ich das Gefühl, dass der Westen am liebsten gänzlich mit dem Islam aufräumen würde, dass die Amerikaner ihn am liebsten komplett aus der Welt geschafft hätten. Das verletzte mich persönlich. Schließlich sind nicht alle Moslems Übeltäter, und wenn Christen ein Verbrechen begehen oder einen Krieg anzetteln, heißt es auch nicht: Aha, sieh an, die Christen schon wieder. Den Zweiten Weltkrieg haben nicht die Araber begonnen.

Und es waren auch keine Moslems, die meine Mutter fast in Stücke gehauen hätten.

Es geschah knapp ein Jahr nach unserer Flucht aus Mogadischu. Mein erstes Semester am College war zu Ende, und ich wohnte vorübergehend wieder bei meinen Eltern. Wir hatten den ganzen Tag im Laden ausgeholfen, Fatma und ich – mein Vater war nämlich schon seit einer Woche verreist, meine Mutter im neunten Monat schwanger, und ohne unsere Hilfe hätte sie es kaum geschafft. Von morgens bis abends war es hoch hergegangen, und wie oft nach einem anstrengenden Arbeitstag gingen wir nicht mehr nach Hause. Wozu hatten wir schließlich die hinteren Räume, in denen die Abrechnungen gemacht und Geld gezählt und Fahrer bewirtet und gelegentlich Gäste untergebracht wurden? Fatma, die zwei Kleinen und ich schliefen also in den Zimmern zum Hof, meine Mutter in ihrer Kammer gleich hinter der Kasse. In der Nacht wachte sie auf, weil sie im Laden Geräusche hörte. Und da sie eine mutige Frau ist, stand sie auf und öffnete die Tür.

Sie hatte noch Zeit, die aufgebrochene Ladentür zu sehen, auch die vier oder fünf Schatten, die sich im Raum bewegten, nahm sie wahr, dann stand einer von ihnen plötzlich vor ihr und schlug mit seiner Machete zu. Ohne Warnung. Ohne ein Wort zu ihr oder den anderen. Schweigend. Der erste Hieb sollte ihr den Schädel spalten, riss ihr aber nur ein großes Stück Haut vom Kopf, weil sie sich im letzten Moment abgewendet hatte. Der nächste sollte ihr die Kehle durchtrennen, aber wieder reagierte sie schnell genug, und die Machete fuhr ihr in die Schulter. Der dritte Schlag traf sie über der linken Brust, und der vierte, sie hatte es schon fast wieder in ihre Kammer geschafft, zerschlug ihr die Hand, mit der sie die Tür hinter sich zuzog.

Wir hatten nichts davon mitbekommen. Wir fuhren erst aus dem Schlaf, als wir die Hilferufe unserer Mutter hörten. Durch ihr Schreien hindurch hörten wir die Männer reden, Suaheli, doch als wir den Laden erreichten, hatten sie bereits alles zusammengerafft und fuhren gerade los. Da lag meine Mutter am Boden ihrer Kammer, blutüberströmt, der Kopf zur Hälfte ein nackter Schädel, und stöhnte. Auf unser Geschrei hin liefen die Nachbarn herbei. Einer hatte ein Auto, alle fassten mit an und halfen, sie hineinzutragen, und so fuhren wir sie schnellstens in die Klinik. Und in derselben Nacht noch, halb tot, brachte sie ihr achtes Kind zur Welt, ein Mädchen. Wir nannten sie Hoddan, was so viel heißt wie: ein Mensch, der Glück gehabt hat, denn die

Kleine war wohlauf. Am nächsten Morgen fanden wir auf dem Boden neben der Kasse das Stück von Mutters Kopfhaut mit ihren Haaren. Überflüssig zu sagen, dass die Räuber niemals gefasst wurden.

Nach dieser Nacht wurde es nie mehr wie zuvor. Das Schrecklichste war, was sie meiner Mutter angetan hatten. Kein Zweifel, dass sie sie umbringen wollten, und fast hätten sie es geschafft. Außerdem hatten sie alles von Wert und die Einnahmen einer ganzen Woche gestohlen. Normalerweise brachte mein Vater die Tageseinnahmen zur Bank, doch wir waren diesmal vor lauter Arbeit nicht dazu gekommen. Sie hatten gewusst, dass es sich lohnen würde. Seit einer Woche hatten sie unseren Toyota nicht mehr gesehen, also musste mein Vater verreist sein. In Nairobi weiß dann jeder Bescheid. Sie beobachten dich, und so etwas spricht sich herum. Wenn der Mann unterwegs ist, ist die Gelegenheit immer günstig. Vielleicht hatten sie lange auf diesen Tag gewartet.

Wir mussten den Laden schließen – vorübergehend, wie wir meinten. Die ganze Familie hielt sich mehr in der Klinik auf als zu Hause. Mein Vater fuhr uns, und am liebsten hätte er uns keinen Schritt mehr in Nairobi allein machen lassen. Meine Mutter konnte Hoddan nicht stillen, und die Kopfverletzung machte ihr sehr zu schaffen. Die Ärzte glaubten, sie würde sich nie davon erholen, sie fürchteten, sie würde für den Rest ihres Lebens unter Epilepsie leiden. Gottlob trafen ihre Befürchtungen nicht ein. Meine Mutter erholte sich, langsam, doch immer noch schneller als erwartet, und einen Monat nach dem Überfall konnte sie die Klinik verlassen. Jetzt war es mein Vater, der an Afrika verzweifelte. Eines Abends sprach er es zum ersten Mal aus, das Wort »Auswanderung«. Noch wollten wir es nicht wahrhaben. Aber es gab keinen Zweifel: Die schönen Tage von Nairobi waren vorbei.

Alles hatte den Zauber verloren, mit dem uns Nairobi anfangs in seinen Bann geschlagen hatte. Eastleigh ist nie ein vornehmes Viertel gewesen, aber so verrottet wie jetzt war es mir noch nie vorgekommen. Überall sprangen einem die Zeichen des Verfalls in die Augen, Schlaglöcher, in denen man Ölfässer versenken konnte, oder geplatzte Kanalisationsrohre. Die Müllabfuhr schien ihre Arbeit völlig eingestellt zu haben. Neben dem Markt, wo wir unser Obst und Gemüse kauften, wuchsen Abfallberge heran, auf denen Straßenkinder in Scharen herumkletterten. Die Händler warfen ihren Abfall einfach auf ein leeres Grundstück, und mit der Zeit türmte sich der Müll dort haushoch. Wer jetzt zum Markt ging, wurde von stinkenden Schwaden empfangen.

Das ganze Viertel schien mehr denn je wie im Fieber. Vertriebene irrten durch die Straßen und suchten ihre Familien. Ausgewanderte Somali kamen zum ersten Mal auf Besuch und erregten einiges Aufsehen. Neue Flüchtlinge trafen ein. Nachbarn kündigten an, Afrika zu verlassen. Freunde, die man gestern noch gegrüßt hatte, waren heute nicht mehr da. Auswanderer mit gefälschten Pässen wurden auf irgendeinem Flughafen dieser Welt gefasst und tauchten wieder in ihrer alten Bar auf. Illegale Geschäfte blühten. Und ich ließ mich von diesem Wirbel mitreißen. Ich saß untätig herum, und wenn man herumsitzt, gehen einem viele Dinge durch den Kopf. Als Elmi vorschlug, uns an dem großen Telefonbetrug zu beteiligen, war ich dabei.

Viele machten es. Nicht nur Somali! Auch die Äthiopier, und selbst die Kenianer! In diesen Tagen gab es kein leichter verdientes Geld. Es war so, dass die meisten Somali zu arm waren, um ihre Familien in Amerika oder Europa anzurufen. Aber wie sollten sie sonst hinter die sicherste Auswanderungsroute kommen? Nairobi war damals im Grunde ein großer Wartesaal für all jene Vertriebenen, denen es viel schlechter ergangen war als uns, seitdem sie Mogadischu verlassen hatten. Wir haben diese Telefongespräche ja dann mitgehört, es ging tatsächlich immer um dasselbe: War es ratsamer, über die Türkei und Costa Rica nach Miami einzureisen oder über Frankreich und Brasilien zu fliegen?

So, und wir kannten eine billigere Art zu telefonieren: Die Telefondrähte hängen in Nairobi nämlich quer über der Straße und laufen dann von Haus zu Haus. Wenn man ein Kabel anzapft, kann man selbst Gespräche vermitteln. Klar, dass man dann auch die Preise selbst bestimmt.

Elmi und ich kauften uns also eine Art tragbare Telefonzentrale. Die passte in eine Tasche. Dann mieteten wir uns gegen Abend in einem Hotel in der City ein. Natürlich in einem speziellen Zimmer, nämlich in dem, wo das Telefonkabel ankam, das über der Straße hing – gewöhnlich lag es im dritten oder vierten Stock. Jetzt brauchten wir nur noch das Fenster zu öffnen, die Hand auszustrecken, das Telefonkabel durchzuschneiden und das Ende mit unserer kleinen Zentrale zu verbinden. In der Hotelrezeption lief das Radio, man unterhielt sich, da merkte keiner was. Dann hieß es warten, bis sich vor einer bestimmten Telefonzelle in Eastleigh eine Schlange gebildet hatte, also bis gegen zehn Uhr nachts etwa. Und los ging es.

Die Telefonzellen hatten eigene Nummern, man konnte sie direkt anwählen. Wir riefen also in der vereinbarten Zelle an – aha, unser Mann war da, ein Freund von Elmi wahrscheinlich, und Kundschaft gab es auch schon. Der erste Anrufer will mit Kanada sprechen? Kein Problem. Wir stellten die Verbindung her, er redete, redete, redete, und zum Schluss kassierte unser Außendienst die Gebühr – viel weniger als den normalen Tarif, aber gutes Geld für uns. So ging es die halbe Nacht, wir vermittelten, er kassierte, und als die Sonne aufging, hatten wir der kenianischen Telekom wieder einmal viel Arbeit und viel Geld abgenommen. In jeder dieser Nächte wurden wir um 120 Dollar reicher, mindestens. Das Zimmer kostete ja nicht viel.

Es war wie ein Goldrausch. Irgendjemand hatte die Sache aufgebracht, und plötzlich witterten Hunderte ihre Chance und versuchten sich im gleichen Geschäft. Das konnte natürlich nicht lange gut gehen. Bald postierte sich unter jedem Telefonkabel ein Polizist. Aber Elmi und mich beeindruckte das nicht, wir machten trotzdem weiter. Eines Nachts waren wir gerade dabei, das Gerät anzuschließen. Ich hatte das Kabel abgeschnitten, und Elmi bastelte eben unsere Installation zusammen, als die Tür aufging. »Polizei!«, schrie ich. Elmi zögerte keine Sekunde. Seine Brieftasche mit allen Papieren lag auf dem Tisch, aber im selben Moment, in dem ich schrie, war er auch schon gesprungen. Aus dem Fenster unseres Hotelzimmers im vierten Stock. Und ich sprang hinter ihm her, mit einem Satz zum Fenster und raus. Wir haben alles zurückgelassen, die Brieftasche, das Gerät, die Tasche, und sind gesprungen. Unten rappelten wir uns beide gleichzeitig auf, rannten los, erwischten gerade noch einen Bus und verschwanden im Gewühl.

Elmi hatte zunächst nicht bemerkt, dass er verletzt war. Solange man in Panik ist und das Herz wie wild schlägt, spürt man gar nichts. Erst zu Hause setzten die Schmerzen ein. Er übergab sich, wurde ins Krankenhaus gebracht, und sie stellten fest, dass sein Fuß gebrochen war. Ich hingegen hatte Glück gehabt. Ich war konzentriert gesprungen und hatte den Sturz heil überstanden. Im Übrigen ist uns damals ein Sprung aus dem vierten Stock auch nicht sonderlich gefährlich vorgekommen, wir hatten bedrohlichere Situationen erlebt. In Mogadischu mussten wir uns unseren Weg durch zerschossene Körper bahnen, da flogen uns die Kugeln um den Kopf, das war furchtbar. Aber aus dem vierten Stock springen? Ich hätte noch ganz andere Sachen gemacht, um der Polizei nicht in die Hände zu fallen. Sechs Monate Untersuchungshaft und zwei, drei Jahre kenianisches Gefängnis? Lieber würde ich mir ein paar Knochen brechen.

Auch wenn der Vorfall keine weiteren Folgen hatte, ich stieg jetzt aus. Sicher, sie hatten Elmis Ausweis in seiner Brieftasche gefunden. Aber was nützte ihnen das? Der Gesuchte wohnt einfach nicht mehr unter der angegebenen Adresse, und damit ist die Sache erledigt. Sie finden einen nie. Das Gewimmel in Eastleigh entzieht sich jeder Kontrolle.

Im Übrigen konnten wir das Geld, das wir auf diese Weise verdient hatten, gut gebrauchen. Das Geschäft meiner Mutter blieb weiterhin geschlossen, weil sie auch nach ihrer Entlassung aus der Klinik an Kopfschmerzen litt und nicht lange stehen konnte. Ein Wunder, dass sie den furchtbaren Blutverlust und die Geburt in derselben Nacht überhaupt überlebt hatte. Und mein Vater fand kaum Zeit, sich um seine eigenen Geschäfte zu kümmern.

Zusätzlich verschlimmerte der lange Aufenthalt meiner Mutter in einer Privatklinik unsere Lage. In Deutschland übernimmt die Versicherung solche Kosten, doch auf uns kamen Arztrechnungen in Schwindel erregender Höhe zu. Alles wurde extra berechnet, jede Blutabnahme, jede

Nacht, die wir bei unserer Mutter in der Klinik verbrachten, jedes einzelne Medikament. Wir verloren ein Vermögen, hatten aber kaum noch Einnahmen. Als meine Mutter sich nach einer Weile stark genug fühlte, kehrte sie wieder in ihren Laden zurück – um nach wenigen Monaten dann endgültig aufzugeben. Sie schaffte es einfach nicht mehr. Und was wir anfangs der Verzweiflung meines Vaters zugeschrieben hatten, nämlich die Vorstellung, dass Afrika uns keine Zukunft mehr bietet, das dämmerte jetzt uns allen. Wie sollten wir einem Dasein entgehen, in dem wir täglich alles aufs Spiel setzten, unser Hab und Gut ebenso wie unser Glück und unser Leben – wenn nicht durch die nächste Flucht?

Nicht, dass wir nun arm gewesen wären. Das waren wir nicht. Anderen ging es schlechter. Yurop arbeitete noch im Reisebüro, und auch meine Eltern machten zwischenzeitlich gute Geschäfte mit ihrer Lebensmittelgroßhandlung, wo sich wieder einmal die Mais- und Zuckersäcke bis fast zur Decke stapelten. Das Schulgeld für Achmed und Ayan konnten wir schon noch aufbringen. Jetzt brauchte ich nur noch Arbeit zu finden, und wir wären gut über die Runden gekommen.

Was mich aber zutiefst betroffen machte, war die Bosheit, diese abstoßende, widerwärtige Bosheit, der meine Mutter zum Opfer gefallen war. Dass diese Bosheit ausgerechnet sie so hart getroffen hatte, raubte mir fast den Verstand. Bis heute ist es mehr als Dankbarkeit, was ich für sie empfinde, es ist Liebe, und so war es auch damals schon. Wie viel Lebenszeit hat sie uns geschenkt, mit welcher Selbstlosigkeit hat sie sich für uns aufgeopfert! Manchmal, wenn wir in Mogadischu aus der Schule kamen, rührte sie keinen Bissen an, bevor wir nicht alle satt waren. Sie selbst aß dann, was übrig blieb. Und alles, was sie mir im Lauf der Jahre beigebracht hat, hat mir später weitergeholfen – sogar dann noch, als ich mich unter ganz unerwarteten Lebensumständen zurechtfinden musste. Ich konnte schon früh sehr gut auf mich aufpassen, auch ohne dass sie mit ihrem Stock hinter mir stand.

Allein, dass sie so viel Wert auf Schule und Bildung gelegt hat! Wissen und Liebe, das ist für mich ein und dasselbe. Wissen ist ein Licht, das deinen Weg erhellt, also nichts anderes als ein Geschenk der Liebe.

Und jetzt litt sie am meisten. Das war für mich unerträglich. Wir hatten durch diese Gangster wenn nicht alles, so doch vieles von dem verloren, was uns das Leben bisher angenehm gemacht hatte. Doch das Wertvollste, das sie uns geraubt hatten, war unsere Zuversicht, unser Vertrauen darauf, in Afrika ohne Angst leben zu können. Oder – warum nicht? – sogar glücklich zu sein.

Nachdem mein Vater den Entschluss gefasst hatte, sich um eine neue Zukunft in einem anderen, friedlicheren Teil dieser Erde zu bemühen, ging er mit der üblichen Energie ans Werk. Er kannte Leute, denen es gelungen war, auf eine Einwanderungsliste der USA gesetzt zu werden. Das waren die wenigen Glücklichen, die sich den Traum von Amerika ganz legal erfüllen konnten. Einige dieser Glücklichen warteten bereits in einem Auswandererlager auf die Abreise. Von ihnen ließ sich mein Vater überzeugen, dass der sicherste und beste Weg aus Kenia hinaus über eine solche Liste führte. Dabei dachte er nur an uns Kinder – er selbst war entschlossen, mit meiner Mutter in Afrika zu bleiben, komme, was da wolle. Nairobi war meiner Mutter ja schon europäisch genug.

Trotz allem war ich todunglücklich, als ich verstand, dass es ernst wurde. Auszuwandern, das würde bedeuten, mich nach achtzehn glücklichen Jahren von meiner Familie zu trennen. Und meiner Mutter ging es noch lange nicht gut – wie konnte ich sie da allein lassen? Plötzlich hätte ich alles in Kauf genommen, um bei ihnen in Afrika bleiben zu dürfen. Wie oft haben wir uns in dieser traurigen Zeit die Köpfe heiß geredet, doch auch meine Mutter gab meinem Vater Recht. »Wir haben versucht, hier in Nairobi ein neues

Leben aufzubauen«, sagte sie, »aber das ist uns nicht gelungen. Wir lieben uns, wir alle hängen aneinander, aber eines Tages, früher oder später, hätten wir sowieso auseinander gehen müssen. Unsere Familie wird nicht immer und ewig zusammenbleiben können. Irgendwann müssen Eltern ihre Kinder ziehen lassen. Jetzt ist es an euch, den Versuch zu machen, ein besseres Leben zu beginnen. Wenn ihr wieder lernen wollt, mit guten Nachrichten zu rechnen, dann dürft ihr nicht in Kenia bleiben. Und wenn ihr vielleicht sogar studieren wollt, dann bleibt euch nur eins: in ein Land zu gehen, wo sie euch leben lassen und wo ihr eure ehrgeizigen Ziele auch verwirklichen könnt.«

Ja, meine Mutter wünschte sich nach wie vor gebildete Töchter.

Vielleicht waren es letztlich die Bilder in meinem Kopf, die mir den Gedanken an ein neues Leben in einer anderen Welt erträglich machten: meine hochschwangere, blutende, schreiende Mutter. Die Leichen auf der »Straße des Feuers«, die keiner zu begraben wagt. Die Vögel und Hunde, die sich täglich ihren Teil des Menschenfleischs holen. Die Narben an Mohameds Körper. Vielleicht auch die Furcht, so abzustumpfen wie viele andere in dieser Stadt. Wenn bei uns in der Nachbarschaft jemand starb, dann hieß es: »Ach ja, er hat sich aus dem Staub gemacht.« Es war doch wohl damit zu rechnen, dass ein Menschenleben in Amerika mehr zählte. »Gut«, sagte ich, »wenn es sein muss.« Und tröstete mich damit, dass es nicht von heute auf morgen gehen würde, dass alles sehr gut vorbereitet werden müsste und ich noch eine ganze Weile in Nairobi bleiben würde. Und vielleicht konnte ich mit dem Geld, das ich in Amerika verdienen würde, meiner Mutter ja besser helfen, als wenn ich in ihrer Nähe blieb.

Und dann war es meine kenianische Freundin Wangeschi, die mir aus der Traurigkeit heraushalf, die mich befallen hatte. Wangeschi hatte einen Onkel, der bei einer kanadischen Hilfsorganisation arbeitete, »Care International«, und er stellte uns beide als Assistentinnen ein, für 300 Dollar im Monat. Von den vier schönsten Augenblicken meines Lebens war das der dritte! Man stelle sich das vor: Die Kenianer rissen sich um diesen Job, und ich, ein achtzehnjähriges Flüchtlingsmädchen aus Somalia, bekam ihn! Das erste Mal in meinem Leben verdiente ich – auf ehrliche Weise – eigenes Geld. Ich hatte wieder eine Aufgabe, ich konnte mit meinen Dollars zum Glück meiner Familie beitragen, und ich hatte obendrein das Gefühl, daran mitzuwirken, das Leben für die Ärmsten in diesem Land erträglicher zu machen. Tagsüber organisierten wir von Nairobi aus die Lebensmittellieferungen an die Flüchtlingslager, und abends ging ich wieder tanzen.

Doch ziemlich bald, schneller als erwartet, wurden wir von den Amerikanern in ihre Liste aufgenommen und galten damit als Auswanderungskandidaten. Wir, das waren Yurop, Fatma, Elmi und ich. Uns vier hatten meine Eltern dazu ausersehen, Afrika als Erste zu verlassen. Der Plan war, dass wir gemeinsam in die USA auswanderten, wo wir Verwandte hatten, und dass meine jüngeren Geschwister später irgendwann nachkamen. Mohamed entschied sich dafür, in Afrika zu bleiben, mein Vater und meine Mutter dachten ohnehin nicht daran, auszuwandern.

Uns erwartete zunächst eine umständliche Prozedur, denn die amerikanischen Einwanderungsbehörden nahmen es sehr genau. Jeder Kandidat wurde erst einmal auf Herz und Nieren geprüft, denn die Amerikaner wollten sich keine windigen Gestalten und Unruhestifter ins Land holen. Wir mussten also eine Reihe von Vorstellungsgesprächen hinter uns bringen, die im Grunde nichts anderes als Verhöre waren. Diese Gespräche fanden in einem Flüchtlingslager im Norden Kenias statt, südlich der äthiopischen Grenzstadt Moyale, praktisch inmitten der Wildnis. Die Sache kam uns gleich ziemlich abenteuerlich vor, als wir dieses Lager nach einer zweitägigen Busfahrt zum ersten Mal betraten.

Das hier war wirklich das Ende der Welt. Eine unwirtliche, steinige Gegend, kahl und nur wenige Laubbäume – und nur Laubbäume zählen für uns als Bäume, denn nur Laubbäume spenden Schatten. Das Lager selbst war eine regelrechte Stadt aus großen Plastikzelten mit normalem Leben, Schwangeren, Geburten und Todesfällen, nur dass die Lebensbedingungen hier noch härter waren als üblich: keine Geschäfte, keine Unterhaltung, keine Sicherheit, die Wasserzapfstellen weit auseinander und die Toiletten in unbeschreiblichem Zustand. Zwischen den Zelten wurde gekocht, aber es gab auch ein paar einfache Restaurants, hauptsächlich für die weißen Mitarbeiter des UNO-Flüchtlingshilfswerks und Lkw-Fahrer. Jeder Lkw-Konvoi, der von Nairobi nach Moyale an der Grenze und weiter in die äthiopische Hauptstadt Addis Abeba fuhr, machte hier Pause, folglich waren die Restauranthütten immer von riesigen, fauchenden, qualmenden Lastwagen umzingelt.

Wir bekamen ein Zelt im somalischen Teil des Lagers zugewiesen. Es gab hier Flüchtlinge aus ganz Ostafrika. Die Sudanesen hatten ihr eigenes Viertel, dann gab es eine äthiopische Abteilung, und getrennt davon lebten die Somali. Es war ein Kommen und Gehen, niemand war hier zu Hause, und keiner kannte sich aus. Was nicht das Schlimmste war. Von denen, die in unserem Zelt lebten, hörten wir, dass es im Lager ständig Ärger gab. Irgendjemand, hieß es, liege immer mit irgendjemandem in Fehde. Offenbar gab es Banden, die die Drecksarbeit erledigten, und offenbar steckten meist die Restaurantbesitzer dahinter, die sich einen mörderischen Konkurrenzkampf lieferten.

Unser Zelt war also schon bewohnt, doch auch wir passten noch dazwischen. Die erste Nacht werde ich nie vergessen. Obwohl wir ziemlich viele waren, hatte jeder Angst, und deshalb schliefen wir alle zusammen in einem großen Kreis, junge Männer, alte Männer und wir Mädchen, die Füße nach innen, zur Mitte hin. Nachts schlichen nämlich wilde Tiere durchs Lager, vor allem Hyänen. Es gab keinen Zaun, und unser Zelt hatte nicht mal eine Tür, die man verschließen konnte, über dem Eingangsloch hing nur ein Plastiklappen. Jede Hyäne, jeder Löwe hätte bei uns hereinspazieren können. Da schien es uns das Klügste, in einem Kreis so eng wie möglich beieinander zu schlafen. Es ging gut – aber sollten wir Wochen und Monate unter diesen Bedingungen hier im Busch ausharren? Auf gar keinen Fall, zumal wir unsere Arbeit in Nairobi hatten. Also kamen wir in Zukunft nur noch dann dort hin, wenn wir einen Termin mit den Einwanderungsbehörden hatten. Das bedeutete immer noch jeweils ein bis zwei Wochen Lagerleben, denn diese Beamten flogen von Flüchtlingslager zu Flüchtlingslager und wurden oft aufgehalten.

Die amerikanischen Einwanderungsleute nahmen es wirklich genau. Sie kannten die Somali, waren knallhart und ließen sich nichts gefallen. Alle unsere Angaben wurden wieder und wieder überprüft, um Mogeleien und Betrug zu verhindern. Oder sie fragten mich und meine Geschwister in separaten Verhören nach unserem letzten

Abendessen daheim, um sicher sein zu können, dass wir tatsächlich alle zur selben Familie gehörten. Was sie nicht verstanden, war, dass das Geburtsdatum für uns Somali unwichtig ist – da nannte mancher heute dieses und morgen jenes Datum, was die Amerikaner furchtbar misstrauisch machte. Und schließlich schärften sie uns die Prinzipien der amerikanischen Gesellschaft ein, damit wir uns korrekt verhielten, sobald wir in ihrem Land wären. Wir lernten, dass man bei ihnen in den USA den kulturellen Hintergrund und die Herkunft und die Religion eines jeden respektiert, die Gesetze achtet und dergleichen mehr. Es war wirklich eine gründliche Vorbereitung auf Amerika, nur dass ich sie nicht gebraucht habe.

Eines Abends nämlich saß ich mit Yurop und zwei Kusinen in einem der Lagerrestaurants beim Essen. In dem großen Raum war Hochbetrieb, und an einigen Tischen aßen auch Weiße. Es gab zwei Türen, eine zum Vorplatz und eine zur Küche, die beide offen standen. Nach vorn hinaus sah man die garstige, karge Hügellandschaft im allerletzten Tageslicht. Die Einwanderungsbeamten schienen mit uns ganz zufrieden zu sein. Wir waren froh, diesen Teil so weit hinter uns gebracht zu haben, und fühlten uns schon als halbe Amerikanerinnen. Da hörte ich Schüsse. Nicht draußen irgendwo, sondern in nächster Nähe. Gewehrsalven direkt an meinem Ohr. In beiden Türen standen Männer und feuerten auf die Gäste. Es war eine Falle, niemand konnte entkommen. Panik brach aus, Tische stürzten um, Menschen gingen zu Boden. Ich sah das Mündungsfeuer und dachte, jetzt musst du sterben. Dies war dein letzter Tag auf Erden. Dann herrschte plötzlich Stille. Im nächsten Moment schoss eine Stichflamme aus der Küche, die Flammen erfassten die Bastmatten an den Wänden, die Bastmatten an der Decke, das Feuer hatte leichtes Spiel, alles brannte.

Als ich wieder zu mir kam, lag ich irgendwo draußen im Staub. Bis heute weiß ich nicht, wie ich dort hinausgekommen bin. Das Restaurant brannte lichterloh. Ein Durcheinander von rennenden, schreienden Menschen, manche mit Gewehren, dazwischen Zuschauer, stumm und starr vor Entsetzen. Wo war Yurop, wo waren meine Kusinen? Ich irrte durch die Gassen zwischen den Zelten und fand sie später im Lager der Äthiopier. Auch sie wussten nicht, wie sie dorthin gekommen waren. Ihre Knie waren aufgeschlagen und bluteten, offenbar waren sie dem Inferno auf allen vieren entkommen. Aber alle hatten wir den Kugelhagel überlebt, ohne dass uns ein einziger Schuss gestreift hätte. Wie auch immer wir herausgekommen sein mochten, wir hatten es geschafft und waren unverletzt. Vielen war das nicht gelungen. Die Toten und Verletzten waren verbrannt, fünfzehn an der Zahl, wie es hieß. Ihre verkohlten Knochen konnte man am nächsten Tag vor der Krankenstation besichtigen. Von dem Restaurant selbst war nur noch ein Aschehaufen übrig.

Dass ich noch lebe, sagten alle, sei ein Wunder. »Deine Stunde ist noch nicht gekommen«, meinten sie. »Noch wächst irgendwo Reis für dich.« Aber ich zitterte am ganzen Leib. Und jedes Mal, wenn mich in den nächsten Wochen die Bilder dieses Abends heimsuchten, zitterte ich wieder. Dort, im Niemandsland zwischen Äthiopien und Kenia, hatte ich das Grauen erlebt. Nicht, dass mir das Geräusch von Schüssen noch viel ausgemacht hätte – das war mir längst vertraut. Doch in Mogadischu hatten Schüsse eine beunruhigende Geräuschkulisse abgegeben, mehr nicht. Etwas ganz anderes ist es, wenn du schutzlos den Kugeln ausgeliefert bist, als lebende Zielscheibe für Menschen, die nur eins im Kopf haben, nämlich möglichst viele Tote …

Allmählich sehnte ich mich nach einem Land, wo ich ohne Angst vor dem nächsten Tag zu Bett gehen könnte. Wo ich genauso tief und ruhig schlafen könnte wie damals in Mogadischu in der »Straße des Feuers« vor dem Bürgerkrieg.

KLEINE FLUCHTEN

Natürlich haben wir uns in dieses Lager nicht zurückgetraut – und wurden von den Amerikanern aus ihrer Liste gestrichen. Damit stand fest: Auf legalem Weg würde ich nie nach Amerika kommen. Was nicht heißt, dass wir nun aufgegeben hätten.

Während mein Vater auf eine neue, ausgefallenere Methode sann, schickte mich Wangeschis Onkel allerdings erst einmal buchstäblich in die Wüste, nämlich nach Mandera. Noch schlimmer: in ein winziges Räubernest im wilden Nordosten Kenias, von wo aus selbst Mandera so unerreichbar war wie der Mond. Dort gab es nichts, nur tiefste Wildnis und eine Hand voll Hütten. Ausgerechnet in dieser Einöde sollte ich darüber wachen, dass bei der Verteilung unserer Hilfsgüter alles mit rechten Dingen zuging. Das habe ich einen Tag lang gemacht. Achtundvierzig Stunden später war ich in Nairobi und wieder arbeitslos.

Sollte ich eine andere Arbeit suchen, wo ich Kenia doch bei nächster Gelegenheit den Rücken kehren würde? Ich brauchte mich nicht lange mit dieser Frage herumzuschlagen, denn wenig später bot sich mir eine geradezu märchenhafte Chance. In diesen Tagen besuchte uns nämlich einer meiner unzähligen Onkel. Er begleitete als Leibwächter einen saudischen Prinzen durch die ganze Welt, Onkel Harun. Sie waren gerade in einem Fünf-Sterne-Hotel in Nairobi abgestiegen, und dort traf ich mich eines Abends mit ihm. »Nura«, sagte er nach dem Essen zu mir, »mach doch mal Ferien bei uns in Saudi-Arabien und schau dir das an. Wenn es dir gefällt, kann ich dir einen Job im Haushalt des Prinzen besorgen. Du kannst vielleicht auf einen der kleinen Prinzen aufpassen, ihn auf dem Schulweg begleiten und wieder abholen …«

Ich sah Onkel Harun groß an. Er tat, als wäre es das Einfachste von der Welt, in Saudi-Arabien zu arbeiten und kleine Prinzen zu begleiten. Aber er meinte es ernst. Und als ich später im Taxi saß, das er für mich bestellt hatte, dachte ich: Okay, Nura, die Saudis sind reich, sie werden gut bezahlen, besser als »Care International«. Und wenn es dir dort nicht gefällt, hast du wenigstens einmal Ferien in einem Palast gemacht. So flog ich nur kurze Zeit später nach Djidda in Saudi-Arabien, allein, weil mein Onkel seinen Prinzen weiterhin auf dessen Reisen kreuz und quer durch Afrika beschützen musste.

Den Beamten am Flughafen von Djidda legte ich Fatmas Pass vor, denn ich selbst besaß immer noch keinen. Das fiel aber niemandem auf, denn in diesem schwarzen Gewand, das nur Augen, Mund und Nase freilässt, sehen sich alle Frauen ziemlich ähnlich. Ich wurde von meiner Tante abgeholt, in einem Mercedes, und von diesem Augenblick an habe ich ununterbrochen gestaunt. Du meine Güte – wie diese Leute lebten! Onkel Harun hatte kein Wort darüber verloren. Das Grundstück mit dem Palast dieses Prinzen muss so groß wie unser Viertel in Mogadischu gewesen sein. Ich habe jedoch nur einen kleinen Teil dieser schattigen Parklandschaft und nur wenige der unermüdlich arbeitenden Wassersprüher dort zu sehen bekommen, denn die Gegend, wo die Männer wohnten, war für uns tabu. Die Frauen durften nämlich keine Männer sehen und die Männer keine Frauen. Wie die Männer lebten, weiß ich also nicht. Aber zwei Wochen lang durfte ich der Frau des Prinzen und ihren beiden Kindern, einem Mädchen von neun Jahren und einem Jungen von fünf, zusehen.

Die drei machten nichts selbst. Im Wohnzimmer, in dem die Frau des Prinzen auch Besuch empfing, gab es eine Klingel, und wenn sie die betätigte, rückten Schwärme von Bediensteten an. Da gab es eine Frau, die nichts anderes tat, als sie zu frisieren. Dann eine zweite, die ihr das Badewasser einlassen musste. Die dritte wachte über ihre Kleider, und die vierte half ihr hinein. Für alles gab es eine Frau, die nur das eine machte und nichts anderes. Jedes der beiden Kinder hatte ein eigenes Schlafzimmer wie aus Tausendundeiner Nacht mit eigenem Bad, jedes eine Gouvernante, die es auf Schritt und Tritt begleitete, jedes eine Garderobenfrau und jedes einen Fahrer, der es zur Schule brachte oder, einmal die Woche, zu anderen kleinen Prinzen fuhr, die in den Palästen der Nachbarschaft lebten, also meilenweit entfernt.

Am zweiten Abend durfte ich miterleben, wie die Frau des Prinzen ihr Essen einnahm. Sämtliche Frauen ihres Haushalts mussten dazu im Speisezimmer antreten. Das war ein separater Gebäudeteil, der aus einer riesigen Küche, dem Speisezimmer selbst und einem Swimmingpool bestand, das Ganze unter einem Dach. Ich hockte mit allen anderen Bediensteten in einer langen Reihe am Boden auf kostbaren Teppichen, als die Frau des Prinzen mit ihren Kindern und deren Gouvernanten den Raum betrat und alle fünf am Tisch Platz nahmen. Natürlich registrierte sie mich nicht – ich saß einfach als unauffällige Zuschauerin dabei, während alle anderen Frauen jetzt springen mussten. Doch ich konnte meine Augen kaum von ihr abwenden. Sie war eine schöne Frau, eine Saudi mit blond gefärbtem

Haar, ganz westlich gekleidet, unglaublich groß und unglaublich schlank. Sie passte sicherlich gut nach Amerika, wo die Familie des Prinzen jedes Jahr drei Monate verbrachte. Wie es hieß, nahmen sie auf diese Rundreisen durch die USA ihren gesamten Hofstaat und sogar ihre Autos mit.

Nach dem Essen wurde ich stumme Zeugin eines seltsamen Rituals. Die meisten Angestellten wurden in ihre Apartments entlassen, und die Frau des Prinzen wandte sich an die Hüterin ihres Haars mit dem Befehl, die verbliebenen Mädchen aufzufordern, ihr einen Überblick über ihre Garderobe zu verschaffen. »Ich brauche etwas für heute Nacht«, hauchte sie. »Irgendetwas, das ich schon länger nicht mehr getragen habe.« Vier Mädchen verließen daraufhin den Speiseraum und kamen mit ausgebreiteten Armen zurück, ein Kleidungsstück links, ein Kleidungsstück rechts. Nur das Teuerste vom Teuersten! Jedes Mädchen trat vor, die Frau warf einen gelangweilten Blick auf die Kleider, schüttelte den Kopf, und schon verschwand eins nach dem anderen wieder, nur um im nächsten Augenblick mit neuen Kleidern aufzutauchen. Bis ein sandfarbener Hosenanzug in ihren Augen Gnade fand, dauerte es eine Weile, und dann wiederholte sich derselbe Tanz mit den Schuhen. Schuhe kamen, Schuhe gingen, und irgendwann waren es tatsächlich die richtigen. Schließlich verzog sie sich mit der zuständigen Frau ins Bad. Das Einzige, das sie an diesem Abend selbst erledigte, war der Blick in den Spiegel, bevor sie in einem Mercedes in die arabische Nacht entschwand.

Die Kette merkwürdiger Ereignisse riss nicht ab. Eines Nachmittags begleitete ich die beiden Kinder, als sie von der Schule abgeholt und zu ihrem allwöchentlichen Besuch bei befreundeten Prinzen gefahren wurden. Wir kreuzten durch Djidda, kauften ihnen Eis, von Zeit zu Zeit verlangte die Tochter ungeduldig nach Parfüm, und ihre Gouvernante besprühte sie. Dann öffnete sich vor uns ein Tor, und wir befanden uns in der nächsten Traumlandschaft, bevölkert von so wunderschönen, so herausgeputzten Mädchen, dass ich glaubte, sie gehörten allesamt der prinzlichen Familie an. Es waren lediglich die Bediensteten. Zuerst warfen sich die kleinen Prinzen auf ihre Computerspiele, und als sie die leid waren, kamen sie zu uns heraus auf die Terrasse, um Hausaufgaben zu machen. Die Terrasse ging in einen enormen Swimmingpool über, davor, im Schatten, standen Stühle und Tische, und dort saßen sie jetzt über ihren Heften und kommandierten zwischendurch die Angestellten herum: »Ich will Fanta mit Eis!«, »Ich will Cola mit Eis!« Doch sie verloren schnell die Lust an ihren Hausaufgaben. Also riefen sie nach ihrem Privatlehrer, sagten: »Mach du das für uns. Für dich ist das leicht« – oder etwas in der Art –, und schwupp, planschten sie schon quiekend im Swimmingpool. Ja, da wurde ihnen keins mit dem Stock übergezogen wie bei uns in der *Madrassa*. In Somalia hätten sie jetzt Prügel bekommen – aber hier? Der Lehrer gab sich alle Mühe, freundlich zu bleiben, aber im nächsten Augenblick war er schon Luft für sie.

Ich war heilfroh, dass ich selbst hier keinerlei Aufgaben hatte. Man akzeptierte, dass ich erst einmal meine Neugier befriedigen wollte, beachtete mich nicht, behelligte mich aber auch nicht. Natürlich musste ich mich, wie alle anderen auch, an die Hausregeln halten.

Das Leben spielte sich für uns hinter den Palastmauern ab, und da wurde größter Wert auf schöne Kleidung gelegt. Die Frau des Prinzen duldete keine schwarzen Schattengestalten um sich, wie sie draußen zu Tausenden die Straßen bevölkerten. Wir trugen am besten westliche Kleidung, auch Hotpants waren erlaubt, denn es gab in dieser Welt keine Männer – wenn man von den Köchen absieht, die nicht als solche zählten. Als ich am Tag meiner Ankunft mein Zimmer betrat – Bad, Fernsehen, Video, der reine Luxus –, lag schon alles für mich bereit, ein Haufen nagelneuer Kleider, damit ich keine Sekunde lang das Auge der Hausherrin beleidigte. Noch weniger allerdings durfte man ihre Nase beleidigen. In Djidda braucht man nur einmal vor die Tür zu treten, schon ist man schweißgebadet, doch wann immer man in ihre Nähe kam, musste man gut riechen. Folglich sprühten wir uns unablässig von Kopf bis Fuß mit den teuersten Parfüms ein. Wir liefen wie lebende Stinkbomben herum, und nach zwei Wochen war meine Neugier restlos gestillt.

Alles sehr schön, aber nichts für mich. Ein vergoldetes Gefängnis. Selbst in dem Flüchtlingslager an der äthiopischen Grenze hatte ich mich wohler gefühlt als in diesem Palast. Es geht doch nichts über die eigene Freiheit. Selbst wenn du keinen Gebrauch von ihr machst – sobald sie dir fehlt, bist du unglücklich. »Ich habe ein Rückflugticket, und das werde ich auch benutzen«, antwortete ich meiner Tante, als sie am Ende dieser zwei Wochen vorsichtig nachfragte, ob ich in Djidda bleiben wolle.

Wenige Wochen später stand es in allen Zeitungen Nairobis: Der Prinz, den Onkel Harun bewachen sollte, war in einem kenianischen Safarihotel tot aufgefunden worden. Er war nicht zum Frühstück erschienen, man hatte seine Zimmertür aufgebrochen, und da lag er. Aber mein Onkel hatte sich nichts vorzuwerfen. Wie aus den Zeitungsartikeln hervorging, waren Drogen die Todesursache gewesen.

Jedes Mal, wenn ich in Gedanken zurückging nach

Mogadischu und mich die Erinnerungen an unser unbeschwertes, glückliches Leben in der »Straße des Feuers« heimsuchten, hätte ich heulen können, so bedrückt war die Stimmung daheim.

Meine Mutter hatte ihr Geschäft endgültig aufgeben müssen. Seit der Nacht des Unheils hatte sie viel von ihrer Energie eingebüßt, ihre Unverwüstlichkeit war dahin, und oft saßen wir abends beisammen und diskutierten darüber, wie es weitergehen sollte. Sollten wir irgendwo anders in Afrika wieder von vorne anfangen? Nein. Wir waren nicht mehr reich, das wäre ein kläglicher Neubeginn geworden. Meine Mutter wollte auch nicht schon wieder alles aufgeben. Außerdem war mein Vater gerade erst in ein neues Geschäft eingestiegen. Von irgendetwas mussten wir ja leben, unser Geld ging zur Neige.

Wieder einmal war es unser guter, alter Toyota, der uns aus der Not half. Er war geländegängig, schnell und robust, man konnte damit auch kleinere Dörfer erreichen, die von den Überlandbussen und Sammeltaxis nicht angefahren wurden, und deshalb hielt es mein Vater für eine gute Idee, ein kleines Transportunternehmen aufzuziehen: Überlandbeförderung für Menschen, die zu entlegeneren Winkeln draußen im Land wollten. Dafür brauchte man keine Lizenz, aber es war ein harter Job, weil mein Vater selbst fahren musste und keinen anderen ans Steuer ließ. Hätten wir einen Fahrer eingestellt, wir hätten unser Auto nie wiedergesehen – höchstens als Wrack. Doch mein Vater hielt sein Beförderungsunternehmen für eine Übergangslösung. Früher oder später würde ihm etwas Besseres einfallen. Er war jetzt zweiundvierzig, also immer noch jung, und hatte immer noch Pläne.

Einer dieser Pläne betraf mich. Nach dem Willen meines Vaters nämlich sollte ich den nächsten Versuch, Kenia zu verlassen, allein unternehmen. Mich hatte er ausersehen, den Grundstein für unser neues Leben in Amerika zu legen. Warum mich? Sicher nicht, weil ich die Mutigste oder Draufgängerischste von uns gewesen wäre. Als Älteste hätte eigentlich Yurop den Vortritt gehabt. Aber zum einen gab es praktische Gründe für seine Wahl, denn im Gegensatz zu mir verdiente Yurop in ihrem Reisebüro immer noch Geld, Fatma hatte es übernommen, sich um Hoddan, unsere Kleinste, zu kümmern, und ich war so gesehen entbehrlich. Und zum anderen galt ich in unserer Familie als die Verantwortungsvollste. Alle, auch meine Geschwister wussten, dass ich die Familie über alles liebte und dass ich sie niemals im Stich lassen würde. Bei Yurop wäre da keiner so sicher gewesen, und auch sie selbst traute sich die verrücktesten Sachen zu. »Nura, mach du den Anfang«, sagte sie zu mir. Alle sagten das zu mir.

Ich konnte guten Gewissens versprechen, ihre Erwartungen zu erfüllen, soweit es in meinen Kräften stand. Ich liebte sie wirklich alle. Doch die herzlichste Beziehung hatte ich zu meinem Vater. Das war das stärkste Band, das mich überall auf der Welt mit meiner Familie verbinden würde – egal, an welchen Ort es mich verschlagen sollte. Ihm gehörte mein Herz. Er hat mit mir über Dinge gesprochen, über die er mit sonst niemandem sprach. Er hat mir viel über das Leben beigebracht und mich sogar in seine Geschäfte eingeweiht. Selbst sein Geld hat er mir anvertraut. Ich bewahrte es im Kleiderschrank auf, in einer Schmuckschatulle, die mit einem Zahlenschloss gesichert war. Wenn er Geld brauchte, kam er zu mir und sagte schmunzelnd: »Nura, leih mir was. Du bekommst es zurück, das verspreche ich.« Und dann lachten die anderen und sagten: »Ach ja, Papas Bank. Nura International Bank.« Mein Vater hat mir blind vertraut, und auch jetzt war er sich völlig sicher: Wo immer ich hingehen würde, ich wäre für meine Familie da. Und deshalb sollte ich als Erste gehen, noch vor Yurop und Fatma und Elmi.

Aber als ich erfuhr, was mein Vater für mich arrangiert hatte, war ich doch einigermaßen verblüfft. Nun gut, ich war neunzehn und kein verschreckter Teenager mehr, aber dieses Vorhaben zeugte wirklich von Einfallsreichtum. Er hatte nämlich eine Dame aufgetrieben, die Kinder außer Landes schaffte – nach einem Verfahren, das sie als todsicher und oft bewährt anpries. Sie machte sich dabei den Umstand zunutze, dass in Kenia Söhne und Töchter unter achtzehn im Pass der Mutter aufgeführt wurden, und zwar mit Namen, Geschlecht und Geburtsdatum, aber ohne Foto. Diese Frau hatte das Glück, neun Kinder zu haben, und was machte sie? Sie sammelte ausreisewillige Jugendliche, bestieg mit ihrer bunten Kinderschar ein Flugzeug nach New York oder Washington und flog ohne ihre Kinder wieder zurück, als allein reisende ältere Dame. »Gratuliere«, sagte mein Vater zu mir. »Eins fehlte ihr noch, acht hatte sie schon. Du gehst für siebzehn durch, da kann nichts schief gehen.«

Damit wirklich nichts schief gehen konnte, mussten wir uns allerdings gut vorbereiten, denn in meiner neuen Familie kannte keiner den anderen. Wir waren uns nie zuvor begegnet und wussten nichts übereinander. Abgesehen davon waren wir ein ziemlich wüst zusammengewürfelter Haufen – wir hatten keinerlei Ähnlichkeit untereinander und ebenso wenig Ähnlichkeit mit unserer »Mutter«. Offen gesagt, ich hatte noch nie einen dermaßen verdächtigen Club gesehen wie uns. Wer würde denn diese schmächtige, hagere Kenianerin für die Mutter dieses feisten ugandischen Jungen halten, der obendrein auch noch mein Bruder sein sollte? Nun gut, wir saßen alle bei uns im Wohnzimmer und lernten klangvolle kenianische Namen auswendig, prägten uns dazu passende Gesichter sowie Lebensjahre und Geburtsdaten ein, und nach zwei Tagen waren wir in der Lage, sämtliche falschen Identitäten mühelos den richtigen Leuten zuzuordnen.

Das Ziel war immerhin klar – Washington. Sobald wir das Flugzeug verlassen hätten, würde jeder seiner Wege gehen. Ich hatte Verwandte in Seattle, die bereits unterrichtet waren. Am Vorabend meiner Abreise bezahlte mein Vater die 3000 Dollar für mich, da war alles inbegriffen, und ich packte meinen Koffer. Der Abschied am nächsten Morgen war kurz. Meine Mutter liebt keine langen Trennungsszenen. Wäre ich sentimental geworden, hätte sie angefangen zu weinen. »Sei stark«, sagte sie nur. »Erinnere dich an uns. Sieh zu, dass du in Amerika eine Schule besuchst, du musst noch so viel lernen. Und schau nicht zurück. Geh jetzt.« Mein Vater war um diese Zeit noch in der Moschee. Nein, wir haben uns nicht voneinander verabschiedet. Für uns sollte es keinen Abschied geben.

Jetzt stellte sich heraus, dass unsere »Mutter« nicht von Nairobi aus starten wollte, sondern von Daressalam in Tansania. Offenbar waren in Nairobi doch schon zu viele misstrauisch geworden, vom Flughafenpersonal ebenso wie von den Fluggesellschaften. Kein Wunder, wenn sie in kurzen Abständen mit immer neuen Kindern dort aufkreuzte. Wir zwängten uns also alle in ein Sammeltaxi, Fatma begleitete mich, und los ging es nach Aruscha in Tansania, wo wir übernachteten. Als wir am nächsten Morgen auf den Bus nach Daressalam warteten, tauchte tansanische Polizei auf. Keiner von uns hatte Papiere. Unsere »Mutter« gab ihnen

Geld, und sie verzogen sich wieder. Am Abend erreichten wir Daressalam.

Eine Woche lang tat sich nichts. Wir saßen im Hotel, warteten und spielten fünfmal täglich durch, worauf es im Augenblick einzig und allein ankam: Namen, Alter, Reihenfolge. Unsere »Mutter« kannte zwar einen Menschen hier, der versprach alles für sie zu regeln: Er wollte die Tickets besorgen und Beamte milde stimmen, aber in Tansania lief eben manches anders als in Kenia, wo für Geld alles und sofort zu haben war. Langsam wurden wir nervös. Da hieß es: Morgen geht es los. Ich ging mit Fatma essen, und wir nahmen Abschied voneinander.

So, wir sollten mit »Lufthansa« fliegen. Mit Zwischenstopp in Frankfurt also. Unsere »Mutter« fand diese Route nicht schlechter als jede andere. Erst als wir uns am nächsten Morgen alle zehn vor dem Check-in-Schalter der Lufthansa aufbauten, wurde sie plötzlich unruhig. Denn hinter dem Schalter saß eine große, blonde weiße Frau. Eine richtige Deutsche. Eine, der man kein Geld zuschieben konnte. Damit hatte sie nicht gerechnet. Und diese deutsche Frau warf jetzt einen Blick in ihren Pass, sah auf und starrte uns an. Wahrscheinlich hatte sie noch nie eine solche Familie gesehen: die einen Kinder dünn, die anderen dick, die einen hell, die anderen dunkel und einer so weiß wie ein Araber – nicht die geringste Familienähnlichkeit und die Frau, die vor ihr stand, ein kleines, verhutzeltes Weiblein. Wir mussten von neun verschiedenen Vätern sein, wenn es überhaupt eine plausible Erklärung dafür gab! Allerdings hatte ich im Gefühl, dass sie des Rätsels Lösung ganz woanders suchte.

»Sind das alles Ihre Kinder?«, fragte die Deutsche.

»Ja«, sagte unsere »Mutter«.

»Sind Sie sicher?«, fragte die Deutsche.

»Ja«, sagte unsere »Mutter«.

Jetzt wurde diese große, blonde weiße Frau gründlich und ging uns Kinder einzeln durch. Sie las Namen für Namen vor, und der Betreffende musste sich melden. Und da passierte es. Sie rief einen Mädchennamen auf, und wer daraufhin seine Hand hob, war ein Junge. Ein sechzehnjähriger Somali.

Wie hatten wir diesen Jungen vorher bekniet, sich als Mädchen zu verkleiden! Tagelang hatte unsere »Mutter« geredet, gebettelt, gefleht. »Bitte, alles ist geklärt«, hatte sie gesagt, »jetzt hängt es nur noch an dir.« Wir sind über ihn hergefallen, haben ihn gemeinsam bestürmt, haben einzeln mit ihm geredet – alles umsonst. Er blieb stur bei seinem Nein. Sich als Mädchen zu verkleiden, das war unter seiner Würde. Nichts auf der Welt konnte ihn bewegen, sich dermaßen lächerlich zu machen. »Du hast Geld von meinen Eltern bekommen – sieh zu, wie du mich als Jungen durchkriegst!« Das war alles, was dieser somalische Dickschädel geantwortet hatte. Unsere »Mutter« hatte schließlich resigniert und gemeint: »Wir versuchen es trotzdem. Es wird ja nicht gerade eine Weiße am Schalter sitzen.«

»So«, sagte die Weiße, die da niemals hätte sitzen dürfen, »in Ihrem Pass steht ein Mädchenname, und das da ist ein Junge. Hier stimmt etwas nicht.«

Unsere »Mutter« versuchte ihr zu erklären, dass der Fehler bei der Passbehörde in Kenia liege – in Wirklichkeit sei dieses Mädchen schon immer ein Junge gewesen. Die Deutsche schüttelte nachsichtig den Kopf.

»Wissen sie was?«, sagte sie sehr ruhig. »Ich kann Sie fliegen lassen. Steigen Sie nur ein, ich halte Sie nicht auf.

Aber bedenken Sie bitte, dass Sie spätestens in Frankfurt ein Problem bekommen werden.«

Unsere »Mutter« entschied sich für Rückzug. Wir hätten diesen somalischen Holzkopf erwürgen können. Drei Tage später war ich wieder bei meiner Familie in Nairobi.

DER PLAN

Es war im Frühjahr 1994, als meine Mutter die Nachricht erhielt, ihr Mann sei blutverschmiert auf einer Polizeiwache im Süden Nairobis gesehen worden, vor einer Stunde etwa. »Was für ein Leben ist das!«, rief sie aus und fuhr auf schnellstem Wege hin. Es war nicht sein eigenes Blut. Aber es war das Ende seines Transportunternehmens.

Immer noch blutbefleckt und so verwirrt, wie ich ihn nie erlebt hatte, kam er spät abends heim, saß noch lange in der Küche und erzählte, redete eher mit sich selbst als zu uns, erschöpft und niedergeschlagen. Ein Mann, der die Hoffnung aufgegeben hatte. Am späten Nachmittag des Vortags war er mit seinem Toyota auf einer Überlandstraße unterwegs gewesen, guter Dinge, denn es ging am Ende einer anstrengenden Fahrt nun endlich heim, nachdem sie ein abgelegenes, ganz verstecktes Dorf irgendwo weit draußen besucht hatten. Neben ihm auf dem Beifahrersitz saß die Händlerin, die seinen Wagen für diesen Tag gemietet hatte, wie sie es schon häufig getan hatte, und hinten auf der Ladefläche, zwischen Warenbündeln und Taschen, hockten weitere Passagiere. Die Straße führte durch einen Wald, und aus diesem Wald heraus wurden sie plötzlich beschossen.

Die Windschutzscheibe zersprang, die Händlerin sackte verletzt in sich zusammen, die Reifen wurden getroffen, und mein Vater gab Gas. Auch als die Händlerin zur Seite fiel und blutend auf seinem Schoß lag, fuhr er weiter und gab Gas, bis sich die Felgen in die Schotterpiste fraßen. Mein Vater riss das Geld an sich, das er im Wagen versteckt hatte, und die Unverletzten rannten um ihr Leben, rannten auf den Wald zu und schlugen sich durch Dickicht und Gebüsch und liefen die ganze Nacht hindurch. Im Morgengrauen erreichten sie eine Straße, hielten einen Wagen an und ließen sich an der ersten Polizeiwache in Nairobi absetzen. Die Händlerin hatten sie zurücklassen müssen, und es war unwahrscheinlich, dass sie noch lebte.

Als mein Vater mit bewaffneten Polizeibeamten an den Ort des Überfalls zurückkehrte, stand unser Toyota noch da, und auch die Händlerin lag noch auf der Fahrerbank. Sie war nackt. Tot und nackt. Also nicht nur ihres Kleids, sondern auch ihrer Unterwäsche beraubt. Nun war diese Händlerin keine x-beliebige Marktfrau gewesen. Nicht nur, dass jedermann in dieser Gegend sie kannte und achtete, sie genoss auch die Protektion eines Abgeordneten im Parlament – daher überhaupt der Aufwand, den die Polizei betrieb. Und deshalb ging jetzt auch kein Weg daran vorbei, ihre Mörder zu suchen und zu fassen. Die Tote wurde in ein Polizeifahrzeug geladen, mein Vater besorgte sich neue Reifen, und als meine verzweifelte Mutter ihn abends fand, konnten sie in unserem guten, alten Toyota heimfahren. Selbst das war noch nicht das Ende des Wagens. Er fuhr immer noch, und er fährt bis heute.

Diesmal trat die Polizei in Aktion. Tagelang durchkämmten sie mit einem großen Aufgebot den Wald und die umliegenden Dörfer, und schließlich fanden sie in einer Hütte die Kleider der Toten. Zwei Männer wurden verhaftet. Aber damit war keinem geholfen. Der Mord war für viele Menschen ein schreckliches Drama. Beim Begräbnis der Händlerin, einer Beerdigung im ganz großen Stil, überreichten die Leute vom Stamm der Mörder den Familienangehörigen eine beträchtliche Geldsumme und erklärten feierlich, mit dem Überfall nichts zu tun zu haben. Die Getötete habe bei ihnen in höchstem Ansehen gestanden, denn sie sei die Einzige gewesen, die sich zu ihnen hinausgetraut habe. Kein anderer Händler habe in den letzten Jahren die Mühe auf sich genommen, ihre so weit abgelegenen Dörfer mit Waren zu beliefern. Der Mord sei eine Katastrophe für die ganze Gegend. Ja, es tat ihnen wirklich Leid, und zum Schluss entschuldigten sie sich auch bei meinem Vater.

Dem reichte es jetzt. Er konnte anfangen, was er wollte, in diesem Land endete alles in einer Katastrophe. Er fuhr nie mehr hinaus auf die Dörfer, und er nahm auch kein neues Projekt mehr in Angriff.

Mein Vater gab sich nicht auf. Er arbeitete nur einfach nicht mehr, als hätte die Arbeit für ihn jeden Sinn verloren. »Ich vertrödele meine Zeit nicht mit kleinen Geschäften«, sagte er. »Aber wenn sich noch einmal etwas Großes machen lässt…« Doch nichts reizte ihn mehr. Stattdessen blieb er fortan zu Hause, als Beschützer der Familie und Ratgeber für viele Leute. Er übernahm die Rolle des Ältesten für die Somali in unserer Gegend, und die Leute hörten auf ihn, wie sie in Mogadischu auf ihn gehört hatten. Hätte er als Straßenhändler arbeiten sollen? Wir fanden alle, dass er sein Leben nicht weiter aufs Spiel setzen dürfe, aber sich auf der Straße ein paar Shilling zu verdienen, das wollte ihm erst recht keiner zumuten. Was für ein Abstieg wäre das gewesen, von einem der wohlhabendsten Männer Mogadischus zum Straßenhändler in Nairobi.

Nein, es war wirklich keine Zeit mehr zu verlieren. Ich musste raus. Ich musste so schnell wie möglich raus aus

Afrika, wenn ich meiner Familie irgendwie helfen wollte. Viele Mädchen meines Alters, Somalierinnen wie Äthiopierinnen, verdingten sich als Hausmädchen in den arabischen Ländern, doch nach meinen Erfahrungen im Haus des Prinzen kam das für mich nicht mehr infrage. Ich liebe die Freiheit, und ich war sicher, meiner Familie von Amerika aus am besten über diese schreckliche Zeit hinweghelfen zu können. Es musste doch einen Weg geben, die Amerikaner zu überlisten!

Lange telefonierte ich mit meiner Kusine in Seattle, und unser Plan war nicht schlecht: Sie besorgte sich ein Rückflugticket Washington – Nairobi, checkte ein, flog aber nicht ab und schickte mir das Ticket mitsamt ihrem Pass. Wenn die Saudis mich mit Fatmas Pass ins Land gelassen hatten, warum sollten mich die Amerikaner dann nicht mit dem Pass meiner Kusine in ihr Land lassen? Ende Juni 1994 traf der ersehnte Brief aus Amerika ein, und zum dritten Mal stand der Tag meiner Abreise bevor.

Wiederum sollte ich mit »Lufthansa« fliegen. Ich hatte kein schlechtes Gefühl dabei. Die Deutsche am Abflugschalter in Daressalam traf keine Schuld am kläglichen Scheitern meines letzten Fluchtversuchs. Sie hatte sich korrekt verhalten, aus afrikanischer Sicht vielleicht etwas zu korrekt.

Mein Flugzeug würde morgens in aller Frühe gehen, und ich hatte Lust, mit meinen Freundinnen eine letzte wüste Nacht in Nairobi zu erleben. Wir fuhren ins »Carnivore« und blieben bis morgens um fünf. Ich habe so wild getanzt, so ausgelassen gelacht, als wäre es das letzte Mal in meinem Leben. Im Morgengrauen fuhr ich im Taxi nach Hause. Ich entfernte das Make-up der letzten Nacht, duschte und zog mich um. Meine Kusine in Seattle hatte mir dringend geraten, etwas typisch Amerikanisches anzuziehen – und was gab es Amerikanischeres als Jeanshose, Jeanshemd und Nike-Turnschuhe? Die Haare hatte ich mir vorher schon kurz schneiden lassen. In Kenia hatte ich sie mir häufig gefärbt – wie viele Afrikanerinnen mochte ich blondes oder rötliches Haar, rötlich wie das Licht des Sonnenuntergangs. Für eine Amerikanerin mit afrikanischen Vorfahren aber erschienen mir gefärbte Haare unpassend. Vielleicht schlug auch ein wenig afrikanischer Patriotismus durch, jedenfalls hatte ich beschlossen, zu meinem schwarzen Haar zu stehen. So, kein neues Make-up. Nur etwas Parfüm, das musste reichen. Ich besah mich im Spiegel und fand, dass ich von einer schwarzen Amerikanerin nicht zu unterscheiden war.

Mein Koffer war schon gepackt – nur Handgepäck, wie letztes Mal, nur zwei, drei warme Sachen und etwas Schickes. Ich wusste zwar, dass auch in Seattle jetzt Sommer sein musste, aber wusste ich auch, wie warm der Sommer dort war? Also hatte ich Pullover für den amerikanischen Sommer dabei, als ich mit einer Menge Leute zum Flughafen fuhr. Von meiner Familie fehlte nur mein Vater.

Es war ein langer Abschied von meinen Freundinnen, mit Abschiedsküssen und Abschiedstränen, ein herzlicher von meinen Geschwistern und ein kurzer von meiner Mutter. Dann wurde ich mit meinem falschen Pass wie ein VIP durch alle Kontrollen geschleust, dafür hatte mein Vater gesorgt, und kurz darauf lag Nairobi im Licht der aufgehenden Sonne unter mir. In der Ferne zeichnete sich scharf der Schatten des Mount Kenia gegen den zartgelben Morgendunst ab.

Nun denn, auf nach Washington, via Frankfurt!

Unter meinen Mitreisenden waren viele Somali. Ich

lernte sie schnell kennen. Der Sitz neben mir war frei, und ich hatte ständig neue Gesellschaft. Da gab es Leute mit ordentlichen Papieren, andere ohne, und einige lebten in Amerika und waren gerade auf dem Rückflug von einem Besuch bei Verwandten. Einem von ihnen erzählte ich von meinem falschen Pass und bat ihn um Rat. »Mach dir keine Sorgen. Viele reisen so wie du«, sagte er und ließ seinen Blick durchs Flugzeug wandern. »Bete zu Gott, und alles wird gut gehen.« Schön, ich war sowieso nicht aufgeregt. Ich sah meiner Ankunft in Washington ganz gelassen entgegen. Auf den Zwischenstopp in Frankfurt verschwendete ich keinen Gedanken. Höchstens, dass ich eine vage Erleichterung verspürte, nicht in diesem Land leben zu müssen. Denn was ich über Deutschland wusste, ließ sich in einem Wort zusammenfassen: Hitler.

Alles, was den Kenianern zu Deutschland einfiel, waren »Nazis« und »Zweiter Weltkrieg«. Die älteren Kenianer erinnerten sich noch an den Krieg und sprachen sehr abfällig von den Deutschen. Sie mochten sie nicht, und die Somali übernahmen ihre Einstellung, ohne nachzufragen. Auch für uns wimmelte Deutschland von Nazis, und deshalb wollte von uns keiner dorthin. Noch kürzlich hatten wir von Angriffen auf Ausländer gehört und dass die Deutschen deren Häuser anzündeten. Bei uns schaute man BBC und CNN, und beide Sender hielten uns über die Schlechtigkeit der Deutschen auf dem Laufenden. Jeder wusste, dass er auf wild gewordene Nazibanden gefasst sein musste, sollte er je das Pech haben, nach Deutschland verschlagen zu werden. Ich wäre jedenfalls lieber nach Russland als nach Deutschland ausgewandert. Da ich aber sicher war, noch in dieser Nacht amerikanischen Boden zu betreten, machte ich mir über die Deutschen weiter keine Gedanken.

Nach neun Stunden Flug landeten wir am Nachmittag in Frankfurt. Es war ein strahlender Sommertag, und alles, was ich sah, erschien mir unglaublich und schön. Wie grün die Landschaft war, wie riesig der Flughafen, wie gut gekleidet die Menschen – und wie weiß! Das hatte ich noch nie erlebt. Bisher war die Menschheit für mich schwarz gewesen, überwiegend zumindest. Hier waren plötzlich alle weiß, und alle sahen gleich für mich aus. Nicht nur, dass ihre Gesichter sich kaum unterscheiden ließen – sie bewegten sich auch alle auf die gleiche Art und wirkten allesamt wie Menschen, die immer und bei allem die Ersten sein wollen.

Der erste Eindruck von Europa war jedenfalls überwältigend. Einfach alles schien in diesem Land neu zu sein. Ich ging durchs Flughafengebäude, wollte eine dieser Glastüren aufstoßen, und prompt öffnete sie sich von selbst vor mir. Und ich dachte: Ach ja, du bist in Europa. Ich kam an eine Treppe, schon fuhr sie mit mir los, und ohne einen Schritt zu machen, gelangte ich ins nächste Stockwerk. Wie leicht hier alles geht, dachte ich. Alles war schön, alles war neu, alles glitzerte. Kein Staub, kein Dreck, keine zerschlagenen Fensterscheiben, und bei jedem Blick hinaus dieses Grün. Bäume, wohin man sah.

Nura, sagte ich mir, du bist auf einem anderen Planeten gelandet. Du bist in Europa, und Europa ist schön. Wenn jetzt noch Amerika genauso schön ist… Nur dass ich es kalt fand, obwohl die Sonne schien. Mich fröstelte, und ich knöpfte meine Jeansjacke zu.

So, ich hatte vier Stunden Aufenthalt. Ich spazierte umher, staunte, durchstöberte den Duty-free-Shop, stärkte mich und ging zu meinem Gate, als die Zeit für den Weiterflug kam. Ganz unbesorgt, ganz unbekümmert stand ich in der Schlange, zuversichtlicher konnte ein Mensch nicht

sein. Mein neues Leben hatte bereits begonnen. Ein Stoß-
gebet, und ich trat an den Schalter. Der deutsche Beamte
dahinter nahm meinen Pass, warf einen Blick hinein und
sagte, ohne aufzusehen: »Gehört der Ihnen?«

DRITTER TEIL

Deutschland

»WELCOME TO GERMANY«

In Nairobi wäre es längst Nacht gewesen, aber dieser strahlende deutsche Junitag dauerte wundersamerweise immer noch an, als meine Reise nach Amerika ein Ende fand. Der Beamte blickte auf und sagte: »Warten Sie bitte hier.« Alle anderen bestiegen das Flugzeug. Nachdem der Letzte in dem Schacht verschwunden war, der zur Maschine führte, wandte er sich wieder mir zu. »Bitte, sagen Sie die Wahrheit. Ist das wirklich Ihr Pass?« Ich nickte. Er ging zum nächsten Telefon, führte ein längeres Gespräch, kam zurück, sah mich an und sagte: »Dieser Pass gehört nicht Ihnen. Wir wissen, dass Sie Somali sind. Sie werden nicht weiterfliegen. Sie werden in Deutschland bleiben und können Asyl beantragen.«

Nun, da saß ich also in der Falle.

Ein weiterer Anruf, und eine Frau erschien. Meinen Pass bekam ich nicht zurück. Die Frau begleitete mich durch schmale Gänge zu einem kleinen, neonbeleuchteten Raum mit mattgrünen Wänden und einem schwarzen Plastikstuhl, sagte etwas auf Deutsch und verschwand wieder. Jetzt saß ich da. Werden sie mich nach Kenia zurückschicken?, fragte ich mich. Die Deutschen sind reich, leisten können sie sich das. Aber die Kenianer würden dich ohne Papiere nicht einreisen lassen. Und nach Somalia? Unmöglich. Somalia gibt es nicht mehr. Auf jeden Fall würden sie mich erst einmal ausfragen. Ich machte mich auf ziemlich viele Fragen gefasst und beschloss, mich dumm zu stellen.

Je auskunftsfreudiger ich wäre, desto mehr würden sie wissen wollen.

Nach einer Weile kam die Frau zurück. Sie redete auf mich ein, seltsamerweise in Deutsch, und auf alles, was sie sagte, antwortete ich mit »Somalia«. Meine Nervosität legte sich allmählich. Lass das Feuer brennen, sagte ich mir. Im Augenblick ist doch nichts zu retten. Als Nächstes musste ich meine Tasche öffnen, die Schuhe ausziehen und die Kleider bis auf die Unterhose ablegen. »Kontrolle«, sagte sie. Wie ich so dastand, fast nackt, begutachtete sie mich erst von allen Seiten und nahm sich dann meine Kleider vor. Ich hatte mein Geld in den Hosenbund meiner Jeans eingenäht, ein altbewährtes Verfahren, und verschiedene Telefonnummern innen in eins der Hosenbeine geschrieben. Beides entging ihr, weil sie sich nur für die Etiketten mit den Herkunftsbezeichnungen in meinen Kleidern interessierte. »Made in USA«, murmelte sie vor sich hin, »made in Italy«, und plötzlich »made in Germany, Düsseldorf«. Ein wunderschönes Sommerkleid war das, ich hatte es in Djidda gekauft. Mir war gar nicht aufgefallen, dass es aus Deutschland kam. Und dass die Stadt, aus der es stammte, mir bald so vertraut werden sollte wie Mogadischu oder Nairobi, konnte ich natürlich nicht ahnen. Offenbar verriet nichts davon mein Herkunftsland, ich durfte mich wieder anziehen.

Da klingelte das Telefon im Raum, und der Dolmetscher war am Apparat. Was folgte, war ein Dreiecksgespräch, und es verlief etwas umständlich, weil wir uns mit dem Hörer abwechseln mussten. Die Frau stellte ihre Frage auf Deutsch, reichte mir dann den Hörer, ich antwortete auf Somalisch und gab ihn zurück.

»Weißt du überhaupt, wo du bist?«, fragte mich der Dolmetscher zum Schluss.

»Ja«, sagte ich, »in Amerika.«

Da erschien zum ersten Mal ein Lächeln auf dem Gesicht der Frau. »Welcome to Germany«, sagte sie. »Please, follow me.«

Durch immer neue Gänge lief ich der Frau hinterher. Wohin brachte sie mich? Zu einem Lager? Einem Gefängnis? Einer Wache? Die Polizeiwachen in Deutschland hatten wahrscheinlich wenig Ähnlichkeit mit denen in Nairobi. »Du brauchst keine Angst zu haben«, hatte mir der Dolmetscher gesagt. Nein, Angst hatte ich auch keine. Jetzt öffnete die Frau eine Tür, Polizisten nahmen mich in Empfang, und ich stand in einem großen Raum voller Menschen. Menschen aus aller Herren Länder. Menschen jeder Hautfarbe. Männer, aber auch viele Frauen und Kinder darunter. Schicksalsgenossen wahrscheinlich, aber derartig viele? Ich bekam ein Bett zugewiesen, staunte, dass hier Männer und Frauen in einem Raum schliefen, und schaute mich um. Es gab einen großen Speisesaal, es gab Tischtennisplatten, es gab Duschen und Telefonzellen, und wenn dies auch unmöglich ein Gefängnis sein konnte, so war es doch auf jeden Fall ein Ort, den man nicht einfach verlassen konnte, denn die Fenster waren aus dickem Milchglas, und die einzige Tür nach draußen war gut bewacht. Zehn Minuten später hatte ich einen somalischen Jungen kennen gelernt und erfuhr, dass ich mich in der Abschiebehaft des Frankfurter Flughafens befand. »Hier landet jeder«, lachte er. »Jeder von uns Pechvögeln.«

Ich hatte Zeit, mich an mein neues Leben zu gewöhnen, denn sie schienen mich so bald nicht loswerden zu wollen. Ich fand alles an diesem Ort ziemlich vornehm. Das Einzige, was mich davon überzeugte, in einer Art Gefängnis zu sein, war das Essen. Am schlimmsten war das Frühstück, und davon das Schlimmste war der Tee. Sie setzten uns Pfefferminztee vor – schon von dem Geruch wurde mir übel! Ich brauche richtigen Tee, guten schwarzen Tee mit Milch, und zwar ziemlich viel davon und ziemlich süß. Ich rührte den Pfefferminztee nicht an. Und was es sonst noch gab, erschien mir ebenso ungenießbar. Ich hatte so etwas noch nie gesehen. Ich kam fast um vor Hunger, aber ich konnte das nicht essen. Was hätte ich für eine einzige frische, reife Banane gegeben! Eine von diesen somalischen Bananen, die so stark duften, dass jeder, der draußen an deinem Haus vorbeigeht, weiß, welche Sorte du drinnen gerade isst. Am dritten Morgen sagte mein neuer somalischer Bekannter zu mir: »Mädchen, wenn du nicht sterben willst, musst du was davon essen. Das hier sind deutsche Brötchen, das hier ist deutsches Schwarzbrot, das hier ist Käse. Füll dir damit den Magen, und befiehl dich Gott an.« Schließlich rang ich mich dazu durch, Spaghetti zu essen, wenn es Spaghetti gab. Aber ohne das Fleisch in der Soße, weil mir keiner sagen konnte, ob es Schweinefleisch war. Der somalische Junge schüttelte den Kopf. »In Europa musst du alles essen, was nicht nach dir schnappt«, sagte er.

Das Essen war schauerlich, aber bis auf weiteres das Einzige, was gegen Deutschland sprach. Einmal am Tag fuhren sie mit uns hinaus an die frische Luft. Es war wie ein Schulausflug unter Polizeischutz. Unsere Busse hielten an einem Spielplatz im Grünen, einige spielten Tischtennis, andere Fußball, manche genossen es, einfach nur in der Sonne zu sitzen, denn das Wetter war weiterhin schön. Nach einer Stunde fuhren sie uns wieder zurück.

Die größte Überraschung dieser ersten Tage war vielleicht, dass sie keinen Unterschied zwischen Afrikanern und Europäern machten. Ich war davon ausgegangen, dass

Schwarze in Europa schlechter als Weiße behandelt würden, doch das stimmte nicht. Wenn man die deutschen Beamten ansprach, reagierten sie gelassen und freundlich, egal, welche Hautfarbe man hatte. Im Übrigen war ich solchen Menschen wie diesen deutschen Polizisten noch nie begegnet. Ich gewann immer mehr den Eindruck, dass sie ihre Arbeit ernst nahmen! Dass sie einfach an ihre Arbeit gingen und sich nicht ablenken ließen und taten, was eben zu tun war. Ich war beeindruckt. So etwas kannte ich aus Afrika nicht. Als am zweiten Tag die Verhöre begannen, merkte ich schnell, dass sie sich nicht an der Nase herumführen ließen. In ihren Fragen nach meinem Herkunftsland waren sie unerbittlich, aber letztendlich war es doch jedes Mal eine Unterhaltung zwischen Leuten, die füreinander Menschen waren. Da kühlte niemand sein Mütchen an einem, den er zufällig in seiner Gewalt hatte.

Nun, aus Amerika wurde vorläufig nichts, aber meine Lage erschien mir nicht Besorgnis erregend. Ich erwartete nichts, weil ich keine Ahnung hatte, was mir bevorstand, aber ich hatte offenbar auch nichts zu befürchten. Meine einzige Sorge war, dass sie mich auf der Stelle zurückschicken könnten. Nach vier Tagen konnte ich aufatmen. Sie hatten Fotos von mir gemacht, meine Fingerabdrücke genommen, waren mir drei Tage lang mit Fragen auf den Leib gerückt, und am vierten unterschrieb ich ein Papier. Das war mein Antrag auf Asyl in Deutschland.

In unserer Freizeit, also wenn wir nicht gerade verhört oder ausgefahren wurden, saßen wir Afrikaner zusammen und redeten viel und lachten viel. Ich traf Frauen aus Nigeria, die kannten die ganze Welt, weil sie schon jede Route ausprobiert hatten bei dem Versuch, nach Deutschland zu gelangen. Sie erzählten unglaubliche Geschichten von Flucht und Ausweisung und erneuter Flucht. Doch der interessanteste Mensch war ein Rechtsanwalt aus Nigeria, ein Mann um die fünfzig. Mit ihm freundete ich mich in diesen Tagen an.

Sein Fall war besonders bitter. Er war in seinem Land wirklich bedroht, weil er sich mit Politikern angelegt hatte, und jetzt schoben sie ihn ab. Er wollte unbedingt nach Deutschland, hatte darum gekämpft, hatte einen Papierkrieg mit den Behörden geführt, hatte seinen Fall vor Gericht selbst vertreten, aber die Deutschen wollten ihn nicht. Er war ein kluger und gebildeter Mensch, sprach ein exzellentes Englisch, und ich konnte ihm stundenlang zuhören, einfach nur dasitzen und seinen Worten mit großen Ohren lauschen.

Er erzählte mir, was es mit Hitler auf sich hatte und wie es zum Zweiten Weltkrieg gekommen war. Dass viele Deutsche seinerzeit selbst ausgewandert waren und in anderen Ländern Zuflucht gefunden hatten. Und wie die Amerikaner sie nach dem Krieg mit Lebensmittelpaketen vor dem Verhungern gerettet hatten, weil damals auch in diesem Land mancher an Kamelhäuten genagt habe oder eher an Kuhhäuten. Als Fach hatte mich Geschichte in der Schule nie interessiert, aber plötzlich konnte ich nicht genug davon bekommen. Wir kamen auf Afrika zu sprechen, auf den Kolonialismus und wie die Europäer den Reichtum unseres Kontinents geplündert und sogar seine Menschen geraubt hatten. »Wenn sie gekonnt hätten«, sagte er, »dann hätten diese Leute selbst unsere Sonne gestohlen und nach Europa geschafft, diese wunderbare, stahlend helle, heiße afrikanische Sonne.« Aber er hielt die Europäer auch für klüger, für raffinierter und besonnener als die Afrikaner. »Wir Afrikaner sind kurzsichtig und egoistisch«, meinte er.

»Wenn bei uns jemand in der Verwaltung aufsteigt oder ein Regierungsamt übernimmt, kennt er nur noch sein eigenes Portemonnaie. Dann ist ihm sein Land gleichgültig. Dabei könnten wir in Afrika so gut leben mit dem, was wir haben – auch ohne den ganzen Fortschritt des Westens und all dem, was die Europäer Entwicklung nennen.« Er sprach ganz realistisch und ohne Illusionen über Afrika. Er schwärmte von der Schönheit dieses Kontinents und sprach mit trauriger Stimme über die Verdorbenheit seiner Politiker. »Wir Afrikaner sind an diesen Zuständen selber schuld, wenn wir einfach hinnehmen, was unsere Politiker sich leisten. Wir könnten unsere Probleme aus eigener Kraft lösen – nur scheint sich niemand dafür zu interessieren.«

Obwohl er doch seinen Kampf verloren hatte, fand dieser Mann die Kraft, anderen Mut zuzusprechen. Es saßen viele mit bedrückten Gesichtern herum, und für alle hatte er einen Rat oder ein gutes Wort. »Wenn ihr jetzt zurückmüsst«, sagte er, »lasst euch nicht entmutigen. Lasst euch nicht unterkriegen.« Aber einer war so verzweifelt, dass er sich umbrachte. Ich war dabei, als sie ihn morgens im Bad fanden. Es war ein Iraner, er hatte sich mit dem Schlauch der Dusche erhängt. In den folgenden Nächten gingen Polizisten durch die Räume und prüften, ob jeder in seinem Bett lag.

Nach einer Woche wurden Namen ausgerufen, und auch meiner war dabei. Draußen wartete ein Bus. Wir waren eine Gruppe von Somali und Irakern, und sie brachten uns an einen Ort, der Bad Schwalbach hieß.

Da sah ich zum ersten Mal ein größeres Stück von Deutschland, und es war wirklich schön. Nach wie vor schien die Sonne, die Landschaft war grün, und die Straßen waren sauber und gut. Sie brachten uns zu einem großen

Lager, wo bestimmt tausend Menschen aus vielen Ländern in Wohncontainern lebten. Dort blieb ich für eine weitere Woche. Es war ein Kommen und Gehen, denn jeden Tag trafen neue Busse mit neuen Flüchtlingen vom Flughafen hier ein, und jeden Tag fuhren andere Busse von hier zu anderen Lagern in Deutschland.

Gleich nach meiner Ankunft, als Allererstes, habe ich meine Eltern angerufen. Eine Woche lang hatten sie jetzt nichts von mir gehört, und ich konnte mir vorstellen, dass sie inzwischen vor Angst fast verrückt geworden sein mussten. Aber ich hatte mich nicht getraut, vom Flughafen aus anzurufen, weil sie mich dort mit Sicherheit abgehört hätten. Doch wie immer, wenn es ernst wurde, war meine Mutter auch diesmal ruhig und gefasst und meinte, dass meine Chancen in Deutschland sicher nicht schlechter als in Amerika seien.

Am Abend des zweiten Tags standen drei junge somalische Männer in meiner Tür und fragten mich, wohin sie mich bringen sollten. Ich kam dahinter, dass sie ein Geschäft damit machten, Landsleute nach Holland oder England zu schaffen, und offenbar hatten sie gut zu tun, weil Deutschland bei den Somali so unbeliebt war. Bei einer wie mir, die Deutschland bislang nicht ganz so schrecklich fand, halfen sie nach. »Du musst zusehen, dass du so schnell wie möglich hier rauskommst«, redeten sie auf mich ein. »Deutschland ist ganz schlecht.« Von nun an tauchten sie täglich bei mir auf. Inzwischen hatte ich erfahren, dass ich nach Köln verlegt werden sollte, und da machten sie erschrockene Gesichter, als hätte es nicht schlimmer für mich kommen können. »Köln ist nicht gut, Köln ist sehr schlecht«, meinten sie. »Köln ist gar nichts für dich. Da wirst du auf ein Schiff gesperrt und musst auf dem Wasser leben. Geh doch nach Holland, wir bringen dich hin.« Sie machten mich ganz nervös. Schließlich wohnten sie schon lange in Frankfurt und mussten Bescheid wissen.

Dass ich schließlich auf ihr Angebot einging, lag am deutschen Essen. Ich war drauf und dran, zu verhungern. Mein Magen rebellierte, wenn ich diese Brötchen nur sah oder Pfefferminztee roch, den es auch hier zum Frühstück gab. Sie versprachen mir eine somalische Mahlzeit, ich packte meine Sachen und ging mit ihnen. In einem Haus in Frankfurt öffnete uns eine somalische Frau. »Dieses Mädchen stirbt vor Hunger«, erklärten sie ihr, »koch was Somalisches für sie, mit viel Reis und Fleisch. Aber als Erstes braucht sie richtigen Tee.«

Und sie kochte, als ginge es um Leben und Tod. Seit zwei Wochen hatte ich keinen Reis mehr bekommen, kein ordentliches Fleisch und keinen schwarzen Tee. Mein Vater brauchte täglich seine Spaghetti, und ich brauchte Reis. Als sie endlich fertig war, habe ich mich wie eine Hyäne auf dieses Essen gestürzt. An diese Mahlzeit werde ich mich mein Leben lang erinnern! Ich weiß nicht, ob sie wirklich eine so gute Köchin war, aber für mich war es die leckerste Mahlzeit meines Lebens. Als ich satt war, legten sie somalische Musik auf, und mit einem Mal kam es mir so vor, als könne ich in Europa leben. Als könne ich in Europa leben und trotzdem Afrikanerin bleiben. »Ja«, habe ich gesagt, »so will ich leben, so wie diese Frau. Solange ich hier in Europa andere Somali finde, brauche ich nicht zu verzweifeln.« Als meine neuen Freunde mir anboten, bei ihnen einzuziehen, war ich einverstanden.

Ich bekam ein Zimmer für mich. Endlich fühlte ich mich so sicher, dass ich meine Jeans auszuziehen wagte. Diese Jeans mit dem eingenähten Geld stellte meinen ganzen

Besitz dar, und in den letzten zwei Wochen hatte ich sie Tag und Nacht am Leib gehabt.

Und dann saß ich untätig herum. Jeden Tag kamen sie und sagten: »Morgen bringen wir dich nach Holland. Wir müssen nur noch mehr Leute im Lager für die Fahrt auftreiben.« Nach einer Woche war mir nur noch zum Heulen zumute. Seit bald einem Monat war ich jetzt in Deutschland und lungerte herum, ohne Plan und Ziel, und verschwendete meine Zeit. Ich überlegte, zur Polizei zu gehen und mich nach Köln bringen zu lassen. Für meine Freiheit war ich sogar bereit, wieder das deutsche Essen in Kauf zu nehmen.

Am selben Abend besuchte uns ein älterer Somali. Er sah mich an und fragte nach meinem Clan. »Lali«, sagte ich, was er schon an meiner Hautfarbe gesehen und an meiner Sprache gehört haben musste. Jetzt wollte er es ganz genau wissen. Mein Unterclan? Meine Sippe? »Weißt du was?«, sagte er strahlend. »Du könntest eine Kusine meiner Frau sein. Komm mit, ich mache euch miteinander bekannt.« Ich ging mit ihm.

Die Ähnlichkeit war wirklich nicht zu übersehen. Ihr Gesicht, ihre Figur – fast mein Gegenstück, und auch Clan, Unterclan und Sippe stimmten überein. Also waren wir auf jeden Fall miteinander verwandt. Die Frau hielt es nicht länger aus, sie rief meine Mutter in Nairobi an – und tatsächlich, meine Mutter kannte ihre ganze Familie! Jetzt hatte ich in Deutschland sogar Verwandte! Die Frau beschwor mich, bei ihnen zu bleiben. Und ich blieb.

Ihr Mann hatte seine eigenen Pläne mit mir. »Du gehst nach England«, sagte er. »Das werde ich für dich arrangieren. Amerika ist zu weit weg, aber England ist möglich. Da kannst du studieren.« Das war mir lieb. Ich müsste nicht mühsam Deutsch lernen. Und die Engländer hatten in Kenia einen viel besseren Ruf gehabt als die Deutschen. Andererseits … Mit den Somali, die mich partout nach Holland bringen wollten, ging ich manchmal in Frankfurt tanzen. In eine amerikanische Discothek. Da tanzten riesenhafte amerikanische Boys, schwarze und weiße, die Musik war nicht schlechter als in Nairobi, und ich war wieder ganz in meinem Element. Was war eigentlich so schlimm an Deutschland?

Nach sechs Wochen saß ich immer noch bei meinen Verwandten. Sie hatten zwei Jungen, und der jüngste war mit seinen fünf Jahren schon ganz versessen auf Fußball. Er lief durch die Wohnung und brüllte: »Ich bin Lothar Matthäus!« Das war der erste deutsche Satz, den ich beherrschte. »Ich bin Lothar Matthäus.«

Die beiden waren in Deutschland geboren, sprachen gut Deutsch, und von ihnen lernte ich ein paar Brocken dieser schwierigen Sprache. Dass ihrem Vater gar nichts daran lag, mir zu einer Weiterfahrt nach England zu verhelfen, dämmerte mir indessen bald. Der war glücklich, ein neues Familienmitglied zu haben. »Du hast eine Schwester gefunden«, sagte er zu mir. »Du wirst dich bei uns nicht langweilen und brauchst keine Miete zu zahlen.« Er meinte es gut, aber wohin sollte das führen? Jeder hat sein eigenes Leben. Ich rief die Jungen an, die mich nach Holland bringen wollten. »Wir fahren heute«, teilten sie mir mit. Und ich fuhr mit. Sicher war es von Holland aus einfacher, nach England zu kommen.

Ich hatte nun wirklich genug Zeit verschwendet. Ich wusste, woher ich kam, und ich wollte endlich wissen, wohin ich ging. Sie setzten mich in Amsterdam bei einer somalischen Familie ab. Sogleich kochten sie etwas Somalisches für mich, und ich blieb zwei Tage bei ihnen. Doch Amsterdam gefiel mir nicht. In Frankfurt hatte ich mich wohler gefühlt. Immerhin tauchten Leute auf, die davon sprachen, mich nach England bringen zu können. »Wie viel Geld hast du?«, wollten sie wissen. »500 Dollar«, sagte ich. Da lachten sie und winkten ab. 500 Dollar, das war für sie kein Geld. Ich wusste nicht mehr weiter. Jetzt blieb nur noch eins, wenn ich nicht zu Hause anrufen und meine Eltern um Geld bitten wollte: Köln. Ich musste nach Köln und in dieses Schiff und – warum denn nicht? – eine Zeit lang auf dem Wasser leben, auch wenn das einzige Schiff, das ich jemals in meinem Leben betreten hatte, eine Fähre auf einem kleinen Fluss in Kenia gewesen war. Die Amsterdamer Somali waren freundlich genug, mir eine Fahrkarte nach Köln zu kaufen, und auf dem Bahnhof sagten sie zum Abschied zu mir: »Sorge dich nicht, Gott ist mit dir. Vertraue auf ihn, dann wird dir nichts passieren. Wir sind hier nicht in Afrika, wir sind in Europa. Und wenn du in Schwierigkeiten kommst, wende dich an die Polizei. Das kann man hier in Europa nämlich getrost machen.« Dann kam der Zug, und ich stieg ein.

In diesem Zug war ich zum ersten Mal in meinem Leben allein. Allein in einer Welt von Weißen auf einer Fahrt ins Unbekannte. An jedem Bahnhof studierte ich das Ortsschild und las fremde, nie gehörte Namen. Was würde mir meine Mutter jetzt sagen? »Was immer auf dich zukommt – du wirst damit fertig werden. So habe ich dich erzogen.« Das würde sie wohl sagen. Gut, ich hatte keine Angst. Irgendwann hielten wir auf einem großen Bahnhof, da stand wieder: Düsseldorf. Und als Nächstes kam Köln. Köln Hauptbahnhof.

Gegen vier Uhr nachmittags traf ich ein. Ich stand auf

dem Bahnsteig und schaute in alle Richtungen – überall nur Weiße. Was sollte ich jetzt machen? Ich war müde, ich war hungrig, ich setzte meine Tasche ab, wo ich stand, stellte meine Plastiktüte daneben und lief los, die Treppe hinunter, um nach einem schwarzen Gesicht Ausschau zu halten. Nach irgendeinem Afrikaner, der mir sagen könnte, wie ich dieses Schiff finde. Ich sah keinen Afrikaner. Ich sprach einen Weißen an, und er beachtete mich gar nicht. Da sah ich hinten, am Ende der Halle, zwei schwarze Jungen und raste los. Ich hatte nur einen Gedanken: Das sind deine Brüder, sie werden dir helfen. Ich holte sie tatsächlich ein, und tatsächlich kannten sie dieses Schiff. Jetzt musste ich nur noch mein Gepäck holen, aber ich hatte vergessen, wo ich es gelassen hatte. Wir also gemeinsam wieder nach oben. Auf dem ersten Bahnsteig – nichts, auf dem zweiten – nichts, auf dem dritten – da stand es! Die beiden starrten mich an, fassungslos. »Du kannst doch deine Sachen nicht hier herumstehen lassen!« Ich lächelte. »Wir sind hier nicht in Afrika«, erklärte ich ihnen, »wir sind in Europa. Und in Europa wird nicht gestohlen.« Die beiden schüttelten die Köpfe über mich. Obwohl ich Recht gehabt hatte. Jedenfalls wussten sie jetzt, dass man auf mich aufpassen musste, und begleiteten mich bis an den Rhein. Linker Hand führte eine große, dunkle Brücke über den Fluss, und im Schatten dieser Brücke lag ein weißes Schiff, das eher wie ein schwimmendes Haus aussah. Es war weit und breit das einzige Schiff, also war es mein Schiff. Ein dicker Wachmann stand davor, ich hielt auf ihn zu. Er machte mir nicht den Eindruck, Englisch zu sprechen. »Hello!«, sagte ich zu ihm. »Ich bin Lothar Matthäus.«

Er ließ mich spüren, dass ich bei ihm an den Falschen geraten war, bevor er ins Schiff hineinrief. Eine Frau kam heraus. Sie sprach Englisch, warf einen Blick auf das Papier, das ich in Frankfurt bekommen hatte, und fragte streng, wo ich geblieben sei. Meine Antwort, ich hätte mich verirrt, nahm sie wortlos zur Kenntnis und brachte mich auf ein Zimmer, das bereits von zwei Frauen aus Ruanda bewohnt war, Mutter und Tochter.

Mein Kabinenfenster ließ sich öffnen, und gleich unter mir strömte das Wasser des Rheins. In den nächsten Tagen hörte ich Geschichten von Mord und Totschlag und von Leuten, die ins Wasser gestürzt waren. Die Atmosphäre an Bord war gespannt. Offenbar kamen viele der Flüchtlinge aus Kriegsgebieten, und es waren wohl einige darunter, die nicht wenige Menschen auf dem Gewissen hatten. Ich hatte kein Vertrauen zu diesem Schiff und seinen Bewohnern. Das Essen war das gleiche wie in Schwalbach und Frankfurt: morgens Pfefferminztee und Brötchen mit Marmelade statt *Injerna* mit Leber. Ich hungerte weiter.

Ich versuchte, mich abzulenken. Ich redete mit vielen Leuten, spielte Tischtennis, ging am Kai spazieren und beobachtete Menschen – nur, um nicht denken zu müssen. Um nicht der Wahrheit ins Auge zu sehen, dass ich hier in einem fremden Land festsaß, vollkommen allein und mit sehr ungewissen Aussichten. Am zehnten Tag wurde mein Name aufgerufen, und meine Reise ging weiter nach

Lüdenscheid. Wo immer das sein mochte. Schon saß ich wieder in einem Bus. Ich zockelte einfach von einem Ort zum nächsten, ohne die leiseste Ahnung, was mich dort erwartete. Hierhin, dorthin und wieder weiter, ohne große Hoffnung, dass das Leben mir am nächsten Ort mehr zu bieten hätte als am letzten.

Aber dann. Die Straßen, die Häuser, die Landschaft – die ganze Fahrt nach Lüdenscheid war ein Erlebnis. Ich glitt in einem komfortablen Bus über asphaltierte Straßen durch strotzendes Grün und lehnte mich behaglich zurück mit dem Gefühl, wie ein VIP behandelt zu werden. Als wir Lüdenscheid erreichten, fuhr neues Leben in mich. Das hier war etwas völlig anderes. Die neue Unterkunft war eine ehemalige Kaserne, zwei große Gebäude mit je vier Etagen und breiten Fluren, geräumigen Zimmern, einem Kindergarten, einer Schule, einer Krankenstation und obendrein einer Wäscherei, wo man seine dreckigen Sachen abgeben und sie getrocknet und gebügelt wieder abholen konnte. Der reine Luxus, und dazu ein Völkergemisch, als hätte man wohl überlegt Menschen aus aller Welt für irgendein Experiment hier zusammengeführt. Da gab es Afghanen, Kurden, Ceylonesen und Afrikaner aus vielen Teilen meines Kontinents. Manche lebten schon seit Monaten hier, und wie es schien in großer Eintracht – wenn man von dem Dauerstreit um den Fernseher absah.

Nein, ich übertreibe nicht, das war Luxus. Jede Woche gab es 18 Mark und zum Frühstück schwarzen Tee! Selbst das Essen war gut. Man hatte die Wahl zwischen Spaghetti und Makkaroni, Reis und Kartoffeln mit diversen Soßen, und so war wenigstens die Gefahr, in Deutschland zu verhungern, vorläufig gebannt. Jetzt musste ich nur noch die Langeweile besiegen.

Fernsehen war, wie gesagt, unmöglich. Es gab einen Fernsehapparat für hundert Leute, und obwohl keiner von ihnen Deutsch sprach, entbrannten um diesen Apparat täglich aufs Neue wilde Kämpfe. Die einen wollten Fußball sehen, die anderen eine Musiksendung, die Nächsten eine Serie, und ich saß staunend dabei und sah ihnen zu. Bei uns zu Hause hatten sich Kinder um den Fernseher gestritten, hier waren es erwachsene Menschen. Nach zwei Tagen hatte ich genug. Ich brauche Beschäftigung, und mein Körper braucht Bewegung. Ich war immer die Aktivste von uns gewesen, ich war gerannt, hatte Basketball gespielt, sogar Fußball, wenn meine Brüder nicht in der Nähe waren, und später ganze Nächte durchgetanzt. Wie sagte meine Mutter immer? »Ein guter Bauer kann mit jeder Hacke arbeiten.« Ich sah mich nach einer Hacke um. Am dritten Tag meldete ich mich auf der Kleiderkammer, sprach mit der Deutschen dort, und die sagte: »Komm, wir arbeiten zusammen.«

Aus der Stadt wurden wir laufend mit gebrauchten Kleidungsstücken beliefert. Ich stand in der Annahme und sortierte alles, was hereinkam: die Hosen auf den Haufen, die Unterhemden auf den, die Schuhe auf den. Es hieß, dass es sich um Altkleider handele, aber ich hatte den Eindruck, dass viele nagelneu waren. Jedes einzelne Teil musste in eine Liste eingetragen werden und wanderte dann zunächst weiter in die Wäscherei. Und jeder, der frisch in Lüdenscheid eintraf, wurde bei uns eingekleidet, mit Sachen, die praktisch neu waren.

Was da an Kleidern hereinkam, war unbeschreiblich. Unmengen! Und alles von der deutschen Bevölkerung gespendet. Einen Monat blieb ich in Lüdenscheid, und einen Monat lang stand ich von morgens um acht Uhr bis nachmittags um vier Uhr hinter der Theke der Kleiderkammer, nahm entgegen und teilte aus. Ich habe mich keine Sekunde gelangweilt. Wenn neue Leute eintrafen, musste ich ihre Kleidergröße herausfinden, und dann bekamen sie eine Hose von mir, einen Mantel oder Schuhe. Ich war glücklich. Wenn ich abends ins Bett fiel, schlief ich tief und fest. Erst Tage nach meinem Geburtstag fiel mir ein, dass ich zwanzig geworden war.

Aber das Beste kam noch. Ich lernte eine Afrikanerin kennen, die mit einem deutschen Arzt verheiratet war. Sie wohnte in der Stadt, hatte selbst fünf Kinder, unternahm aber ständig etwas mit diesen Schwärmen von Flüchtlingskindern in unserem Haus. Von ihr stammte die grandiose Idee, eine afrikanische Tanz- und Musikgruppe auf die Beine zu stellen. Das durfte nun wirklich nicht schwer sein. Es gab bei uns nämlich viele aus dem Kongo, und diese Leute sind versessen auf Musik. Einer war darunter, der hatte die ganze Reise vom Kongo bis nach Lüdenscheid mit seiner Gitarre gemacht, ein bekannter Musiker in seiner Heimat. Wir schafften es, in Lüdenscheid Trommeln aufzutreiben, afrikanische Trommeln, und dann haben wir richtige schwarzafrikanische Musik gemacht. Als die einzige Somalierin unserer Truppe beschränkte ich mich meist darauf, wie ein *Dschinn* vor den Musikern herumzuwirbeln, weil ich weder Französisch noch die einheimische Sprache Lingala konnte. Ich sang höchstens mit allen anderen im Chor den Refrain: »Afrika ye, Afrika yetu. Afrika ye, Afrika yetu.« Yetu heißt »unser«. Wir waren so gut, dass wir eines Tages bei einer multikulturellen Veranstaltung im Theater von Lüdenscheid auftreten durften.

Erst sang ein deutscher Chor, dann kamen wir. Jeder von uns hatte sich farbenprächtige Tücher aus dem Fundus der schwarzen Arztgattin kunstvoll um den Leib geschlungen und alle freien Körperteile mit weißen Fantasiemustern bemalt, und so stürmten wir jetzt auf die Bühne, als kämen wir direkt aus dem Dschungel. Wir führten uns so wild wie möglich auf, und die Lüdenscheider müssen geglaubt haben, dass wir im nächsten Augenblick wilde Tiere freilassen würden. Nach dem deutschen Chor war es ein Leichtes, für mehr Stimmung zu sorgen und die Leute richtig aufzuwühlen. Mal sang ich aus dem Hintergrund »Afrika ye, Afrika yetu«, mal tanzte ich mit den anderen wie eine Verrückte um diesen in seiner Heimat berühmten Musiker mit seiner Gitarre herum – natürlich barfuß, denn barfuß ist afrikanisch. Selbstverständlich kannte ich keinen dieser Tänze, aber die Lüdenscheider haben mir meine Improvisationen nicht übel genommen. Am nächsten Tag standen wir jedenfalls in der Zeitung.

Nachdem die Lüdenscheider nun ein Bild von Afrika hatten, bekam ich kurz darauf Gelegenheit, mir ein Bild von den Lüdenscheidern zu machen. Wir waren nämlich mittlerweile so enge Freundinnen geworden, die Arztgattin und ich, dass sie mich zu einer Party in ihrem Haus einlud. Sie holte mich von der Kaserne ab, und wir fuhren zu ihrer Villa.

Seit zehn Wochen war ich in Deutschland, und zum ersten Mal sah ich jetzt, wie Deutsche lebten. Es ging vornehm und recht sonderbar zu. Es war inzwischen September, aber trotz der Abendkühle saßen Gäste draußen auf einer überdachten Veranda, die von oben beheizt wurde. Auf einer Seite flackerte ein Kaminfeuer, das entfernt an unser Hoffeuer in Mogadischu erinnerte. Drinnen aber, in einem riesigen Wohnzimmer voller Sofas und Sessel, saß niemand. Da bildeten sie kleine Gruppen und unterhielten sich im Stehen, jeder sein Glas in der Hand – nette junge

Frauen, nette junge Männer und nette ältere Herren. Bei uns in Afrika muss man auf einer Party sitzen, auf dem Stuhl oder am Boden, und sich in einer großen Runde miteinander unterhalten. Aber hier? Nichts da. Diese Leute standen nur herum, in allen Ecken, selbst auf dem Flur, und steckten die Köpfe zusammen wie Verschwörer. Später legte jemand Musik auf, aber niemand tanzte. Das Einzige, was sie interessierte, war zu reden. »Komm«, sagte meine Freundin, »überlassen wir diese Leute sich selbst, die sind langweilig, tanzen wir.« Also gingen wir in den Flur und tanzten. Da kamen doch tatsächlich welche, und schließlich verschoben die meisten Gäste ihre Verschwörung auf die nächste Party und tanzten mit.

Zunächst hatte keiner sich so recht getraut, mit mir zu reden. Später dann, als sie mehr getrunken hatten, fasste sich der eine oder andere schon mal ein Herz und sprach mich an. Ich erinnere mich, dass ein Unternehmer auf mich zukam und sagte: »Wenn Sie in Lüdenscheid bleiben, Frau Abdi, kann ich Ihnen Arbeit geben.« »Schön«, habe ich gesagt, »aber darüber befindet der Zentralcomputer in Unna-Massen.« Und der Zentralcomputer befand wenige Tage später, dass ich nach fünf schönen Wochen meine Zelte in Lüdenscheid wieder abzubrechen und mich nach Düsseldorf zu begeben hätte.

Düsseldorf schien das ganz große Los zu sein. Alle beneideten mich und meinten, es sei eine große und schöne Stadt. Wenn es irgendwo Arbeit gebe, dann dort. Also, wenn ich da wirklich Arbeit finden würde und meinen Eltern schon bald das erste Geld schicken könnte … Was das ausmachte! Ein bisschen tanzen, ein bisschen arbeiten, schwarzer Tee und gutes Essen – schon blickte ich wieder mit Zuversicht in die Zukunft. An meinem letzten Tag in

Lüdenscheid traf ich mich mit meinen Musikerfreunden, sie spielten und ich tanzte ein letztes Mal, und dann saß ich im Bus nach Düsseldorf.

Aber Düsseldorf war nicht Lüdenscheid. Wenn Düsseldorf die Realität war, dann war Lüdenscheid ein Traum gewesen. Dass wir im Regen ankamen, konnte mir meine Laune nicht verderben. Aber ich wollte kaum glauben, wie sie mit uns umsprangen, als wir im Sozialamt standen und jetzt auf Containeranlagen in verschiedenen Stadtteilen verteilt wurden. Wir waren Luft für diese Menschen. Alles, was ich bekam, war eine Adresse, mit der ich nichts anfangen konnte. Keine weitere Erklärung. Da stand ich in einer fremden Stadt, in einer ziemlich großen fremden Stadt, wo ich keine Menschenseele kannte, und niemand sagte mir, wie es weiterging. Zum Glück erinnerte sich einer meiner Mitreisenden an ein Mädchen, ein schwarzes Mädchen, das hier lebte. Die rief er an, und die begleitete mich durch den Dauerregen zu meiner neuen Wohnstätte im Stadtteil Reisholz. »Schade, dass du nicht früher gekommen bist«, sagte sie. »Jetzt beginnt der Herbst.«

Vor mir lagen fünf lang gestreckte Wohncontainer, dahinter der Bahndamm. Der Hausmeister drückte mir eine Wolldecke, zwei Töpfe, einen Plastikeimer und einen Schrubber in die Hände, stieß die Tür des dritten Containers auf, ging wortlos durch einen schmalen Flur vor mir her und ließ mich vor dem Zimmer mit der Nummer 51 stehen. Ich öffnete die Tür, zog sie wieder zu, wartete einen Augenblick und öffnete sie erneut. Dasselbe erschütternde Bild.

Da dämmerte mir, dass ich ganz von vorn anfangen musste, und mir schwindelte.

In Lüdenscheid hatte ich einen Stuhl gehabt. In Lüdenscheid hatte ich einen Tisch gehabt. In Lüdenscheid hatte ich Tapeten an den Wänden gehabt und keine einzige Kakerlake. Hier liefen Kakerlaken die beschmierten Wände rauf und runter. Ein Spind, ein Bett, ein Waschbecken, eine Kochplatte – das war alles, und dabei würde es vorläufig bleiben. Ein junger Iraker, den ich aus Lüdenscheid kannte, steckte seinen Kopf durch die Tür, ließ seine Augen durch den Raum wandern und zuckte die Schultern. »Ich habe Hunger«, sagte er, »lass uns etwas essen.« Wir gingen auf sein Zimmer, er hatte Nudeln mit Tomatensoße gekocht, und aßen schweigend. Da schaute eine Frau herein, eine Jugoslawin, wie ich später erfuhr, zeigte auf mich und sagte: »Neu?« Ich verstand nicht. Sie ließ sich nicht entmutigen. »Du – wo?« »Somalia«, sagte ich. Sie deutete auf den Nachbarcontainer. »Afrikaner. Afrikaner«, lächelte sie und verschwand. Ich aß die Nudeln und ging auf mein Zimmer. Ich fing an, die nackten, beschmierten Wände abzuwaschen, bezog dann mein Bett und setzte mich darauf. Ich war wie gelähmt. Ganz von vorn anfangen – wie machte man das? Womit fing man da an? Was konnte man überhaupt in einer Situation wie dieser unternehmen? Vielleicht doch mal bei den Afrikanern vorbeischauen? Ich raffte mich auf und ging hinüber.

Aus einer Tür fiel Licht in den Gang, und in dieser Tür stand eine Äthiopierin. Eine Äthiopierin mit feuerroten Lippen. Sie stand da, an den Türrahmen gelehnt, und ließ ihre Augen über mich wandern, von oben bis unten. Ein Blick wie eine Kriegserklärung. Ich sagte »Hallo«, und als würde sie mich nachäffen, sagte sie ebenfalls »Hallo« und sonst nichts. Im nächsten Moment fiel die Tür hinter ihr ins Schloss, und ich stand allein da.

Das war Hanna.

Und Hanna war nicht irgendwer. Wie ich sehr viel später

herausfand, war Hanna in Äthiopien eine bekannte Sängerin gewesen und hatte viel erlebt. Dass sie überhaupt noch lebte, verdankte sie einer Blinddarmentzündung. Damals war in ihrem Land Bürgerkrieg gewesen, sie hatte oft vor Soldaten gesungen, und eines Tages sollte sie zu einem großen Konzert an die Front fahren. Viele äthiopische Künstler sollten dort auftreten, Hanna aber musste wegen einer Blinddarmentzündung absagen. Der Lkw mit den Künstlern wurde von einer Granate getroffen, und alle fanden den Tod. Alle bis auf Hanna, die an diesem Tag frisch operiert in einem Krankenhaus lag.

Ich weiß das, weil Hanna meine beste Freundin wurde. Die beste, die ich jemals hatte. Damals aber war sie unerträglich. Sie kann ihre Gefühle nicht verbergen, fast wie eine Somalierin. Wen sie liebt, den liebt sie. Und wen sie nicht ausstehen kann, den lässt sie das sehr deutlich spüren. Mich fand sie auf Anhieb unausstehlich, und das war nicht einmal völlig unerklärlich.

Wir hatten beide keine hohe Meinung vom Volk des anderen. Äthiopier und Somali waren in einem Krieg, der in die Zeit meiner Kindheit gefallen war, Gegner gewesen und dann Feinde geblieben. Diesen Krieg hatte Äthiopien im Jahr 1978 gewonnen, dennoch galten die Äthiopier in Somalia als Feiglinge. Bei uns wurde viel und immer abfällig über sie geredet, und auf jeder Party machten Äthiopierwitze die Runde. »Weißt du, warum Äthiopier nachts in ihre eigenen Hütten machen? Weil sie sich vor der Dunkelheit fürchten.« »Weißt du, warum Äthiopier Gehacktes roh essen? Weil sie sich nicht einmal bei Tag aus ihren Hütten heraustrauen, um Brennholz zu sammeln.« Dass die Äthiopier den Krieg gewonnen hatten, irritierte uns nicht im Geringsten, sie waren und blieben Feiglinge. Umgekehrt kamen die Somali für die Äthiopier gleich nach den Hyänen. »Ihr habt viele von uns umgebracht«, sagte Hanna mir später. »Ihr seid Feuer. Ihr seid so sauer wie vergorene Kamelmilch.« Unsere Freundschaft begann also mit einer herzlichen Abneigung, die sie mich in den nächsten Tagen bei jeder Gelegenheit spüren ließ.

In dieser kleinen Containerwelt lief man sich ja ständig über den Weg. Der Zufall wollte, dass ich mich am selben Tag noch mit zwei jungen Äthiopiern anfreundete, die auf demselben Flur wie Hanna wohnten. Sie luden mich ein, boten mir Tee an, deckten den Tisch für mich, lachten mit mir – und mit einem Mal war es wie in Afrika. Ich schaute immer häufiger bei ihnen vorbei. Hanna zeigte mir die kalte Schulter, jedoch nicht ohne bei jeder Begegnung ihren großen, schönen Mund zu verziehen und abfällige Bemerkungen zu machen. Ich verstand von ihrem Amharisch kein Wort, aber man spürt ja, ob jemand gut oder schlecht über einen redet. Und ihre Blicke sprachen Bände.

Trotzdem kamen wir uns näher. Schon dadurch, dass ihr Zimmer eine magische Anziehungskraft auf mich ausübte. Ihre Tür stand immer offen, und drinnen sah es geradezu märchenhaft aus. Die hatte es sich vielleicht gemütlich gemacht! Teppiche fast wie bei meinem saudischen Prinzen, Spiegel und Lampen, ein Fernseher und sogar ein richtiger Schrank auf kurzen, geschwungenen Beinen! »Wie hat sie denn das geschafft?«, fragte ich einen meiner neuen äthiopischen Freunde. »Wir sind ja schon ein halbes Jahr hier«, entgegnete er. Sollte das die Erklärung sein? Musste man es nur lange genug hier aushalten, um es zu einem solchen Luxus-Appartement zu bringen?

Und wahrscheinlich gegen ihren Willen wurde ich ihr regelmäßiger Gast, denn um Hanna kam keiner herum. Sie war der unbestrittene gesellschaftliche Mittelpunkt unserer Containerwelt. Sie bewies fast jede Nacht, dass man auch auf elf Quadratmetern große Feste feiern kann. Nach zwei Wochen veranstaltete Hanna eine äthiopische Kaffeezeremonie, und aus der ganzen Stadt, ja selbst aus Städten im Ruhrgebiet strömten die Äthiopier herbei – alte Freunde von ihr darunter, gewissermaßen ihre Stammgäste, aber auch Leute, die ich noch nie bei uns gesehen hatte. Alle drängten sich in ihr gemütliches Wohnzimmer, und Hanna saß mit ihrem weißen äthiopischen Gewand im Gewühl wie eine Königin, röstete die Kaffeebohnen, brannte Weihrauch ab, und es erfüllten Düfte den Raum, die ich noch nicht einmal aus Mogadischu kannte. Ich saß mitten unter ihnen und sperrte Mund und Augen auf. Ich sprach mit diesem, ich sprach mit jenem – niemand schien zu arbeiten. Und ich gewann den Eindruck, dass es diesen Äthiopiern gut ging, solange man sie nur feiern ließ. Dass sie ausgesprochen glücklich waren in ihrer kleinen äthiopischen Welt mitten in Deutschland.

Hinterher wurde Musik gemacht, und alle tanzten diesen äthiopischen Schultertanz, der sehr merkwürdig aussieht. Ich fasste mich an den Kopf und fragte mich: Was ist das für ein Leben? Feiern und tanzen und faulenzen? Alles um mich herum schwätzte und tanzte und lachte, doch ich war mit meinen Gedanken ganz woanders. Ich dachte nur: Wie kommst du hier heraus? Wie kannst du verhindern, ein Teil dieses unnützen, ausgelassenen Häufchens zu werden? Ich saß dort nur, um nicht für mich allein auf meinem Zimmer zu hocken. Ohne die Gesellschaft anderer Menschen wäre ich durchgedreht. Aber dann wendeten sich die äthiopischen Männer an mich, der eine mit einer Frage, der andere mit einem Scherz, einer sagte: »Komm, lass uns tanzen, beweg deine Schultern so, lass sie kreisen, schau genau hin, wie ich das mache«, und dann reckten sie ihre Hälse wie die Kraniche und zischten zu ihrer Musik wie die Schlangen und stießen Freudentriller aus. Alle strahlten, alle lachten, und mitten in diesem Gewühl tanzte ich, ließ die Schultern kreisen und reckte den Hals und war fast so glückselig wie sie.

So ging es beinahe jede Nacht, wenn auch in kleinerer Besetzung. Hanna kochte für ihr Leben gern, und sie kochte hervorragend. Bei ihr gab es also immer etwas zu essen, immer kam jemand mit Bier vorbei, genug für alle, und dann ging es los, wieder ein Abend bei Hanna, der nicht so bald enden würde. Wem nach Tanzen zumute war, der ging zu ihr hinüber, und selbst die Jugoslawen ließen sich dazu hinreißen, bei diesem sonderbaren Schultertanz mitzumachen. Oft sang Hanna selbst, und manchmal waren es Lieder derselben Art, wie wir sie mit unserer Großmutter im Hof gesungen hatten, als wir klein waren, Lieder zum Selbermachen. Offenbar war es auch in Äthiopien üblich, sich in solchen Liedern über andere lustig zu machen, denn ihre Zuhörer schütteten sich vor Lachen aus, wenn sie über eins der vielen Völker Äthiopiens herzog, die *Tigriñjos* in Nordäthiopien zum Beispiel. Die anwesenden *Tigriñjos* protestierten dann lautstark, aber jeder wusste, dass es als Witz gemeint war, keiner nahm das übel. Hanna wollte Freude und Leben und gute Laune in unseren Container bringen und machte ihre Sache gut – wahrscheinlich nicht schlechter als früher in ihrer Heimat, als sie noch Frontsoldaten bei Laune halten musste.

Mich beachtete sie einfach nicht. Sie duldete mich unter ihren Gästen, aber sie zeigte weiterhin keinen Anflug von Zuneigung. Praktisch gehörte ich längst zur Familie, aber der Mittelpunkt, um den sich hier alles drehte, nahm keine Notiz von mir. Bis ich anfing, tagsüber mit ihrer kleinen Tochter zu spielen. Hanna war acht Jahre älter als ich, ihre Tochter eineinhalb, und wenn sie mich mit ihrer Kleinen spielen und schmusen sah, wird sie vielleicht gedacht haben: So schlimm kann diese Somalierin nicht sein. Ich entnahm das ihrem Gesicht, denn sprechen konnten wir nicht miteinander – ich verstand kaum Deutsch und Hanna kaum Englisch. Mit Zeichensprache ging es noch am besten. Eines Tages saßen wir uns wie Taubstumme in ihrem Elf-Quadratmeter-Festsaal gegenüber, da deutete sie auf einen Topf auf dem Herd, in dem scharfes Hühnchenfleisch köchelte, und sagte: »Du essen?« Und dann zeigte sie auf ihr Bett und sagte: »Du – heute Abend – hier schlafen?«

Das Eis war gebrochen, wenn mich nicht alles täuschte.

Von meiner Familie getrennt und allein zu sein, die Untätigkeit, das Warten, alles war schlimm in diesen ersten Wochen in Düsseldorf, in denen der deutsche Herbst allmählich in den deutschen Winter überging. Aber nichts erschütterte mich dermaßen wie die Erkenntnis, dass nicht alle Frauen auf der Welt beschnitten sind.

Zunächst dachte ich mir noch nichts dabei, wenn abends bei uns im Containerdorf ein wildes Treiben losging. Ich war schockiert, aber ich dachte mir nichts dabei. Mädchen, die jünger waren als ich, ließen ihre Freunde bei sich übernachten. Und offenbar schliefen sie tatsächlich mit ihnen, denn am nächsten Morgen prahlten sie damit. Keine der Frauen hier, ob verheiratet oder nicht, machte einen Hehl aus ihren Männerabenteuern und Liebesnächten. Ich traute meinen Ohren nicht. Und ich fand diese Gespräche pervers und peinlich. Wie konnten sie mit ihrer Schande auch noch angeben? Zwar verstand ich kaum ein Wort, doch meine äthiopischen Freunde sprachen gut Englisch und hielten mich auf dem Laufenden. Außerdem hatte ich Augen im Kopf. Für einen Somali lief hier Ungeheuerliches ab. Liebe findet bei uns in der Ehe und in den eigenen vier Wänden und heimlich statt, und keiner redet darüber. Und hier? Vor allem die Jugoslawinnen schmusten und küssten ungeniert, vor meinen Augen. Ich konnte gar nicht hinsehen. Ich ekelte mich so, dass ich mich jedes Mal auf mein Zimmer verzog, wenn irgendwo geküsst wurde.

Anfangs gab ich mich mit der Erklärung zufrieden, dass diese Menschen eben keine Kultur hatten. Dass sie aus Ländern ohne Tradition stammten. Ich hätte ja Hanna fragen können, aber die sprach kein Englisch. Stattdessen begnügte ich mich damit, selbst ein Beispiel für Kultur und Tradition zu geben. Ich hatte ja meinerseits viele Verehrer, darunter einen ganz hartnäckigen, einen weißen Jungen aus gutem Haus, achtzehn oder neunzehn Jahre alt. Er hatte vermutlich eine Schwäche für schwarze Frauen und war wohl fasziniert von diesem kleinen, knisternden Stückchen Afrika am Bahndamm in Düsseldorf-Reisholz. Jedenfalls war er furchtbar in mich verliebt, traute sich aber nicht, mit der Sprache herauszurücken. »Hey, sister, wie heißt du, ich möchte dich kennen lernen« – diese westafrikanische Tour liegt den Deutschen ja nicht. Er saß also da und sah mich mit seinen traurigen Augen an und litt, während ich ihm Tee einschenkte und mit ihm plauderte. Und abends wurde er dann, wie alle meine Verehrer, von mir nach Hause geschickt. Nach vier Wochen hatte sich herumgesprochen, dass ich mich als Einzige nicht mit Männern einließ.

»Was ist mit dir los? Warum hast du keinen Freund?«, wollte Hanna eines Tages wissen. Meine Dolmetscher übersetzten. Dann sah mich Hanna an, als ob ihr plötzlich ein Licht aufging, und sie sagte: »Ach ja, du bist ja Somalierin.« Ich stutzte. »Was meinst du damit?« »Ihr seid beschnitten«, antwortete sie. Mich überkam eine furchtbare Ahnung. »Du etwa nicht?«, fragte ich ungläubig. Hanna verzog den Mund. »Was glaubst du denn? Wir in Äthiopien sind doch nicht verrückt!« Und so kam es heraus.

So kam heraus, dass es zwei Arten von Frauen gibt.

Bald redeten alle über mich. Hanna verkündete lauthals: »Sie ist beschnitten, Leute! Unsere Somalierin ist beschnitten! Ihr Geschlecht ist futsch und zugenäht!« – und von da an gab es nur noch ein Thema. Es lebten ja nicht wenige in unserer Containeranlage – große, kinderreiche Familien aus Afghanistan, viele Afrikaner, auch Jugoslawen und Iraker –, aber diese Nachricht sprach sich in Windeseile herum. Und von allen Seiten trafen mich jetzt bestürzte, ungläubige, mitleidsvolle Blicke. Die Jugoslawinnen wollten sich gar nicht wieder beruhigen. »Wie kann man einem so schönen Mädchen so etwas antun?«, jammerten sie, schüttelten die Köpfe und glaubten, mich trösten zu müssen. Und mir war, als wäre ich in einen Albtraum geraten. Es stellte sich heraus, dass nicht einmal die Afghaninnen beschnitten waren! Gut, die Äthiopier sind Christen, überlegte ich, das wäre eine Erklärung dafür, dass sie es nicht machen. Aber die Afghanen sind Moslems wie ich – und machen es trotzdem nicht? Ich hatte das Gefühl, ins Bodenlose zu stürzen.

Das Schlimmste aber war, dass sie mich für einen Krüppel zu halten schienen, für eine halbe Frau, unfähig zu irgendwelchen Gefühlen. Sie taten so, als wäre ich einem Verbrechen zum Opfer gefallen, als wäre es eine Schande, beschnitten zu sein – wo ich doch immer noch glaubte, durch die Beschneidung rein geworden zu sein! Das konnte ich mir nicht bieten lassen. Wir gerieten uns in die Haare, Hanna und ich. »Du läufst mit deinem schmutzigen Ding herum«, fuhr ich sie an, »und bist auch noch stolz darauf? Du glaubst vielleicht, es ist besser, wie eine Unbeschnittene zu stinken, ja? Ich bin wenigstens sauber! Ich stinke nicht!« Wie wütend ich war. »Schämst du dich denn nicht, da unten wie eine Hure auszusehen?« Und Hanna, spöttisch: »Ihr seid ja glatt wie eine Wand da unten. Sie haben euch eure Gefühle genommen. Sie haben euch kaputtgemacht!« Ich zitterte vor Wut. »Sieh mich an!«, schrie ich. »Ich bin genauso ein Mensch wie du! Ich habe genauso Gefühle wie du! Und ich kann vielleicht mehr Liebe schenken als du! Wir werden unsere Mädchen in alle Ewigkeit beschneiden, damit du es weißt! Wir wollen nicht so werden wie ihr!« Was fiel dieser Äthiopierin ein, so über unsere Kultur herzuziehen? Musste ich mich da nicht wehren?

Aber in Wirklichkeit wusste ich nicht, wovon ich redete. In Wirklichkeit wusste ich nichts. Nichts über meinen Körper und nichts über die Liebe. Ich war in eine Situation geraten, die ich mir in meinen schrecklichsten Fantasien nicht hätte vorstellen können. In Somalia war über Beschneidung nur in schönen Worten geredet worden, wie über ein Glück. Jetzt war ich von Menschen umgeben, die mit Entsetzen darauf reagierten. Ich zählte eins und eins zusammen und kam zum selben Schluss wie alle anderen: Mit mir stimmte etwas nicht. Ich wurde mir selbst unheimlich.

Und das Leben wurde für mich schwieriger, das Leben mit mir selbst. Zum ersten Mal kam es mir vor, als hätte ich mich tatsächlich niemals als Frau gefühlt. Plötzlich leuchtete mir ein, dass ich womöglich wirklich nutzlos und überflüssig war. Eine nutzlose, überflüssige Person. Ich hatte viele Chancen bei Männern. Viele warben um mich. Ich wollte nichts von ihnen wissen. Der Nächste würde sich von selbst einstellen, also beachtete ich sie kaum. Ich wollte auch verhindern, dass sie ihre Zeit mit mir verschwendeten. Ich wollte diesen Männern nicht ihre Zeit stehlen. Für mich kamen nur Freundschaften infrage. Die Männer verstanden das nicht. Sie verliebten sich in mich, sie machten sich Hoffnungen, sie träumten von einem Leben mit mir. Und ich musste sie alle enttäuschen. Männer waren für mich ein angenehmer Zeitvertreib, aber ich konnte diesen verliebten Männern nicht geben, was sie sich von mir wünschten. Wer sich in mich verliebte, war arm dran. Das Schlimmste aber war, dass es mir nun selbst plötzlich so vorkam, als würde ich mein Leben verschwenden. Wozu taugte ich denn überhaupt? Ich hatte so viel Liebe empfangen und war nicht bereit, diese Liebe weiterzugeben. Waren alle beschnittenen Frauen so wie ich?

Nicht, dass mich mein Lebensmut ganz verlassen hätte. Auch in Düsseldorf ging ich wieder aus, auch hier gab es Discotheken. Über ein Jahr war ich schon in Düsseldorf, arbeitete und verdiente Geld, als ich in einer Discothek wieder einmal mein übliches Programm absolvierte: tanzen bis zum Umfallen, zwischendurch eine Cola und dann irgendwann alleine heim. Ich war schon bekannt dafür. Da kam ein Mann auf mich zu und sagte: »Ich sehe dich fast jeden Abend hier. Du tanzt, oder du schaust zu. Ich kenne deine Freundinnen – wenn sie gehen, haben sie Männer dabei. Nur du gehst immer allein. Bist du lesbisch?« Es war der Besitzer. Ich habe gelacht. »Das ist mein Stil«, habe ich geantwortet. »Tanzen und sonst nichts.« »Ich mag dich«, sagte er. »Eine wie dich würde ich heiraten.« Ich schwieg. Und ich dachte wie so oft: Wann wirst du je einen Mann akzeptieren? Wann wirst du dir endlich ein Herz fassen und dich verlieben? Und dann türmte sich immer dasselbe Gebirge von Schwierigkeiten vor mir auf. Es hätte ja einer sein müssen, der mein Problem kennt und versteht.

Oh, ich lernte auch dazu. Das Wichtigste war, dass ich damals lernte, öffentlich über Beschneidung zu reden. Später habe ich sogar mit Männern unbefangen darüber reden können, doch vorerst spielten sich diese Gespräche unter den Frauen im Containerdorf ab. Hanna, die einen großen

Mund, aber ein gutes Herz hatte, verzieh mir mein unsinniges Loblied auf die Beschneidung und erteilte im Lager Aufklärungsunterricht: Für Somalierinnen ist das normal, erklärte sie jedem. Sie sind trotzdem normale Frauen, die heiraten und Liebe machen und Kinder kriegen können. Alles ganz normal.

Ansonsten ging mein neues Leben weiter. Von den achtzig Mark, die wir monatlich bekamen, gingen vierzig für die Monatskarte für die Straßenbahn drauf und der Rest auf Hautcreme, Seife und die Telefonkarte. Unsere Essensrationen bestanden aus Reis, Gurken, Tomaten, Öl, Salz, Zucker und türkischem Fladenbrot, zwei Fladen pro Woche. Das Hühnchenfleisch nicht zu vergessen. Für mich war das kein Essen, und ohne Hannas äthiopisches Restaurant hätte ich nicht überlebt. Was aber meine Wohnungseinrichtung anging, so verbesserte sie sich schlagartig an dem Tag, als Hanna mir freudestrahlend eröffnete, der Tag des »Spermits« sei gekommen.

»Spermit«, das war das Zauberwort dieser Gesellschaft. Für manche war »Spermit« der ganze Sinn und Inhalt ihres Lebens. »Spermit« war Sperrmüll, und kein anderes Wort vermochte eine solch fiebrige Vorfreude auszulösen wie dieses.

Zu diesem Höhepunkt des Monats kam es also an einem Abend Anfang November. Es war eiskalt. Ich hätte mich wärmer anziehen sollen, dafür hätten meine warmen Sachen für den Sommer in Seattle gereicht. Aber es war mein erster deutscher Winter, und ich hatte keine Ahnung, wie kalt es einem auf Dauer werden kann. Außerdem wollte ich den Jugoslawen beweisen, dass Somali mindestens ebenso hart im Nehmen sind wie sie – die liefen nämlich ohne Jacken oder Mäntel, nur in Pullovern und Jeans herum. Am Ende dieser Nacht war ich jedenfalls krank vor Kälte, hatte aber eine Traumwohnung.

Um acht Uhr abends brachen wir auf, die Äthiopier, die Jugoslawen und ich. Ich traute meinen Augen nicht, was alles auf der Straße herumlag! Ein ganzes Service mit zwölf Tellern und zwölf Tassen! Ich hatte Hanna wegen ihrer Musikanlage und ihren anderen Besitztümern immer für reich gehalten, dabei lag hier in Deutschland alles auf der Straße. Die Jugoslawen hatten einen geschärften Blick. Sie besahen sich alles ganz genau, und immer wieder hieß es: »Nein, das ist nicht schön, weiter! Aber das hier, dieses monströse Ding, das ist für Nura.« Ein Fernseher! Ich war ja die Einzige, die keinen hatte. Wir schleppten immer mehr, und ich ohne Handschuhe. Unser Einkaufswagen war längst voll – wir waren alle bepackt wie die Lastesel. Und wenn wir beim besten Willen nicht noch mehr tragen konnten, machten wir kehrt, brachten unsere Errungenschaften erst einmal nach Hause, und sofort ging es wieder los. Von Haus zu Haus, und alles wurde in Augenschein genommen, bis nachts um zwei. Krank vor Kälte und todmüde sank ich schließlich ins Bett.

Immerhin, nach meinem ersten großen Fischzug hatte ich einen Tisch, einen Fernseher und eine Stereoanlage. Natürlich funktionierte das alles nicht hundertprozentig. Aber einer der Äthiopier war Techniker, er ging am nächsten Morgen von Zimmer zu Zimmer, bastelte überall ein paar Drähte zusammen, schraubte hier, schraubte da, und plötzlich hatte ich Musik in meinem Zimmer. Dann kam Hanna mit einem Teppich für mich vorbei, stellte fest, dass mir eine Gardine fehlte, und trieb auch die noch auf. Ich brauchte mich um nichts mehr zu kümmern – mein Wohlbefinden, meine Unterhaltung, meine Wohnungsausstattung, alles lag inzwischen in Hannas Händen. Es gab nur ein Problem: Ich wollte in diesem Container nicht vier weitere Wochen tatenlos herumsitzen und auf den nächsten »Spermit« warten. Sicher war es ein seliger Zustand, in dem sich Hanna und die Jugoslawen befanden: nie an die Zukunft zu denken und einfach von Sperrmüll zu Sperrmüll zu leben. Aber das war nichts für mich. Dafür hatte ich Afrika nicht verlassen. Ich durfte mich von diesem äthiopischen Zauber nicht benebeln lassen.

Als Erstes musste ich einen Sprachkurs belegen. Nicht zuletzt, um Hanna endlich ohne Dolmetscher verstehen zu können. Im Sozialamt erfuhr ich, dass ich die Kursgebühr selbst bezahlen müsste, dreißig Mark von meinen achtzig Mark im Monat. Das bedeutete: keine Hautcreme, keine Seife und keine Telefonate nach Nairobi mehr. Oder aber: keine Monatskarte für die Straßenbahn. Ich entschied mich für den Sprachkurs und gegen die Monatskarte.

Außerdem wollte ich arbeiten. Im Sozialamt stellten sie mich vor die Wahl: den Friedhofsgärtnern helfen oder putzen. Jeweils für zwei Mark die Stunde. Ich entschied mich fürs Putzen, weil ich mir nicht vorstellen konnte, bei diesem Wetter auch nur einen Tag auf einem Friedhof zu überleben.

Von nun an stand ich um fünf Uhr morgens auf. Raus in die Kälte, am Hauptbahnhof umsteigen, zum Großmarkt fahren, von sechs bis acht das Büro des Hausmeisters putzen und den Parkplatz fegen – und wenn der Morgen dämmerte, war ich schon wieder auf dem Rückweg in ein Zimmer, in dem mich niemand erwartete. Dann folgte ein weiterer sinnloser Tag im Container, und abends raffte ich mich noch einmal zu meinem Deutschkurs auf. Nach ein paar Wochen war ich am Ende. Ich hätte mir niemals träumen lassen, Morgen für Morgen auf einem dunklen Hof in der Kälte zu stehen und für zwei Mark die Stunde altes Laub zusammenzufegen.

Und ich hätte mir niemals träumen lassen, dass ich mich jemals so einsam fühlen könnte. Ich sah die Deutschen hinter ihren erleuchteten Fenstern und stellte mir vor, dass sie glücklich sind, glücklich sein müssen, auch wenn sie es vielleicht nicht wussten, weil sie dort zu Hause waren, wo sie lebten. Und an einem besonders scheußlichen, nasskalten Tag auf diesem Parkplatz neben dem Düsseldorfer Großmarkt kam es mir mit einem Mal so vor, als gäbe es mich gar nicht. Als könnte ich mich in diesem Moment in Luft auflösen, und niemand würde mich vermissen. Da bin ich in Tränen ausgebrochen.

Wir Mädchen hatten daheim viel arbeiten müssen, in Nairobi später genauso wie früher in Mogadischu. Wir waren nicht geschont und nicht verwöhnt worden. Trotzdem hatten wir uns als kleine Königinnen gefühlt. Wie haben wir die Hausmädchen, die bei uns arbeiteten, damals herumkommandiert! Wir brauchten nur »Tee!« zu rufen, und der Tee kam. Arbeitstiere waren sie für uns Kinder gewesen. Als mir diese Mädchen in den Sinn kamen, musste ich noch mehr weinen.

»So sieht es aus in der Welt«, sagte meine Mutter, als ich später schluchzend am Telefon mit ihr sprach. »Viele Menschen verdienen ihr Geld mit Putzen. Bist du etwas Besseres? Du hast das nicht gewollt, ich habe das nicht gewollt, ich habe immer dafür gesorgt, dass es euch gut geht, aber es ist passiert, und jetzt halte durch.« Aber Tatsache war, dass mein Leben trostlos war, so trostlos wie nie zuvor. Ich hatte keine Wärme mehr in mir. Wenige Tage später, mitten in der Nacht, fuhr ein Krankenwagen bei unserem Containerlager vor, weil ich es vor Bauchschmerzen nicht mehr aushielt.

Und jetzt ereignete sich für mich eine Reihe von Wundern. Das erste Wunder war, dass sie mich kleine Asylbewerberin überhaupt mit dem Krankenwagen abholen kamen, dazu mitten in der Nacht. Schon das konnte ich kaum glauben. Und das Nächste war dieses deutsche Krankenhaus, in dem für mich schlichtweg alles an ein Wunder grenzte. Ich lag in einem hübschen, sauberen Raum in einem hübschen, sauberen Bett, und jede Stunde kam eine Krankenschwester herein, erkundigte sich nach meinem Befinden und sprach sogar Englisch mit mir! In somalischen oder kenianischen Krankenhäusern kümmert sich kein Mensch um dich. Da kannst du liegen und vor Schmerzen schreien, und kein Arzt würdigt dich eines Blickes, kein Pfleger schenkt dir die leiseste Aufmerksamkeit. Aber die medizinische Betreuung in Deutschland ist wirklich fantastisch. Sie hören dir aufmerksam zu, sie erklären dir, was sie als Nächstes mit dir vorhaben, und wenn du eine etwas ausgefallenere Sprache sprichst, besorgen sie dir sogar einen Dolmetscher. Ich war wirklich gerührt. Diese Leute hatten ein Herz. Sie brachten mir zu essen, sie streichelten meine Hand, sie machten mir Mut – es war wunderbar. Und da behaupten welche, die Deutschen wären herzlos? Dann sollen sie mal nach Kenia kommen. Da sitzt man den ganzen Tag in einer langen Schlange von Wartenden, bevor man einen Arzt auch nur zu Gesicht bekommt, und am Ende eines solchen Tages geht man vielleicht mit einem halb leeren Röllchen Aspirin nach Hause, wenn man Glück gehabt hat.

Ich verließ dieses Düsseldorfer Krankenhaus mit frischem Mut. Und obwohl es draußen immer noch Winter und eiskalt war, spürte ich neue Wärme in mir.

WENN MAN AUF EINEN BAUM KLETTERN WILL …

Eines Tages wirst du dazugehören, sagte ich mir. Eines Tages wirst du in diesem Land am ganz normalen Leben teilhaben. Mein Wunsch war, auch in Deutschland wieder jemand zu sein, wie ich in Mogadischu und in Nairobi jemand gewesen war. Ausgeschlossen zu sein von dem Leben um dich her, das ist vielleicht am schwersten zu verkraften.

Meine Mutter hatte immer gesagt: »Wenn man auf einen Baum klettern will, muss man unten anfangen.« Wir waren alle jemand gewesen in unserer Heimat, Hanna und ihre Leute ebenso wie meine nigerianischen Nachbarn, und alle mussten wir wieder unten anfangen. Gemeinsam würde dieser Anfang wahrscheinlich leichter fallen. Die Nigerianer mussten nicht lange überredet werden, wohl aber Hanna. Ihr war ich nach wie vor nicht ganz geheuer – allein, dass ich als Erste Arbeit gefunden hatte, obwohl ich als Letzte gekommen war, fand sie unbegreiflich. Aber sie ließ sich von mir anstecken. Nach kurzer Zeit hatten wir tatsächlich alle Arbeit – die Nigerianer auf dem Friedhof und Hanna eine Putzstelle, ähnlich wie meine. Und so, indem wir unsere Fühler ausstreckten und mit der Welt in Berührung kamen, erfuhren wir von einer Firma, die Leute ohne Arbeitsgenehmigung einstellte. Wir versuchten es dort, Hanna und ich, und hatten Glück. Wir wurden genommen.

Ein Arbeitstag – und alle unsere Illusionen waren verflogen. In dieser Firma waren wir nichts Besseres als Sklavinnen. Alle waren dort Sklaven. Es herrschte immer noch eisige Kälte, und wir standen in unseren Jacken und Mänteln in einer riesigen, ungeheizten Halle und mussten wie die Maschinen arbeiten, im Akkord. Duschgel verpacken, Plastikstrohhalme knicken und verpacken, Korken in Flaschen drücken, Parfümfläschchen mit einem grünen Bändchen versehen und ebenfalls verpacken. 500 Flaschen dekorieren und verpacken brachte 30 Pfennig. 500 Strohhalme knicken und verpacken brachte ebenfalls 30 Pfennig. Und das zwölf Stunden täglich. Im Stehen. Eigentlich sollten wir uns jeden Strohhalm einzeln vornehmen, aber um wenigstens an diese 30 Pfennige heranzukommen, musste man schon zehn auf einmal nehmen und, krack, alle zehn gleichzeitig knicken. Die Besitzer ließen sich sowieso nie blicken.

Unser Essen mussten wir mitbringen. Hanna hatte immer trockenen *Injera* dabei, der war natürlich eiskalt und musste während der Arbeit heruntergeschlungen werden. Wir standen also da in unseren Jacken, knickten Strohhalme, klapperten vor Kälte mit den Zähnen, und am Ende des Monats – was soll ich sagen? Wir hatten doch gedacht: Jetzt nimmt uns ein richtiges Unternehmen, jetzt verdienen wir richtiges Geld. Aber als wir am Monatsende in einer langen Schlange vor der Kasse standen und die Hand aufhielten, da zahlten sie uns gerade mal 230 Mark aus! Welch eine Versammlung armer Hunde war das in dieser Firma! Nur Afrikaner, frisch eingetroffen aus Afrika. Und kaum waren sie in Deutschland, wurden sie als Erstes ausgebeutet wie Sklaven. Hanna war erschüttert. Da ließ sie ihre Tochter täglich dreizehn Stunden allein, zog ihr morgens die frischen Pampers an, nahm ihr abends die vollen Pampers wieder ab, schuftete den ganzen Tag und wurde am Monatsende mit 230 Mark abgespeist! Nach zwei Monaten stieg sie aus.

Aber die Sache hatte sich trotzdem gelohnt. Wir hörten dort nämlich von einer Firma, in der es angeblich anders zuging. Großer Kriegsrat im Container, und Hanna ließ sich wieder zum Arbeiten überreden. Tatsächlich, in dieser Firma wurden wir wie Menschen behandelt! Die Arbeit war im Grunde die gleiche, nur dass wir jetzt für vier Stunden pro Tag das dreifache Geld bekamen. Die beiden Chefs, zwei deutsche Brüder, schauten immer mal wieder vorbei und packten gelegentlich sogar mit an!

Also, nun hatten wir doch wenigstens einen Ast von unserem Baum zu fassen gekriegt, auch wenn wir mit den Füßen immer noch am Boden klebten.

Ich glaube, ich hatte mittlerweile einen festen Platz in Hannas Herzen. Gezeigt hat sie das aber nicht. Sie war zwar freundlich zu mir, aber nicht freundlicher als zu anderen. Vorläufig spielte sie ihr altes Spiel weiter: sie, die skeptische Äthiopierin, die guten Grund hat, allen Somali zu misstrauen, aber bei mir eine Ausnahme macht. Doch morgens in aller Frühe klopfte sie regelmäßig an mein Fenster und rief: »Hallo, du Somali! Hast du gegessen?« Und später fiel mir auf, dass sie als Erstes nach mir suchte, wenn sie aus der Stadt heimkam. Nach außen bewahrte sie sich ihre etwas spröde Art, doch in Wirklichkeit hatte sie wohl einen Narren an mir gefressen. Und eines Abends sagte sie: »Diese Somalierin ist in unseren Container gekommen, und jetzt arbeiten wir alle. Die hat uns auf Trab gebracht.«

Und ich kam immer mehr in Fahrt. Über eine Zeitarbeitsfirma fand ich Arbeit in einem ziemlich vornehmen Restaurant auf der Königsallee, ganz legal. Dafür gab es zwar auch nicht viel Geld, aber verglichen mit meiner Büro- und Parkplatzputzstelle draußen am Großmarkt war das hier ein reines Vergnügen. Morgens putzte ich jetzt also im Restaurant – Toilette schrubben, Küche säubern, Tische abwischen –, und anschließend verpackte ich Duschgel und Parfümfläschchen in der Firma der beiden netten Brüder. Die Zukunft war immer noch düster, aber die Gegenwart erschien mir jetzt schon heller. Die Menschen dort im Restaurant waren freundlich, wir bekamen ein Frühstück gemacht, fanden sogar Zeit, es einzunehmen, und manchmal erhielt ich obendrein Trinkgeld. Natürlich kam ich nie dazu, über die Königsallee zu bummeln und mir Schaufenster anzusehen.

Es war ja schon ein unglaublicher Erfolg, dass wir überhaupt Arbeit hatten. Diejenigen, die lieber feierten, als zu arbeiten, ahnten gar nicht, welcher Ärger ihnen erspart blieb. Denn ohne Arbeitserlaubnis durfte ich eigentlich gar nicht arbeiten. Aber ohne Arbeit erhielt ich auch keine Arbeitserlaubnis. Kam ich also zu einer Firma, die Arbeit für mich gehabt hätte, wollten sie als Erstes meine Arbeitserlaubnis sehen. Ging ich dann zum Arbeitsamt, verlangten sie dort zunächst eine Bestätigung des Arbeitgebers. Ich fühlte mich wie ein Fußball: hin- und hergetreten.

Offenbar setzten die Behörden alles daran, dass man sich überflüssig vorkam. Eine Schule durfte ich nicht besuchen, den Sprachkurs musste ich aus eigener Tasche bezahlen, und das Geld dafür zu verdienen wurde mir so schwer wie möglich gemacht. Selbst die Zweistundenjobs, die das Arbeitsamt genehmigte, entgingen einem, weil die Firmen umgehend und sofort jemanden brauchten, das Arbeitsamt sich aber sechs bis acht Wochen Zeit ließ, den entsprechenden Antrag zu bearbeiten. Meiner Mutter in Nairobi hätte ich dieses deutsche System kaum erklären können, denn in Kenia lief das ganz anders. Wir Somali konnten da mit Witz und Selbstbewusstsein viel erreichen, wenn wir Arbeit suchten. Oft machten wir uns einfach den Umstand zunutze, dass wir eigentlich sowieso alles wissen. Wenn ein Kenianer einen Somali gefragt hätte: »Kannst du dieses Flugzeug fliegen?«, dann hätte der wahrscheinlich auch dann mit ja geantwortet, wenn er nicht einmal gewusst hätte, wie man ein Auto fährt. Das ist vielleicht nicht ehrlich, aber mutig, und ich selbst habe erlebt, wie ein somalischer Nachbar von uns damit Erfolg hatte:

Eine Straßenbaufirma in Kenia suchte einen Planierraupenfahrer. Unser Nachbar stellte sich vor und wurde gefragt, ob er so ein Ungetüm fahren könne. »Ja«, sagte er, setzte sich hinein und führte es ihnen vor. Dabei saß er zum ersten Mal in einer solchen Maschine! Er war ein älterer Herr, er konnte nicht einmal lesen, er hat einfach hier einen Knopf gedrückt und dort einen Hebel gezogen, und die Planierraupe setzte sich in Bewegung. Hinterher gab er zu, geschwindelt zu haben, und meinte: »Nichts für ungut, aber ich brauchte den Job. Ich habe Familie, ich hatte in letzter Zeit viel Pech, und wie man so ein Ding fährt, das habe ich in fünf Minuten heraus.« Was hätte er sonst machen sollen? Hätte er zugegeben, keine Ahnung zu haben, hätte er nie eine Chance bekommen. Nun, die Kenianer haben gelacht und gesagt: »Was soll man von einem Somali erwarten? Er sagt zwar nicht die Wahrheit, aber er kapiert blitzschnell.« Und unser Nachbar hat den Job damals wirklich bekommen.

Also, mit ihrem afrikanischen Verstand hätte meine Mutter das deutsche System einfach nicht verstanden. Obwohl wir ausgiebig miteinander telefonierten, weil mich alles brennend interessierte, was in der 9. Straße von Eastleigh vorfiel, erzählte ich ihr nur in Andeutungen, wie ich selbst lebte und was ich so machte. Den Container verschwieg ich ihr ganz.

Wir versuchten also gegen alle Widerstände, unser Leben in die eigenen Hände zu nehmen. Meine nigerianischen Nachbarn entwickelten dabei enorme Energien. Was ist das für eine Stadt, wollten sie wissen, wo gibt es Arbeit und – wie sieht das Nachtleben aus? Sie waren auf alles neugierig, und manchmal machten wir uns abends auf, die äthiopischen Jungen aus Hannas Clan schlossen sich uns an, und ab ging es in die Innenstadt. Ich war vor Glück ganz aus dem Häuschen, als wir gleich bei unserem ersten Ausflug eine Discothek entdeckten, die einem Somali gehörte. Der Besitzer, ein alter Mann, nahm mich in den Arm, fragte mich nach meinem Clan, meinem Unterclan und meiner Familie aus, gewährte mir für alle Zeiten freien Eintritt und gab mir zum Abschied die Adresse einer somalischen Frau, bei der ich viele Landsleute treffen und selbstverständlich jede Unterstützung erhalten würde.

Am Tag darauf rief ich sie an und fuhr hin. Eine schöne, dunkelhäutige Somalierin in einer roten *Dirrah* öffnete mir, führte mich in ihr Wohnzimmer – und ich glaubte in Mogadischu zu sein. Auf Matten, die über das ganze Zimmer verteilt waren, saßen Männer am Boden, die Tee tranken und *Khat* kauten und sich mit so lauten Stimmen unterhielten, als wären sie Nomaden am nächtlichen Lagerfeuer. Mit dem Rauch aus einem Holzkohlebecken zog mir ein vertrauter Geruch in die Nase, und der Tee, den sie mir anbot, war so süß wie in Somalia. Wie lange hatte ich dieses Bild nicht mehr gesehen, diese Töne nicht mehr gehört, diese Düfte nicht mehr gerochen! Die Frau war *Khat*händlerin, und für jeden ihrer Kunden und Gäste kochte sie Reis mit Fleisch. Es schmeckte wie daheim. »Warum lebst du in einem Container?«, fragte sie mich. »Du bist meine Tochter, du kannst bei mir wohnen. Auf den Matten hier ist immer ein Platz frei.« Ja, diese Leute lebten tatsächlich so, als wären sie noch in Afrika. Ich staunte, wie viele afrikanische Splitter es in Düsseldorf gab – unser kleines äthiopisches Reich auf elf Quadratmetern oder etwas mehr, wenn wir den Flur mit dazunahmen, dann diese somalische Wohnung hier und womöglich noch viele andere, von denen ich nichts ahnte. Die Vorstellung, in dieser vertrauten Welt einfach zu versinken, war verführerisch. Aber ich hatte mich entschlossen, ins kalte Wasser zu springen und schwimmen zu lernen. Und das kalte Wasser, das war das deutsche Düsseldorf dort draußen. Dort wollte ich es zu etwas bringen.

An einem der ersten Frühlingstage händigte mir unser Hausmeister einen Brief aus. Ich riss ihn auf und las, dass ich Deutschland innerhalb von vierzehn Tagen zu verlassen habe. Mein Asylantrag sei abgelehnt worden. Sollte ich nicht freiwillig gehen, würden sie mich zwangsweise aus Deutschland entfernen. Wohin, in welches andere Land ich gehen sollte? Das stand da nicht. Nur, dass ich rausmusste. Wenn ich alles richtig verstand, hatten sie einen zweiten Brief ans Ausländeramt geschrieben mit der Aufforderung, meine Duldung nicht zu verlängern. Bisher war ich in Deutschland nämlich nur geduldet, was bedeutete, dass ich alle drei Monate mein Visum verlängern lassen musste.

Ich hatte Afrika nicht freiwillig den Rücken gekehrt, sondern weil ich mich nach einem Leben ohne Angst sehnte und nach einem Ort, wo ich noch einmal so ruhig schlafen könnte wie einst in Mogadischu. Und weil ich davon träumte, meiner Familie wieder zu einem Leben zu verhelfen, wie sie es früher gekannt hatte, einem Leben, das durch den Krieg zerstört worden war. Jetzt sollte ich auch in Deutschland wieder mit der Angst leben? Wo ich hinkam – die

Angst holte mich ein. Niemand konnte mir sagen, wie ernst dieser Brief gemeint war, was mich erwartete, wie ich mich verhalten sollte. Also unternahm ich nichts, außer dass ich den Deutschkurs aufgab. Warum sollte ich mich länger mit dieser Sprache herumquälen? Jetzt arbeitest du noch so lange, bis sie dich schnappen und abschieben, dachte ich. Freiwillig, nur auf einen Brief hin, suche ich mir jedenfalls kein neues Land mehr. Sollten sie kommen und meine Tür aufbrechen. Tagsüber hatte ich Angst, und nachts konnte ich vor Angst nicht schlafen. Wahrscheinlich würden sie mich spätestens dann einfangen, wenn ich das nächste Mal mein Visum im Ausländeramt verlängern lassen musste. Von nun an legte ich mir vor dem Zubettgehen ein Brotmesser unters Kopfkissen. Das hatte ich noch nie gemacht, in Mogadischu nicht und in Nairobi auch nicht. Aber ich hatte auch noch nie in meinem Leben allein gelebt, in einem Zimmer nur für mich, mit einem Bett für mich allein. Wie lieb wäre mir jetzt jemand gewesen, mit dem ich hätte reden können, wie wunderbar wäre es gewesen, jemanden nachts neben mir atmen zu hören. Immerhin, das Messer half gegen die Angst.

Ich wartete, ich ließ die Frist verstreichen, und nichts geschah. Irgendwann nahm ich meinen ganzen Mut zusammen und ging zum Ausländeramt. Doch niemand ergriff mich, niemand legte mir Handschellen an, niemand schleppte mich in ein wartendes Polizeiauto. Mein Visum wurde kommentarlos verlängert. Später hörte ich, dass sie den Flüchtlingen mit solchen Briefen einen Schrecken einjagen in der Hoffnung, dass man in Panik gerät und Deutschland freiwillig verlässt.

Nach diesem Erlebnis stürzte ich mich in die Arbeit. Genau ein Jahr war ich in Deutschland, als ich auf dem

Flughafen bei einer Reinigungsfirma anfing, die dafür sorgte, dass jede Maschine, die in Düsseldorf landete, vor dem Weiterflug gesäubert und aufgeräumt wurde. Von nun an arbeitete ich achtzehn Stunden am Tag. Ich stand in aller Frühe auf, schrubbte von sechs bis acht Toiletten, wienerte Spülbecken, wischte Tische ab, verpackte anschließend Parfümfläschchen oder Duschgel, lief kurze Zeit später mit Staubsauger, Wassereimer und Lappen durch zehn bis zwanzig Flugzeuge, um dort die Spuren des letzten Flugs zu beseitigen. Meinen Container sah ich erst nach Mitternacht wieder. Von meinen Eltern hatte ich gelernt, an die Arbeit zu glauben und an selbst verdientes Geld. Sozialhilfe zu bekommen wäre für mich erniedrigender gewesen als die stumpfsinnigste Arbeit. »Bettele niemals einen Menschen an«, das hatte mir meine Mutter zum Abschied gesagt. Ich komme aus einer reichen Familie, und ich hätte mir nicht träumen lassen, einmal mein Geld mit Putzen zu verdienen. Doch das war mir jetzt egal. Freiheit ist, sein eigenes Geld verdienen zu können, und selbst verdientes Geld gibt dir Freiheit. Nicht darauf warten zu müssen, dass dich einer durchfüttert, das ist Freiheit. Wie süß war dieses Geld für mich, und wie glücklich war ich, meiner Familie endlich Geld überweisen zu können! 1000, 1500, manchmal 2000 Mark im Monat. Was brauchte ich denn schon für mich? Essen, Monatskarte, Hautcreme. Nicht einmal Zahnpasta, weil ich mir auch in Deutschland die Zähne mit einem Stöckchen reinigte, wie es in Afrika alle machen. Ich war also endlich unabhängig, und außerdem musste ich bei diesem Leben nur wenig Zeit im Container verbringen. Nicht nur, dass es da von Kakerlaken wimmelte – in der Dunkelheit kamen die Mäuse. Sobald ich das Licht ausmachte, liefen sie sogar über mein Bett. Kakerlaken sind mir zuwider, Mäuse sind mir zuwider, aber was sollte ich machen? Ich gewöhnte mir an, bei Licht zu schlafen, wenn ich überhaupt zum Schlafen kam.

So nötig ich meine vier bis fünf Stunden Ruhe brauchte – selbst wenn ich weit nach Mitternacht heimkam, wurde ich oft noch von Trubel empfangen. Bei Hanna war meist noch volles Haus. Sie saß mit den Jugoslawen auf ihrem Zimmer und hörte Musik oder sang selbst. Da beschwerte sich niemand, und keiner holte die Polizei. Manchmal kam nachts ein Polizeiauto vorbei, die Beamten warfen einen Blick auf unsere Anlage, hörten äthiopische Musik, wussten, dass alles in Ordnung war, und fuhren weiter. Eigentlich hatte ich in der »Straße des Feuers« gelernt, bei jedem Krach zu schlafen. Manchmal fühlte ich mich bei diesem Lärm sogar wie zu Hause und vergaß, das Messer unters Kopfkissen zu legen. Aber gelegentlich, wenn sich auch noch die Kinder der afghanischen und jugoslawischen Großfamilien nächtliche Fußballwettkämpfe vor meinem Fenster lieferten, wurde es selbst mir zu viel. War ich irgendwann trotzdem eingeschlafen, donnerte kurz darauf ein Zug vorbei und brachte den ganzen Container zum Beben.

Einen Wecker brauchte ich nicht, nach gut vier Stunden Schlaf wachte ich immer von alleine auf. Eines Tages kam ich schon gegen acht nach Hause und ließ mich gleich todmüde ins Bett fallen. Endlich ausschlafen, dachte ich. Genieße die Nacht! Als ich aufwachte, goss ich mir einen Tee auf, würdigte meine Haustiere keines Blickes, zog mich an, überließ die Mäuse ihrem Schicksal und ging zum S-Bahnhof hinüber. Es kam mir schon merkwürdig vor, dass ich auf dem Bahnsteig allein war. Aber erst als nach einer Viertelstunde immer noch keine Bahn kam, fiel mir ein, auf die

Bahnhofsuhr zu schauen: halb eins! Ich erschrak, denn im ersten Augenblick glaubte ich, es könne Mittag sein, obwohl es stockfinster war. Dann wurde mir klar, dass ich wie ein Automat lebte. Ich ging den Weg zurück, schüttelte den Kopf über mich selbst, legte mich wieder hin, konnte aber nicht einschlafen. Wie immer hatte ich mir wegen der Mäuse die Bettdecke über den Kopf gezogen, und da kam auch schon die erste. Dass sie in meinem Bett herumliefen, machte mir inzwischen nichts mehr aus, aber im Gesicht wollte ich sie nicht haben. Ich teilte mir das Bett mit dieser Maus, schlief dann doch ein und wachte pünktlich um vier Uhr auf.

Irgendwann musste ich mir eingestehen, dass ich drauf und dran war, verrückt zu werden. Ich hatte immer häufiger Albträume. Ich sah Leichen, auf einer Straße herumliegende Leichen, wie ich sie von der Ladefläche unseres Toyotas aus gesehen hatte an jenem Tag, als wir zur Flucht aus Mogadischu aufbrachen. Ich sah stinkende Leichen, über die ganze Straße verteilt, und Vögel, die auf sie einhackten, und Hunde, die sich Stücke herausrissen. In späteren Träumen erwachten diese Leichen zu Leben und sprachen mich an. Und jedes Mal fühlte ich eine entsetzliche Angst in mir aufsteigen, ich zitterte und wollte schreien, bekam aber keine Luft mehr, als würde ich von hinten gewürgt, und dann verlor ich im Traum die Besinnung. Ich fing an, mein Zimmer zu verlassen, und im Schlaf draußen herumzulaufen. Einmal stieß ich gegen eine Containerwand. Einmal fiel ich hin und wachte davon auf. Und einmal erwachte ich außerhalb unserer Containeranlage auf dem Bürgersteig, mitten in der Nacht, die Kälte hatte mich geweckt. Ich erschrak furchtbar – da lagen die Toten von Mogadischu auf dieser nächtlichen

Straße in Düsseldorf vor mir! Ich sprang auf und rannte in panischer Angst in mein Zimmer zurück. Von dieser Nacht an habe ich nicht mehr allein geschlafen. Jede Unbequemlichkeit wollte ich in Kauf nehmen, nur damit mich dieser Traum nicht noch einmal heimsuchte. Ich schlief bei einer der Äthiopierinnen, mit meinem Kopf am Fußende ihres Bettes. Hanna schlief in einem Bett mit ihrer Tochter, bei ihr war kein Platz.

Ich zerbrach mir den Kopf darüber, woher diese Träume wohl kamen, fand aber keine Erklärung. So etwas konnte doch eigentlich nur Menschen passieren, die nichts zu tun hatten und sich aus Langeweile Hirngespinsten überließen. Aber ich, ich war doch pausenlos beschäftigt, ich hätte doch eigentlich schlafen müssen wie ein Stein! Wie eine Tote! Und das tat ich ja auch – einschlafen konnte ich immer. Kaum hatte ich mich hingelegt, schlief ich auch schon. Ja, wenn ich mich vor Kummer und Sorgen in meinem Bett gewälzt hätte, wenn ich vor Angst kein Auge zugetan hätte … Aber nein, ich schlief selig ein. Die Furcht in mir erwachte erst, wenn ich schlief. Im tiefsten Schlaf regten sich diese Gespenster. Und ich begann, an Dinge zu glauben, an die ich nie geglaubt hatte. Wohnte etwas in meinem Zimmer? War es möglich, dass sich ein böser Geist bei mir eingenistet hatte? Ein *Dschinn* vielleicht, wie er meiner Großmutter zweimal begegnet war? Ich zog das ernsthaft in Erwägung und sagte mir dann, dass ich womöglich einfach nur zu viel Schreckliches erlebt hatte. In Nairobi waren mir nie solche Träume gekommen. Aber da hatten wir immer ein volles Haus, und das Leben war wohl stärker als die Erinnerungen gewesen. Jetzt, in diesem Container, war es trotz des Lärms so still, so kalt, so einsam, nur ich und meine vier Wände … Ich war so verwirrt, dass ich keinem

Menschen davon erzählen konnte, nicht einmal Hanna. Aber eins stand fest: Ich musste hier raus. Und nachdem ich eineinhalb Jahre lang in der Gesellschaft von Hannas lustiger und anstrengender Containerbande gelebt hatte, zog ich im Frühjahr 1996 aus.

Ja, ich war damals verzweifelt. Wenn du einen Menschen hast, der zu dir steht, gibt dir das unendlich viel Kraft. Aber wenn du ganz allein bist, schwinden deine Kräfte allmählich. Mir fiel niemand ein, an den ich mich in meiner Verzweiflung wenden konnte – niemand außer dem Sozialamt. Dort sprach ich mit einer Frau und erzählte ihr, dass ich nachts das Gefühl hätte, geschlagen oder erwürgt zu werden. Sie glaubte, dass mich die Erinnerungen an das Blutvergießen in Mogadischu verfolgen würden, und gab mir die Adresse eines Psychotherapeuten.

Ich wusste nicht, was mich erwartete. In den Kliniken in Somalia gab es psychiatrische Abteilungen, wo richtige Irrenärzte Dienst taten, aber Psychotherapeuten hatten wir nicht. Alle Probleme wurden mit den Menschen gelöst, mit denen man zusammenlebte. Es waren ja immer genug Leute da, mit denen man reden konnte, und wenn man seine Sorgen gleich aussprechen kann, dann spült man allen Kummer heraus und ist innerlich wieder sauber und klar.

Vielleicht gibt er dir ein Beruhigungsmittel, dachte ich.

Aber dem war nicht so. Er stellte mir Fragen, und ich musste erzählen. Er wollte wissen, ob ich meine Familie vermisse, ich sagte »Ja« und erzählte ihm von zu Hause. Da leuchtete ihm meine Angst plötzlich ein. Er führte meine Probleme auf die Enge meines früheren Lebens zurück und den Zwang, unter dem ich daheim gelitten hätte. Bei meinem siebten Besuch ging er mit mir auf die Straße und zeigte mir eine Plakatwand, auf der ein Fluss zu sehen war.

»Streck deine Hand aus und lass das Wasser dieses Flusses darüber laufen«, sagte er. »Ist es ein unangenehmes Gefühl?« »Nein«, sagte ich. »Ist dir das Wasser dieses Flusses zu kalt?« »Nein«, sagte ich. »Also, dann spring hinein! Lass dich von diesem Wasser umspülen, und dann schwimm los. Lass dich von der Strömung treiben. Probier einfach alles aus, was dir dein neues Leben hier in Deutschland bietet. Geh in Discos. Rauche, wenn dir danach ist. Trink, wenn du Lust hast. Nimm dir einen Freund, wenn du möchtest.« Ich traute meinen Ohren nicht. Was wollte dieser Mensch – dass ich alles verraten sollte, meine Erziehung, meine Herkunft, alles? »Ich bin zu Ihnen gekommen, weil ich Hilfe brauche«, fuhr ich ihn an, »aber Sie wollen einen verdorbenen Menschen aus mir machen! Alle Ihre Vorschläge taugen nichts!« Ich war so empört, dass ich ihn einfach stehen ließ.

Später fand ich, dass er gar nicht so Unrecht gehabt hatte. Man muss sich nicht in jedem Fall an seine Traditionen klammern. Das Problem war nur: Nach jedem Besuch bei ihm wurden meine Albträume schlimmer. Dieser Mann war nicht gut für mich, obwohl er mir wirklich helfen wollte. Und bis heute bin ich fest davon überzeugt, dass ich mein Überleben in dieser fremden Welt weit mehr den Lehren meiner Eltern zu verdanken habe als seinen Ratschlägen. Vor allem den Worten meiner Mutter, die aus einem Feigling einen Helden machen konnten. »Lass dich niemals unterkriegen«, hat sie immer und immer wieder zu mir gesagt. »Wenn du etwas erreichen willst, streng dich an und kämpfe darum. Solltest du scheitern, versuch es noch einmal. Und lass dich von niemandem einschüchtern. Wenn dich jemand beleidigt, wenn dich einer von oben herab behandelt, dann nimm dir das nicht zu Herzen. Wenn du aber einem ernsthaften Menschen begegnest, höre ihm zu, bevor du selbst den Mund aufmachst. Widersprich nicht gleich. Je besser du zuhören kannst, desto mehr lernst du im Leben. Selbst wenn du mit jemandem in Streit gerätst, höre dir seine Argumente zunächst einmal an. Wenn sie nicht ganz unvernünftig sind, ist eine Verständigung immer noch möglich. Jeder, auch der Dümmste, kann etwas Wertvolles sagen. Denn jeder Mensch ist wertvoll, und keiner verdient es, übersehen zu werden. Fürchte dich aber vor niemandem, denn kein Mensch wird zweimal geboren.«

Vor allem in meinen ersten Jahren in Deutschland habe ich die Stimme meiner Mutter oft gehört. Immer dann, wenn Hindernisse auftauchten, musste ich an ihre Worte denken. Aber nie hatte ich häufiger Anlass, mich an ihre Lehren zu erinnern, als bei meiner Arbeit auf dem Flughafen. Dafür gab es mancherlei Gründe. Einerseits wurde der Flughafen zwar zu meiner zweiten Heimat, und ich verbrachte für die nächsten Jahre mehr Zeit in Flugzeugen als in meiner Wohnung. Andererseits kam ich dort als Afrikanerin und Moslem aber auch häufiger als sonst in Situationen, in denen ich mein somalisches Temperament nur schwer zügeln konnte. Und dabei war die Arbeit an sich schon eine unglaubliche Strapaze.

Man muss sich das so vorstellen: Wir kommen mit drei bis fünf Leuten in eine Maschine rein, und nach fünfzehn Minuten müssen wir wieder draußen sein. Das Flugzeug hat vielleicht dreißig Minuten Aufenthalt, und in dieser Zeit muss die Maschine gereinigt werden, sie muss aufgetankt werden, die Koffer müssen aus- und eingeladen werden, die Toiletten müssen mit einer Absaugvorrichtung entleert werden, die Techniker müssen die Reifen und alles

Übrige prüfen, das neue Essen muss an Bord verstaut werden, und derweil nimmt die neue Crew schon ihre Arbeit auf. Mit anderen Worten: Es wimmelt an Bord von Sicherheitsleuten, Cateringleuten und Flugpersonal, und mittendrin versuchen wir, unsere Arbeit zu tun, so gut es eben geht. Wobei es natürlich auch vom Flugzeugtyp abhängt, wie schnell man durchkommt.

Schön, Langstrecke ist immer dreckig, das ist die erste Faustregel. Doch manche Flugzeuge lassen sich einfacher reinigen als andere, weil sie geräumiger sind. Wir hatten also unsere Lieblingsmaschinen, und wir hatten Maschinen, vor denen uns graute. Meine Lieblingsmaschine war die »Boeing 767«, denn sie hat zwei Gänge. Zwei Gänge sind besser als einer, das ist die zweite Faustregel. Außerdem hat diese »Boeing« relativ wenige Toiletten, und je weniger Toiletten, desto besser für uns. Das ist die dritte Faustregel. Die »Boeing 757« hingegen war die schlimmste. Das sind endlose Maschinen, die nur einen Gang haben und kaum Platz zum Ausweichen zwischen den Sitzreihen, obendrein fliegen sie nur Langstrecke und sind folglich immer dreckig.

Wir stürmten also herein, kaum dass der letzte Passagier von Bord gegangen war, und sofort machte sich eine von uns über die Toiletten her, eine begann mit dem Staubsaugen, eine ordnete die Broschüren in den Sitztaschen, fegte die Krümel vom Sitz und legte die Sicherheitsgurte über Kreuz, und gleichzeitig überprüften die Stewardessen die Rettungswesten unter jedem Sitz, die Techniker rannten durch die Maschine und riefen: »Vorsicht!«, die Müllmänner schleiften Müllsäcke hinter sich her und riefen: »Vorsicht!«, und ich musste jedes Mal zwischen die Sitze ausweichen, bis ich irgendwann den Glauben daran verlor, mit diesem Flugzeug je fertig zu werden. Jeder rempelte einen an, jeder brüllte: »Schnell, schnell!«, die Maschine war voller Leute – und in diesem Durcheinander sollte man nun arbeiten, acht Stunden lang, ohne Pause, ohne zu essen, manchmal ohne auf die Toilette zu gehen, eine Maschine nach der anderen, und wenn ich nach Mitternacht heimkam und mir meine Beine besah: nur blaue Flecken!

Und dann – wie die Besatzungen in den allermeisten Fällen mit uns redeten! Ohne jeden Respekt. Die Einzigen, die sich von einer menschlichen Seite zeigten, waren die deutschen und die französischen Crews. Die Stewardessen und Piloten von »Lufthansa«, »LTU« und »Air France« waren die Einzigen, die uns wie menschliche Wesen behandelten. Das ist eine Sache, die ich an Deutschland wirklich liebe, dass die Menschen hier nicht diesen entsetzlichen Dünkel haben. Ich habe sogar einmal erlebt, dass ein Lufthansa-Pilot mit anfasste! Er schämte sich überhaupt nicht, uns Putzfrauen zur Hand zu gehen. »Bring den Müllsack, junge Frau!«, rief er durchs Flugzeug. »Und reich mir den Schrubber!« Ich war sprachlos. Bei einer afrikanischen Fluggesellschaft wäre das undenkbar gewesen. Da kommandiert dich jeder Steward herum – »Hier, schmeiß das weg! Bring das raus!« –, und ansonsten nehmen sie dich gar nicht wahr. Aber die LTU-Stewardessen brachten uns im Sommer sogar Getränke!

Unangenehmer als der härteste Arbeitstag aber waren bisweilen die Erlebnisse, die ich mit meinen Arbeitskolleginnen hatte. Die Arbeit in den Flugzeugen wurde ja fast ausschließlich von Frauen erledigt, viele Türkinnen darunter, aber auch Afrikanerinnen aus Marokko und einigen westafrikanischen Ländern. Diese Frauen sprachen unentwegt über Männer und Liebesabenteuer. Da kamen im Lauf eines Arbeitstags all die Überraschungen zur Sprache, die man als Frau mit einem Mann in der ersten Nacht oder einer der folgenden erleben kann. Zu diesen Gesprächen hatte ich nie etwas beizutragen, ich konnte dazu nichts sagen. Für mich waren Männer immer noch wie Brüder, und ich wäre nach wie vor nicht auf die Idee gekommen, mit einem von ihnen ins Bett zu gehen.

Natürlich konnte es nicht ausbleiben, dass diese Frauen mich aufforderten, auch mal über mein Liebesleben zu berichten. Wahrscheinlich malten sie sich wer weiß was aus, weil jede wusste, jede sehen konnte, dass ich mich mit Männern bestens verstand. Aber ich musste sie enttäuschen. »Lasst mich in Ruhe«, habe ich nur gesagt, »ich lebe in einer anderen Welt als ihr.« Wenn sie dann nicht lockerließen, habe ich manchmal versucht zu erklären, dass ich beschnitten bin. Ich erzählte ihnen meine Geschichte und was sie als kleines Mädchen mit mir gemacht hatten, und ich dachte mir nichts dabei, weil es die Wahrheit war und weil ich weiterhin davon ausging, dass auch in anderen Ländern Afrikas Frauen beschnitten werden, nicht nur in Somalia.

Die Reaktion war jedes Mal erstaunlich: Sie fielen über mich her und nannten mich eine Lügnerin. Keine wollte glauben, dass es so etwas wie Frauenbeschneidung überhaupt gab! Ich wurde wüst beschimpft. »Nein«, empörten sich die Westafrikanerinnen, »einen solchen Unsinn gibt es in ganz Afrika nicht! Diese Somalierin stellt die Tatsachen auf den Kopf! Wenn sie hübsch sind, dann schlafen bei uns schon die Zwölfjährigen mit einem Mann!« Was ich nun wiederum nicht glauben konnte. »Bei uns«, hielt ich ihnen entgegen, »muss man heiraten, bevor an körperliche Liebe auch nur zu denken ist.« Aber davon wollten sie nichts wissen. »Bei uns«, riefen sie, »schlafen schon die jungen Mädchen mit Männern, und keine wäre so verrückt, erst zu heiraten, wenn sie Liebe machen will – so und nicht anders ist es überall in Afrika!«

Also, das war hoffnungslos. Ich habe ihnen geraten, sich erst einmal auf unserem Kontinent umzuschauen, bevor sie den Mund aufmachen und für ganz Afrika sprechen. Wir sind alle schwarz, das ja, aber das ist auch so ziemlich das Einzige, das uns verbindet. Afrika ist groß, und wir Afrikaner sind von Land zu Land verschieden. Wie kann man alle Afrikaner in einen Topf werfen? Jedenfalls liefen diese Gespräche immer auf den Vorwurf hinaus, dass ich mit meinen Lügen alle Afrikaner beleidige und Schande über Afrika bringe. »Du bringst Afrika in Verruf!«, schimpften sie. »Erzähl diesen Unsinn bloß nicht den Weißen!«

Ich habe mich nicht einschüchtern lassen. Es ging mir schon längst nicht mehr darum, die somalische Kultur zu verteidigen. Aber dass ich beschnitten war, das war meine Wirklichkeit, und jeder durfte es wissen. Im Kreis dieser Frauen aber redete ich gegen eine Wand. Genau wie meinen Leuten daheim fiel auch diesen Westafrikanerinnen nichts Besseres ein, als von Schande zu reden. Nur dass das, was im Senegal eine Schande gewesen wäre, bei uns normal war. Und das, was bei uns eine Schande gewesen wäre, im Senegal normal war. Die Türkinnen und Marokkanerinnen erregten sich übrigens nicht weniger. »Was diese Frau Abdi uns da weismachen will, das gibt es auf der ganzen Welt nicht!«, ereiferten sie sich. Der Erfolg war also, dass hinter meinem Rücken über meine Geschichte gelacht wurde, und nach kurzer Zeit wollte keine mehr mit mir etwas zu tun haben, weil ich als Lügnerin galt.

Zu meinem Glück wurde Hanna nach einer Weile meine Arbeitskollegin auf dem Flughafen, und ich erhielt

Unterstützung, die ich gut brauchen konnte. Inzwischen hatte ich mich nämlich obendrein mit den Türken angelegt, die einen Großteil der Belegschaft ausmachten und auch Schichtleiter und Vorarbeiter stellten. Zunächst hatten sie mich wie eine Schwester aufgenommen, weil wir dieselbe Religion hatten – nur stellte sich bald heraus, dass ich unter Islam etwas anderes verstand als sie. Mir fiel auf, dass die anderen Afrikaner stets die schmutzigsten Maschinen zugewiesen bekamen, zu den ungünstigsten Arbeitszeiten eingeteilt wurden und ihre Arbeit als Erste wieder verloren. Das war gegen den Koran und gab den Christen ein schlechtes Beispiel für Islam – doch als ich sie darauf aufmerksam machte, war es mit der Schwester ganz schnell vorbei, da war ich plötzlich nur noch das »schwarze Mädchen« für sie und hatte nicht mal mehr einen Namen. Und als ich eines Tages auf die Radiomusik in einem Flugzeug zu tanzen anfing, regten sich zwei türkische Kolleginnen derartig auf, dass zwischen uns ein heftiger Streit darüber ausbrach, was Moslems dürfen und was nicht. Für mich war es keine Schande, zu tanzen und in Discotheken zu gehen, für sie hingegen war es eine, und wir gerieten so hart aneinander, dass sie sich zu der absurden Drohung verstiegen, mir einen Prozess wegen Beleidigung des Islams anzuhängen.

Also, ich konnte die Unterstützung meiner mutigen äthiopischen Freundin nur zu gut brauchen. Wir waren Verbündete, und Hanna verkündete überall: »Ihr lasst Frau Abdi besser in Ruhe. Die kommt aus Somalia, und es bekommt keinem gut, sich mit einer Somalierin anzulegen.« Wenn Hanna so auftrat, erinnerte sie mich an meine Schwestern, besonders an Yurop. Und wie Yurop ging auch Hanna keinem Problem aus dem Weg. Sie schäumte, wann immer mir jemand zu nahe trat. Kurz: Ich hatte in Deutschland wenigstens einen Menschen gefunden, der das Temperament meiner Familie besaß.

Oh, ich selbst hatte dieses Temperament zu spüren bekommen, als ich es gewagt hatte, aus dem Container auszuziehen. Hanna betrachtete das als Verrat. Sie wollte nicht einmal meine neue Adresse wissen, und sie half mir selbstverständlich auch nicht beim Umzug. Da gab es allerdings auch nichts zu helfen. Meine Habseligkeiten passten in einen Koffer, Geschirr und Besteck kamen in einen Karton, und nach einer Bahnfahrt von zwanzig Minuten war mein Umzug erledigt.

So – keine Kakerlaken mehr, keine Mäuse, und statt elf Quadratmeter im Container nun vierzehn in einem richtigen deutschen Haus! Dieses Haus war ein städtisches Wohnheim, meine Nachbarn kamen aus den verschiedensten Ländern, hinterm Eingang saß ein Pförtner – und ich fühlte mich wie in einem 5-Sterne-Hotel. Weil die Angst manchmal zurückkam, schlief ich immer noch bei Licht, aber von nun an ohne Messer unter dem Kopfkissen.

Ich war glücklich über meine neue Wohnung. Aber dass ich meiner Familie Monat für Monat einen großen Betrag überweisen konnte, seitdem ich drei Arbeitsstellen hatte, das machte mich noch viel glücklicher. Ich schickte ihnen fast alles, was ich verdiente, und jedes Mal, wenn ich wieder eine Überweisung an sie ausgestellt hatte, empfand ich eine große Erleichterung und eine unbeschreibliche Freude. Nichts anderes konnte mich so glücklich machen wie die Vorstellung, dass es meinen Eltern und meinen Geschwistern gut ging. Menschen glücklich zu machen ist das schönste Gefühl, und wenn es dabei um deine eigene Familie geht, dann fällt es dir nicht schwer, selber auf alles zu verzichten. Aber niemand hier in Deutschland schien das zu verstehen, nicht einmal Hanna. »Ihr Somali müsst eure Familien schon sehr lieben«, sagte sie und schüttelte den Kopf.

Sie hatte Recht, aber zu dieser Liebe kam meine Verantwortung hinzu. Meine Eltern hatten mich ja als Erste in eine bessere Welt geschickt, weil sie wussten, dass ich die Letzte wäre, die sie vergessen würde. Sie rechneten fest damit, dass ich sie niemals im Stich lassen würde, ich durfte sie also nicht enttäuschen – und ich enttäuschte sie auch nicht! Mit jeder Überweisung bewies ich ihnen, dass es richtig gewesen war, mich loszuschicken. Wenn das Geld kam, dann wussten meine Eltern, ich hatte es geschafft, um mich brauchten sie sich keine Sorgen zu machen. Und ich selbst brauchte das Geld nicht. Hätte ich es auf die Bank tragen sollen? Am nächsten Tag hätte ich auf der Straße überfahren werden können – und dann? Nein, ich habe mir nie Gedanken darüber gemacht, wovon ich leben sollte, wenn ich alt wäre. Wir denken so nicht. Wir leben jetzt, heute, an diesem Tag. Und jemandem Gutes tun kann man nur, solange er atmet. Wenn einer im Grab liegt, ist es zu spät. Ich verdankte meinen Eltern so viel Glück, dass ich froh war, mich jetzt revanchieren zu können, da sie es noch genießen konnten. Außerdem kam mein Geld nicht nur meiner eigenen Familie zugute, sondern auch ihren Nachbarn, die kaum über die Runden kamen, die wirklich arm waren. So hatten meine Eltern ein sorgloses Leben und ihre Nachbarn zu essen.

Was mich aber im tiefsten Inneren befriedigte, war der Gedanke, dass ich ihnen zurückgeben konnte, was der Krieg und die Banditen ihnen geraubt hatten – nicht nur an Hab und Gut, sondern vor allem an Lebensmut und Lebensfreude. Meine Eltern litten nicht wirklich Not, aber sie waren doch weit davon entfernt, das Leben zu führen, das sie gekannt hatten, als mein Vater mit seinem Einfallsreichtum und meine Mutter mit ihrer Willenskraft noch den Erfolg gehabt hatten, den sie verdienten. Sie waren ohne eigenes Verschulden in ihre jetzige Lage gekommen, und ihr Schicksal ging mir nahe. Ich wünschte inständig, dass sie mit meinem Geld wenigstens halb so gut leben könnten wie früher. Dafür arbeitete ich zwei Jahre lang beinahe täglich achtzehn Stunden. Dann verließen mich meine Kräfte. Ich konnte einfach nicht mehr. Ich musste zwei Jobs aufgeben und arbeitete schließlich nur noch auf dem Flughafen. Nach drei Jahren in Deutschland wog ich noch 48 Kilo, und als meine Mutter mich zum ersten Mal wiedersah, erschrak sie heftig.

Ich hatte es geschafft, einen Ast dieses Baums zu erreichen, auf den ich klettern wollte – einen der unteren Äste zwar, aber immerhin –, doch seit einiger Zeit kam es mir so vor, als würde ich mich mit letzter Kraft an diesen Ast klammern und in Wirklichkeit in der Luft hängen, über einem Abgrund. Allein *überleben*, das konnte ich, das hatte ich bewiesen – aber alleine *leben*, das fiel mir unendlich viel schwerer. Mit anderen Worten: Ich war krank vor Heimweh.

Ich fürchtete tatsächlich, vor Sehnsucht nach meiner Familie den Verstand zu verlieren. Drei Jahre hatte ich meine Eltern jetzt nicht mehr gesehen und war verrückt nach ihnen. Ich war wirklich verrückt. Ich habe jede Nacht mit ihnen telefoniert. Ich dachte unentwegt an zu Hause. Ich wollte nach Kenia, ich wollte Nairobi wiedersehen, ich wollte noch einmal die Erinnerung an die herrlichen Zeiten auffrischen, die ich in dieser Stadt erlebt hatte, aber vor allem wollte ich die Menschen wiedersehen, die ich über alles in der Welt liebte. Meine Eltern, meine Geschwister – Menschen, die ich nur zu sehen brauchte, um von Freude überwältigt zu werden. Aber auch nach drei Jahren sah es immer noch so aus, als gäbe es keinen Weg zurück. Drei Jahre ohne die Menschen, die du liebst! Ich habe ganze Nächte durchweint. Ich hatte keine Kraft mehr – und da war keine Mutter, die mit ihrem Stock meinem Appetit auf die Sprünge geholfen hätte.

Aber da war dieser deutsche Mann. Er war allein, ich war allein. Ich habe ihm nie gesagt, dass ich ihn liebe, er wollte mich trotzdem heiraten. Und ich hätte eingewilligt – nur um an einen Pass zu kommen. Aber dann bekam ich den Pass, ohne geheiratet zu haben, einfach, weil er mir zustand. Weil mein Asylantrag aus humanitären Gründen anerkannt worden war und weil ich drei Jahre lang brav gearbeitet und Steuern gezahlt hatte.

Und schon befand ich mich auf dem Weg nach Afrika. Das war das Allergrößte, was ich in meinem Leben jemals erlebt habe! Von den vier schönsten Augenblicken meines Lebens war das der vierte – und vielleicht der schönste. Meine Familie wusste nicht, dass ich kam. Es war eine Überraschung. Ich liebe Überraschungen. Sie saßen beim Abendessen, als ich in der Tür stand. Einfach so. Diesen Augenblick werde ich nie vergessen. Sie haben aufgeschrien, meine Mutter, mein Vater, alle. Sie trauten ihren Augen nicht. Ich kann nicht beschreiben, was ich da gefühlt habe. Wir haben alle geweint. In dieser Nacht ist keiner zum Schlafen gekommen. Ein Traum war in Erfüllung gegangen.

Es waren aber nicht nur Freudentränen, die meine Mutter in dieser Nacht vergoss. Für sie sah ich zum Erbarmen aus, wie eine dieser klapperdürren Frauen, über die wir uns früher in Mogadischu lustig gemacht hatten, über die wir am nächtlichen Hoffeuer manchmal gelacht hatten, wenn wir so einer tagsüber auf der Straße begegnet waren. Meine Mutter hatte nie viel von Europa gehalten und fand jetzt ihre düsteren Ahnungen bestätigt. Dass mein Zustand noch eine ganz andere Ursache hatte, dass ich nicht nur überarbeitet war, das behielt ich für mich.

Wie hätte ich ihr auch erklären können, was es heißt, in Europa zu leben und sich als beschnittene Frau in einer

Welt unbeschnittener Frauen zu behaupten? Wie hätte ich ihr begreiflich machen sollen, welchen Schrecken ich in Deutschland bekommen hatte, als ich verstand, dass ich anders war und dass mir seither die Angst im Nacken saß, für alle Zeiten an Körper und Seele beschädigt und als Frau ausgelöscht zu sein? Sie konnte ja das Klima der Angst, in dem bei uns die Liebe stattfindet, nicht mit der Ungezwungenheit vergleichen, in der sich Liebe und Sexualität in Europa abspielen. Für sie war es nach wie vor normal, dass Frauen in der Hochzeitsnacht aufgeschnitten werden müssen und hinterher solche Schmerzen haben, dass für die nächste Zeit an Beischlaf gar nicht zu denken ist. Somalia und Europa waren in dieser Hinsicht wirklich zwei völlig verschiedene Welten. Denn wenn eine Frau bei uns in der Hochzeitsnacht bereits schwanger wird, was nicht selten geschieht, dann war die erste Erfahrung auf diesem Gebiet mit ihren schauerlichen Begleitumständen auch schon die letzte für die nächsten neun Monate, und danach geht das Elend dann von vorn los. Kein Wunder, dass somalische Mädchen vor der Hochzeitsnacht Angst haben, wenn sie erfahren, was auf sie zukommt. Anstatt sich zu freuen, zittern sie dem Augenblick entgegen, in dem der Mann in sie einzudringen versucht, und es kommt vor, dass Mädchen noch vor der Hochzeitsnacht in Panik geraten und davonlaufen. Wenn du als Kind solche Schmerzen erlebt hast, dann hast du dir geschworen, diese Qualen nicht noch einmal ertragen zu wollen – doch in der Hochzeitsnacht kommt dieselbe Tortur unweigerlich wieder auf dich zu. Und die nächste Katastrophe erwartet dich bei der Geburt. Manche Frauen können ihr Baby nicht einmal herauspressen, einfach, weil die Öffnung zu eng ist, und einige sterben dabei. Mütter wie Kinder.

Dies alles war für meine Mutter normal. Mir waren inzwischen zwar die Augen geöffnet worden, aber was nützte mir das? Jetzt musste ich damit fertig werden, dass für mich jede Hilfe zu spät kam. Es gab die Welt meiner Mutter, es gab die Welt meiner Arbeitskolleginnen und Freundinnen in Deutschland, und dazwischen gab es mich. Wahrscheinlich hätte ich mich irgendwann damit abgefunden, für beide Welten verloren zu sein, wenn ich nicht kurz vor meiner Abreise nach Afrika einen Mann kennen gelernt hätte. Einen Mann, dem ich unendlich viel verdanke, weil er mein Leben verändert hat.

Ich traf ihn in einer Discothek. Er sei Arzt, sagte er, als wir uns vorgestellt wurden, und ich ärgerte mich ein bisschen, weil es in einer Disco eigentlich keine Rolle spielen sollte, ob jemand Putzfrau oder Doktor ist. Diesmal aber spielte es doch eine Rolle. Als er hörte, dass ich aus Somalia kam, wollte er ohne Umschweife wissen, ob ich beschnitten sei. Es stellte sich heraus, dass er Frauenarzt war, längere Zeit in London gearbeitet hatte und dort mit vielen Somali zusammengetroffen war. »Na klar«, antwortete ich ihm, »wie alle«, und wollte das Thema wechseln. Aber er ließ nicht locker. Er wusste Bescheid. Wir redeten die ganze Nacht miteinander und redeten immer weiter, nachdem er längst in seine Heimatstadt Stuttgart zurückgekehrt war, über Wochen und Monate hinweg, am Telefon. Er war der erste Mann, mit dem ich offen darüber reden konnte.

In jener ersten Nacht hatte ich eigentlich nur wissen wollen, ob es anderen beschnittenen Frauen auch so ging wie mir, ob sie Ähnliches durchmachen müssen. Doch mit jedem Anruf rückte mein eigenes Schicksal mehr und mehr in den Mittelpunkt. Es begann mit der Frage, ob ich mir jemals mein Geschlecht angesehen hätte. Ob ich jemals geprüft hätte, wie eng es ist.

»Nein«, musste ich zugeben, »auf diese sonderbare Idee bin ich nie gekommen.«

»Sieh mal, Nura«, entgegnete er, »du bist jetzt nicht mehr in Afrika, du bist in Europa. Und du kannst frei mit mir darüber sprechen, denn ich bin Arzt. Ich kenne mich mit Körpern ziemlich gut aus. Und was ich dir sage, das sage ich um deinetwillen, nicht um meinetwillen. Liebst du dich?«

»Ja«, sagte ich. »Ich liebe mich.«

»Gut. Dieser Körperteil, von dem wir sprechen, ist ein Teil von dir, und du kennst ihn nicht. Wach auf, Nura! Hol dir einen Spiegel und betrachte dich da unten. Wie sieht das aus? Schau es dir genau an, denn was du da siehst, das gehört zu dir.«

Einen Spiegel? »Bist du verrückt?«, brüllte ich in den Hörer. »So pervers bin ich nicht!« Also, davon wollte ich nichts wissen. Da hatte ich keinen Blick mehr draufgeworfen, seitdem der letzte Faden herausgekommen war, und nichts interessierte mich weniger, als zu wissen, wie es da unten aussah. Aber er ließ nicht locker.

»Fühlst du dich irgendwie ausgeschlossen?«, fragte er weiter. »Hast du den Eindruck, anders zu sein als andere Frauen?«

»Nein«, log ich, »das tue ich nicht. Mir geht es gut.«

»Dann ist es höchste Zeit, dass du dir klar darüber wirst, was mit dir geschehen ist«, sagte er. »Nimm dir einen Spiegel, spreize deine Beine und schau dir an, was sie mit dir gemacht haben. Kommst du mit einem Finger hinein?«

Ich habe aufgeschrien. »Du bist nicht ganz gescheit! Du weißt nicht, mit wem du sprichst!« Der Ärmste! Unsere Gespräche müssen eine harte Geduldsprobe für ihn gewesen sein. Ich ließ mich auf nichts ein, ich wollte nicht, ich beschimpfte ihn und konnte doch nicht auflegen. Stundenlang redeten wir miteinander, beinahe täglich, und immer über dasselbe.

»Ich will dir helfen«, beschwor er mich. »Was dir passiert ist, das ist vielen Frauen passiert. Ich bin in England beschnittenen Frauen aus vielen Ländern begegnet, nicht nur aus Somalia. Geh zu einem Frauenarzt, Nura. Aber bevor du hingehst, beschäftige dich mit dir selbst. Lern dich selbst kennen. Und ruf mich an, wenn du Probleme hast. Denn diese Sache betrifft nicht nur deinen Körper, sondern auch deine Seele.«

Er hatte Recht, mit jedem Wort. Aber ich traute mich nicht. Ich war noch nie bei einem Frauenarzt gewesen, obwohl ich ständig mehr oder weniger krank war und schon alle möglichen Ärzte ausprobiert hatte.

Und bevor ich tatsächlich zum Frauenarzt ging, musste es erst noch viel schlimmer kommen.

Wir verloren uns dann vorübergehend aus den Augen – möglich, dass er das Gefühl hatte, mir nicht helfen zu können, dass er mich für einen hoffnungslosen Fall hielt. Aber das stimmte nicht. Bis zu dem Tag, an dem ich ihm begegnet war, hatte ich meinem Körper keinerlei Beachtung geschenkt. Ich wusste nicht einmal, wie viele Narben ich am Körper hatte. Der Spiegel war für mein Gesicht und meine Haare da und sonst nichts. Durch ihn hatte ich etwas ganz Neues gelernt: dass mein Körper mich braucht und dass ich gut zu meinem Körper sein muss. Ohne ihn wäre ich darauf nie gekommen. Er bereitete mich auf das vor, was mich noch erwartete.

Es ging mir immer schlechter. Ich hatte ständig Schmerzen im Unterleib. Ich lief von einem Arzt zum nächsten, machte sämtliche Fachärzte durch, und keiner konnte mir helfen. Offenbar hatte ich außer diesen Schmerzen nichts, keine erkennbare Krankheit. Eine Woche bevor meine Periode fällig war, fingen die Schmerzen an. Ich konnte mich kaum noch auf den Beinen halten, arbeitete trotzdem weiter und schob auch dann noch alles auf die Strapazen meiner Arbeit, als meine Beine so anschwollen, dass ich nicht mehr laufen konnte. Erst als meine Periode eines Tages ganz ausblieb, gestand ich mir ein, dass an einem Besuch beim Frauenarzt kein Weg mehr vorbeiführte.

Aber ich hatte Angst davor. Ich hatte Angst, meine Beine zu spreizen und jemanden, egal wen, mein Geschlecht berühren zu lassen. Schon gegen den Gedanken, meine Beine zu spreizen, sträubte sich alles in mir.

Ich hätte nicht einmal zugelassen, dass jemand meine Oberschenkel berührt. Eine Horrorvorstellung. Selbst einem Arzt hätte ich das nicht erlaubt.

Ich war völlig verzweifelt, da lief mir eine Somalierin über den Weg, die ich noch aus Mogadischu gut kannte. Sie war die Erste, der ich mich anvertraute. Sie studierte mittlerweile in Saarbrücken, sie verstand mich und riet mir dringend, einen Frauenarzt aufzusuchen. »Du solltest keine Rücksicht mehr darauf nehmen, was deine Eltern oder irgendjemand in Somalia dazu sagen könnte«, meinte sie. »Wir sind in Deutschland, du brauchst keine Angst zu haben. Geh zu einem Frauenarzt und erzähl ihm, was sie mir dir gemacht haben. Den Ärzten hier kannst du vertrauen.«

Das sagte die Somalierin. Und was sagte die Äthiopierin?

»Kein Problem«, sagte Hanna, die wieder schwanger war. »Komm einfach mit, wenn ich mich das nächste Mal untersuchen lasse, und schau zu.« Ich begleitete sie also und schaute zu. Aber als ich diesen Stuhl sah, diese Liege mit den Stützen für die Beine, da wurde mir schon wieder angst und bange. Ich konnte mir einfach nicht vorstellen, darauf zu liegen, und weigerte mich strikt, mich anschließend ebenfalls untersuchen zu lassen. Hanna erklärte mich für verrückt – wie konnte man sich so anstellen? »Ruf ihn an«, sagte sie, als wir wieder in ihrer Wohnung waren, denn mittlerweile lebte auch Hanna in einem richtigen Haus. »Mach einen Termin mit ihm aus.« Wie üblich duldete sie keinen Widerspruch, und bereits am nächsten Morgen stand ich wieder in dieser Praxis. Diesmal allein, ohne Hanna.

Ich zog mich aus, ich betrat das Untersuchungszimmer, ich ließ den Arzt nicht aus den Augen. Aber er hatte nichts in der Hand, nichts, was nach einem Messer oder einer Rasierklinge aussah. »Das Licht und ich, wir sind die Einzigen, die jetzt etwas sehen«, sagte er, und ich legte mich hin – nur um im nächsten Moment wie vom Blitz getroffen hochzufahren, weil er mich berührt hatte. Er sah mich an. »Wie soll ich Sie untersuchen, ohne Sie zu berühren?«, fragte er sanft. Ja, gewiss, und trotzdem, es war unerträglich. Ich stand auf und ging, ohne dass er mich untersucht hatte.

Und dann wurden meine Schmerzen noch stärker. Wieder redete ich mit Hanna. Und sie räumte ein, inzwischen mit ihrem Arzt gesprochen zu haben. Über eine Operation, damit mein Blut endlich ordentlich abfließen könnte. 500 Mark wollte er dafür haben. 500 Mark? Ich sprach mit ihm, und er erklärte mir, dass er mit plastischer Chirurgie mein Geschlecht wieder herstellen könnte. Dann zeigte er mir ein Foto. Und dieses Foto zeigte ein unbeschnittenes weibliches Geschlecht.

Ich war nicht völlig überrascht. Einmal hatte ich eine Abbildung in einem Biologiebuch gefunden, aber das war eine schematische Darstellung gewesen, mit Eierstöcken und Gebärmutter, und ich hatte nicht viel erkennen können. Dieses Foto aber zeigte alle Einzelheiten, und zum ersten Mal in meinem Leben sah ich jetzt, wie ich ausgesehen hätte, wenn ich nicht beschnitten worden wäre. Ich starrte auf dieses Foto, verwundert und leicht benommen, während der Arzt mir erklärte, was ich da vor mir sah. »Schauen Sie, Frau Abdi«, sagte er, »so sieht eine normale Frau aus. Dies hier und das da, das fehlt bei Ihnen. Aber das ist kein Problem«, meinte er. »Ich könnte ihre Schamlippen wieder herstellen. Ich würde auch einen Chirurgen von der Universitätsklinik hinzuziehen.«

Aber ich konnte mich nicht entschließen. Alles in mir sträubte sich gegen die Vorstellung, noch einmal ein Messer an mich heranzulassen. Dabei war ich inzwischen so krank, dass ich nicht mehr arbeiten konnte. Ich lag nur noch zu Hause und weinte. Ich nahm Schmerzmittel, und sobald deren Wirkung nachließ, kam der Schmerz zurück. Eine furchtbare Angst beschlich mich, die Angst vor Krebs. In Afrika hatte ich nie von Krebs gehört, hier in Deutschland redete jeder davon. Also raffte ich mich auf, ging doch wieder zu diesem Arzt und bat um eine Untersuchung. Meinetwegen unter Narkose ... Am liebsten hätte ich Hanna mitgenommen, weil ich befürchtete, dass er ein Foto oder gar ein Video von mir machen könnte, während ich bewusstlos war, aber Hanna war hochschwanger und konnte mich nicht begleiten.

Als ich wieder aufwachte, lag ich in einem Nebenraum. Im nächsten Augenblick traten alle drei Arzthelferinnen an mein Bett und überboten sich darin, mir ihr Bedauern auszusprechen und Trost zu spenden. Sie zerflossen geradezu vor Mitleid. Jetzt ist es raus, dachte ich, du hast Krebs. Nein, nein, hieß es, krank sei ich nicht – aber wie furchtbar! Wie entsetzlich! »Warum haben sie das mit dir gemacht?« Offenbar hatten sie zugeschaut, offenbar war ich hier etwas Besonderes. Und einer nach der anderen kamen die Tränen. Sie waren dermaßen erschüttert, dass ich selbst zu weinen anfing. All die Jahre hatte ich mir verboten zu weinen, hatte ich mir immer gesagt: Das ist Schnee von gestern, Nura, passiert ist passiert – und jetzt steckten mich diese drei deutschen Frauen mit ihrem Mitleid an, sodass ich selber weinen musste. Eine brachte mir Kaffee, die andere ein Stück Kuchen, und die Dritte erklärte: »Sie sind für mich die tapferste Frau der Welt.« Wenn du wüsstest, dachte ich, wie viele genauso tapfer sein mussten wie ich.

Wie sich herausstellte, hatte ich keinen Krebs. Doch der Arzt beschwor mich, die Operation auf jeden Fall vornehmen zu lassen, damit mein Blut abfließen könne. Es wäre so einfach gewesen, und ich machte es mir so schwer. Einerseits wollte ich gesund werden, und andererseits konnte ich mich trotzdem nicht dazu durchringen. Aus irgendeinem Grund kam es mir immer noch wie etwas Verbotenes, wie ein Verrat vor, mich aufschneiden zu lassen. Wollte ich denn überhaupt? Durfte ich? Vierundzwanzig Jahre hatte ich damit gelebt, und in den letzten Jahren hatte ich nur darunter gelitten. Aber die Beschneidung gehörte zu mir. Ich war eben so. Sie war ein Teil von mir, und so aberwitzig es klingt: Ich konnte mich nicht von ihr trennen.

Schließlich überredete mich meine somalische Freundin, die Operation von ihrem Arzt in Saarbrücken durchführen zu lassen. Wir machten einen Termin aus und gingen gemeinsam hin. Doch als mir klar wurde, dass er mich auf der Stelle operieren wollte, machte ich den nächsten Rückzieher. Meine Freundin verlor die Geduld mit mir. »Ja oder nein?«, fragte sie. Ich konnte gar nicht antworten. Ich war in heller Aufregung, unfähig, einen klaren Gedanken zu fassen. Ich könnte es nie jemandem erzählen. Meine Eltern dürften niemals davon erfahren, und auch meine Schwestern nicht. Und wenn ich einen Somali heiraten würde – was würde er denken? Dass ich es vor ihm schon mit anderen Männern getrieben hätte? Andererseits – mein Leben war in den letzten Monaten ein einziger Leidensweg gewesen. Es gab keinen vernünftigen Grund, es nicht zu tun. »Also, warum machst du es jetzt nicht?«, schrie ich mich selbst an. »Wovor schreckst du denn zurück?« »Vergiss Somalia!«, flehte mich meine Freundin an.

Ich setzte mich auf diesen Stuhl. Ich bekam eine Spritze. Ich hörte ein Geräusch, als ob eine Kralle grobes Tuch aufreißen würde. Ich wollte aufspringen und davonlaufen. Ich hatte nicht die Kraft. Ich blieb liegen, bis ich den Arzt sagen hörte, ich sei fertig, ich könne nach Hause gehen. Und in der Nacht, bei meiner Freundin, als die Betäubung nachließ, brannte die Wunde wie Feuer. Die nächsten Tage konnte ich mich vor Schmerzen kaum bewegen, und dann fand ich zu meinem Entsetzen, dass meine Vagina wieder zusammengewachsen war.

Was hatte er gemacht?

Er hatte mich nur wie eine *Halaleiso* aufgeschnitten und mit der offenen Wunde entlassen. Ich war schlimmer dran als jemals zuvor.

Nach diesen Erfahrungen war ich so erschöpft, so entmutigt, dass ich aufgeben wollte. Ich war drauf und dran, mich mit meiner Beschneidung abzufinden und mit meinen Schmerzen zu leben. Oder, wenn das nicht ging, zu sterben. Und dann flackerte doch noch einmal Hoffnung auf. Eine junge Afrikanerin gab mir die Adresse eines deutschen Arztes. Der Arzt in Saarbrücken war Inder oder Pakistani gewesen und hatte möglicherweise wie ein Somali geglaubt, dass ich noch in derselben Nacht mit einem Mann schlafen wolle und deswegen zu ihm gekommen sei. Aus somalischer Sicht hatte er dann nicht einmal falsch gehandelt, denn es war üblich, dass der Mann anschließend in die unversorgte, offene Wunde eindringt. Also gut, habe ich gedacht, wenn es ein Deutscher ist, erwartet dich vielleicht etwas anderes. Versuch es noch mal.

Ich ging hin. Zwar liefen in der Anmeldung wieder die Arzthelferinnen zusammen und bestaunten mich wie ein exotisches Monster. Aber als ich diesem Arzt gegenübersaß, erlebte ich etwas Unglaubliches. Er zeigte mir keine Fotos, er sprach nicht von plastischer Chirurgie, er wollte mich nicht so schnell wie möglich auf seinem Stuhl liegen sehen. Er wollte nichts anderes als meine Geschichte hören. Und kaum hatte ich damit begonnen, brach ich in Tränen aus. Ich bekam kein Wort mehr heraus und habe geweint und geweint und geweint. »Mädchen, wein. Wein dich aus«, sagte er. »Du kannst hier weinen, bis du dich ausgeweint hast. Ich werde dir helfen, aber erst einmal muss dieser Schmerz heraus.« Jedes Mal, wenn ich weitererzählen wollte, versagte mir wieder die Stimme. Ich habe noch nie so geweint. Aber irgendwann war es vorbei, und ich habe ihm meine Geschichte erzählt. Eine Stunde lang habe ich nur geredet, und er hat mir nur zugehört. Dieser Arzt war wunderbar. Solange ich weinen musste, hat er mir ein Taschentuch nach dem anderen gereicht.

»In Bonn gibt es einen Experten dafür«, sagte er dann. »Ich bin mit ihm befreundet. Ich werde alles für dich arrangieren. Und sollten Extrakosten anfallen, werde ich sie übernehmen. Du bist eine normale Frau«, sagte er zu mir. »Du bist eine schöne Frau. Du kannst alles, was andere Frauen auch können. Mach dir keine Sorgen. Alles wird gut.«

Zwei Wochen später war es so weit. Ich fuhr nach Bonn, und meine einzige Sorge war, dass die Somali, von denen in Bonn viele lebten, hellhörig werden und etwas mitbekommen könnten. Ich wollte die Sache partout vor meinen Landsleuten geheim halten, weil es sich sonst wie ein Lauffeuer herumgesprochen und wer weiß welche Kommentare nach sich gezogen hätte. Ich bekam ein Bett zugewiesen, ein Arzt untersuchte mich, und diesmal war ich wirklich fest entschlossen. Ich schreckte nicht mehr zurück, ich wusste, was ich wollte, und hatte auch keine Angst.

Als ich aus der Narkose erwachte, lag ich mit dem Unterkörper auf einem Gummiring und war der Mittelpunkt der ganzen Abteilung. Am vierten Tag wurde ich entlassen und fuhr mit dem Zug nach Düsseldorf zurück – im Stehen wegen der Schmerzen, aber mit dem doppelten Triumphgefühl, endlich eine normale Frau zu sein und obendrein meinen Landsleuten ein Schnippchen geschlagen zu haben.

Denn natürlich hatten sie doch etwas spitzgekriegt. Ich hatte das vorhergesehen. Ich wusste, dass sie es herausfinden würden, und ich wusste, dass sie kommen würden, denn wenn einer von ihnen im Krankenhaus liegt, muss jeder hin. Das Problem war nur – wenn sie dann auf die gynäkologische Abteilung geschickt wurden, war kaum zu verhindern, dass sie ihre Schlüsse zogen. Also hatte ich mir vorher das Gehirn zermartert, welche Geschichte man ihnen auftischen könnte, und mich mit dem Professor schließlich auf einen Abszess im Unterleib geeinigt. Als sie dann in hellen Scharen anrückten, sprach die ganze Abteilung von Frau Abdis Abszess. Dummerweise warteten sie im Besucherzimmer auf mich, weil sie in ein normales deutsches Krankenhauszimmer gar nicht alle hineingepasst hätten, aber ihren Mienen nach zu urteilen gelang es mir vollauf, so zu gehen, mich so zu bewegen, als täte mir da unten gar nichts weh.

Ja, es war alles gut gegangen. Aber die Überraschungen kamen noch. Ich sah Dinge, die ich noch nie gesehen hatte, und erlebte Sachen, die ich noch nie erlebt hatte: Wieder daheim, ging ich auf die Toilette – und konnte es nicht glauben: Da spritzte es nach vorn in einem kräftigen Strahl heraus! Ich verstand die Welt nicht mehr! Bisher war mir beim Wasserlassen ein dünnes Rinnsal hinten heruntergelaufen. Jetzt trommelte es gegen die Kloschüssel, und ich erinnerte mich daran, dass unsere Eltern früher die unbeschnittenen Mädchen an diesem Geräusch erkannt hatten. Und dann, als ich meine Periode bekam, floss sogar das Blut, das immer nur zaghaft getröpfelt war! Damit nicht genug, entdeckte ich einen Teil von mir, der mir völlig unbekannt war. Bei der Nachuntersuchung erklärte mir mein Arzt, dass die inneren Schamlippen bei der Beschneidung kaum beschädigt worden seien. Die *Halaleiso* hatte sie unter den äußeren Schamlippen versteckt, und durch die Operation waren sie gewissermaßen befreit worden. Kurzum – ich war so glücklich, dass ich meinen Freund in Stuttgart anrief, jenen Arzt, dem ich drei Jahre zuvor in einer Discothek begegnet war, und ihm das gute Ende der Geschichte erzählte, die mit ihm begonnen hatte.

Von alledem, von meinen Kämpfen mit mir selbst und von der Operation, wusste aus meiner Familie niemand etwas bis auf meine Schwester Fatma, und auch die hatte ich erst kurz vor der Operation eingeweiht – für den Fall, dass mir etwas zustoßen würde. Solange wir in Afrika unter einem Dach gelebt hatten, waren wir offen zueinander gewesen, aber auch damals war alles, was mit Beschneidung zusammenhing, für uns tabu gewesen. Da die Beschneidung als Thema nicht existierte, konnten wir auch nicht darüber reden. Inzwischen waren meine beiden älteren Schwestern ebenfalls ausgewandert, Yurop nach Dänemark, Fatma nach London, und wir sprachen nicht mehr so häufig miteinander. Aber nachdem ich mich zur Operation entschlossen hatte, sollte wenigstens einer aus der Familie Bescheid wissen, und ich rief Fatma an.

Sie ermutigte mich. Sie fand, dass nicht die Beschneidung die Moral einer Frau ausmacht, sondern ihr Charakter. »Selbst wenn wir morgen nach Somalia zurückkehren sollten«, sagte sie, »wirst du keine Nachteile dadurch haben. Niemand braucht etwas davon zu erfahren. Und solltest du einen Somali heiraten, kann er nur froh sein, dass du nicht in der Hochzeitsnacht aufgeschnitten werden musst und vor Schmerzen schreist.« Sie selbst dachte allerdings nicht daran, eine solche Operation bei sich vornehmen zu lassen. Sie lebte in London in einer somalischen Kolonie, und dort ging es wesentlich traditioneller zu als in meinem Düsseldorfer Bekanntenkreis.

Dass wir überhaupt darüber reden konnten – und dann auch noch, ohne dass Fatma die Hände über dem Kopf zusammenschlug –, das hing sicherlich auch damit zusammen, dass wir nicht mehr in Afrika lebten. Europa veränderte meine Landsleute, wie schon Nairobi sie verändert hatte. So hörte ich zum Beispiel, dass sich somalische Männer hier in Europa in ihrer Hochzeitsnacht nicht mehr unter Druck setzen ließen. Statt mit Gewalt einzudringen, wie es bislang von ihnen erwartet wurde, gingen die Männer nun mit ihren Frauen vorher zu einem Arzt. Der nahm den Schnitt vor, und der Mann wartete dann so lange, bis die Wunde verheilt war. Es standen jetzt eben keine Eltern mehr hinter ihnen, die streng darauf achteten, dass bei der jungen Generation alles wieder genauso verlief wie bei ihnen in den alten Zeiten.

Nach allem, was ich aus Somalia selbst hörte, änderten sich auch dort allmählich die Sitten. Wie es hieß, weigerten sich immer mehr junge Männer, beschnittene Frauen zu heiraten. Offenbar war es so, dass sich einige mittlerweile trauten, die Eltern eines Mädchens nach der Beschneidung ihrer Tochter zu fragen. Und die pharaonische Beschneidung, bei der alles radikal entfernt wird, war für manchen Mann inzwischen ein Grund, ein Mädchen als Ehefrau abzulehnen. Solche Nachrichten kamen natürlich nicht aus dem tiefsten Inneren Somalias, wo noch lange alles beim Alten bleiben dürfte. Dergleichen hörte man nur aus Mogadischu.

Nachdem Yurop Afrika verlassen hatte, war sie übrigens als Erstes zu mir nach Düsseldorf gekommen. Nur um nach wenigen Tagen einzusehen, dass Deutschland für sie nicht infrage kam. Sie hatte nämlich den durchaus zutreffenden Verdacht geschöpft, dass im Umgang mit deutschen

Behörden andere Charaktereigenschaften gefragt waren als Reizbarkeit und ein überschäumendes Temperament. Deshalb fuhr sie nach Dänemark weiter, fand dort einen somalischen Mann, heiratete ihn, bekam zwei Kinder und wurde mit der Zeit immer gelassener. Nach ein paar Jahren hatten die Dänen es tatsächlich geschafft – oder ihr Mann? –, aus Yurop einen ruhigen, ausgeglichenen Menschen zu machen!

Obwohl ich von Zeit zu Zeit immer noch davon träumte, nach England zu gehen und dort zu leben, blieb ich in Deutschland, meiner neuen Heimat wider Willen. Sie machte es mir manchmal nicht leicht. Viele Türen ließen sich nur schwer oder gar nicht öffnen. Und oft war ich es einfach leid, für die zufällige Gespielin eines weißen Afrikatouristen gehalten zu werden oder für eine Hure, nur weil ich schwarz war.

Sicher – dieses Wetter, es wäre in England nicht besser gewesen. Aber hätte ich dort auch so viele bedrückte Gesichter und zusammengebissene Zähne in den Straßen gesehen? Und wäre ich als Afrikanerin auf englischen Ämtern genauso von oben herab, ja verächtlich behandelt worden? Kurz und gut, ich vermisste auch nach fünf Jahren in Deutschland noch die strahlende afrikanische Sonne, und mir fehlten die lachenden afrikanischen Gesichter.

Andererseits ... Hatte ich erst einmal Deutsche kennen gelernt, machte ich die angenehmsten Erfahrungen. Und ich lernte viele Menschen kennen – schon dadurch, dass ich neben meiner Arbeit auf dem Flughafen ein paar Jahre lang in Privathaushalten geputzt habe. Natürlich konnte es passieren, dass ich eine Stelle nur dann bekommen hätte, wenn ich bereit gewesen wäre, nackt zu putzen. Oder dass mich einer mit den Worten empfing: »Du brauchst gar nicht zu putzen, ich möchte etwas anderes von dir. Du sollst mir Freude machen.« Aber das waren seltene Ausnahmen.

Viel zahlreicher waren die Deutschen, die eine ausgesprochene Vorliebe für Afrikaner hatten, ihre Bekanntschaft suchten oder anfingen, sich für Afrika zu begeistern, nachdem sie mich kennen gelernt hatten. Da gab es einen, der war Dozent an einer Fachhochschule. Manchmal gingen wir zusammen essen, wenn ich seine Wohnung auf Vordermann gebracht hatte. Später hatte er kleine Jobs an seiner Schule für mich. Am Anfang sah es so aus, als würden wir miteinander gar nicht zurechtkommen. Er war ein waschechter Deutscher – er musste immer das letzte Wort haben. Wenn ich widersprach, konnte er sich richtig ereifern. »Hey«, sagte ich dann, »du brauchst mit deiner Putzfrau keinen Streit anzufangen. Ich bin nur gekommen, um zu putzen.« Es war sehr lustig. Er hatte bis dahin keinerlei Umgang mit Afrikanern gehabt und musste sich erst an mich gewöhnen. Aber nicht lange, und er unternahm seine erste Reise nach Afrika! »Ich hätte nie gedacht, dass ich mich jemals für Afrika interessieren würde«, sagte er zu mir, und jetzt war es so weit. Als er zurückkam, erzählte er mir verwundert, dass er sich die Unterschiede zwischen Schwarzen und Weißen niemals so groß vorgestellt hätte. Er war wirklich froh, mich kennen gelernt zu haben, und tatsächlich ist er heute mit einer Afrikanerin verheiratet.

Es gibt Dinge hier in Deutschland, auf die ich mich jedes Jahr aufs Neue freue, wie die große Düsseldorfer Kirmes am Ufer des Rheins. In Nairobi hatten wir den »Lunapark«, aber der war dagegen bescheiden und außerdem nur etwas für Kinder und junge Leute. Hier aber sieht man Unmengen von Menschen jeden Alters und jeder Herkunft – eine buntere Mischung von Menschen kann man sich gar nicht vorstellen! Ich liebe die verrückten Karussells, und ich gebe gerne meiner Neugier nach, wenn ich an einem Bierzelt vorbeikomme. Denn da drinnen wird getanzt und gelacht, und man lernt die Deutschen von einer ganz anderen Seite kennen. Vielleicht kommt mir das Rheinufer zur Zeit der Kirmes deshalb wie ein verzauberter Ort vor.

Das Haus, in dem ich seit meinem Umzug wohnte, war eine andere Welt. Mit der Zeit zogen immer mehr Afrikaner ein, aber anfangs lebten dort fast nur Menschen aus Osteuropa. Mein erster Nachbar war ein freundlicher, ruhiger Albaner, aber wie die meisten anderen arbeitete auch er nicht. »Warum arbeitest du?«, fragte mich einer von ihnen. »Komm mit uns, wir zeigen dir, wie man es machen muss.« Sie schliefen tagsüber, gingen nachts ihrer Beschäftigung nach, und nicht selten war die Polizei im Haus, wenn ich vom Flughafen zurückkam.

Der einzige Mensch dort, den ich näher kennen lernte, war eine bildschöne Frau mit zwei Töchtern. Sie wohnte in diesem Wohnheim unter Auswanderern und Flüchtlingen und war eine von uns, doch sie fuhr ein großes Auto und war immer beeindruckend gut gekleidet. Eines Tages hatte ich frei, und sie nahm mich mit zum Einkaufen. Wir betraten einen Supermarkt, und sie lächelte mir aufmunternd zu und fragte mich: »Was möchtest du haben?« Ich verzichtete, ich ahnte, was jetzt kam, und tatsächlich ging sie von Regal zu Regal, nahm dies, nahm das, griff sich ein Stück Fleisch aus der Tiefkühltruhe und zahlte zum Schluss nur eine Flasche Cola. Keiner hatte etwas gemerkt. »Warum soll ich bezahlen?«, fragte sie hinterher beim Kaffee. »Wenn du dich in Deutschland an die Spielregeln hältst, kommst du nie nach oben. Aber wenn du dich keinen Deut darum scherst, hast du alle Chancen.«

Ich war selbst kein Unschuldsengel, und die kenianischen Behörden hätten sicher den einen oder anderen Grund gehabt, auf mich sauer zu sein. Aber damit wollte ich nichts zu tun haben – zumal sie mich am Ende auch noch mit hineinreißen wollten. Eines Nachts war nämlich wieder Polizei im Haus. Zwar wurde keiner erwischt, weil alle rechtzeitig getürmt waren, doch die Beamten entdeckten einen großen Plastiksack mit nagelneuen Kleidern direkt vor meiner Zimmertür, alles gestohlen. Später wurde diese Bande dann doch geschnappt – meine bildschöne Bekannte gehörte auch dazu –, ich wurde zu der Gerichtsverhandlung als Zeugin geladen, und da wollten diese Gauner doch tatsächlich mir den Diebstahl anhängen. Damit kamen sie nicht durch, aber ich war froh, als sich unser Haus dann nach und nach mit Afrikanern füllte und die abenteuerlichen Zeiten vorbei waren.

Das war wunderbar für mich. Die Afrikaner brachten Leben ins Haus. Wenn sie aus der Stadt zurückkamen, hatten sie immer was zu erzählen. Wir hockten stundenlang zusammen, mal bei dem einen, mal bei dem anderen, jeder gab seine Geschichten zum Besten und alle lachten. Bei ihnen klopfte man einfach an und trat ein – und gleichgültig, ob sie gerade aßen oder schliefen, man war überall und immer willkommen. Abends ging es bei uns jetzt sehr lebendig zu, weil nun auch Leute aus dem Kongo hier wohnten, die nichts lieber taten als zu singen und zu tanzen. Vor allem aber fühlte ich mich endlich völlig sicher, denn zumindest in einem Punkt kann man sich auf Afrikaner immer verlassen: Wenn einer schreit, kommen alle aus ihren Zimmern gelaufen.

Manchmal saßen wir zu vielen auf einem Bett und schauten uns Videokassetten aus Elfenbeinküste oder Togo an, und mit jedem Film wurde mir klarer, wie wenig ich Afrika kannte. Um zu begreifen, wie vieles mir tatsächlich fremd an Afrika war, musste ich aber erst einen afrikanischen Gottesdienst in einer Düsseldorfer Kirche erleben.

Solange ich in Afrika gelebt hatte, war mir nie etwas unheimlich gewesen. Die Angst, die habe ich dort kennen gelernt, aber dass mir etwas unheimlich gewesen wäre? Niemals. Sicher, in Mogadischu erzählte man sich Geschichten von *Dschinns*, aber ich hatte nie einen erlebt. Und später in Nairobi war sowieso nicht mehr die Rede von *Dschinns* oder Dämonen. Ich hatte den Eindruck, dass die Kenianer an so etwas gar nicht glauben. In Mombasa allerdings gingen Gerüchte um. Da wurden wir vor Zauberern und Geisterbeschwörern gewarnt, und wenn wir an einem alten Haus vorbeikamen, das offensichtlich unbewohnt war, hieß es schon mal: Oh, das steht schon lange leer. Da hausen *Dschinns*. Also, ich kann das nicht bestätigen, ich habe keinen gesehen.

Was mit dem Wort »unheimlich« gemeint ist, verstand ich überhaupt erst in Deutschland. Der Container war mir zum Schluss unheimlich. Und unheimlich konnten mir auch meine Arbeitskollegen werden, wenn sie sich stundenlang über Hexerei und Zauberei und Dämonen unterhielten. Die Türken sprachen davon, die Griechen sprachen davon und die Albaner und Jugoslawen ebenfalls. Die einen legten Karten, die anderen starrten in ungespülte Tassen und sagten dir deine Zukunft aus dem Kaffeesatz voraus, die Dritten lasen dir dein Schicksal aus der Hand. Und für die Westafrikanerinnen war es, neben Männern, das Lieblingsthema überhaupt. Ich erinnere mich, dass wir einmal auf dem Flughafen über nichts anderes gesprochen haben, einen ganzen Tag lang. Was erfuhr ich da? Dass es

Mittel und Wege gibt, an Geld zu kommen, die nur ein Zauberer kennt, oder Freier anzulocken, wenn man eine Prostituierte ist, oder um einen Prozess auch dann zu gewinnen, wenn man selbst der Schuldige ist. Und dass es Leute gibt, die so viel Macht haben, dass sie deine tote Mutter aus dem Grab auferstehen lassen können. Die Angehörigen versammeln sich dann im Haus des Zauberers, sitzen in einer Runde und hören die Stimme der toten Mutter. Entweder sagt sie dann, dass sie durch Zauberei, durch einen Voodootrick umgebracht worden sei, und zwar von dem und dem, oder aber sie erklärt, dass sie wirklich krank gewesen und eines natürlichen Todes gestorben sei – Gott habe sie eben zu sich gerufen.

Ich glaube nicht an solchen Spuk. Aber sie rieten mir, auf meine Kleidung Acht zu geben, denn wenn mir jemand schaden wolle, dann reiche ihm schon ein Knopf oder ein Taschentuch von mir. In Frankreich, so erzählten sie mir, haben die Zauberer sogar ihre eigenen Büros, und Menschen, bei denen die Ärzte keine Krankheit finden könnten, würden dort von den Folgen des bösen Blicks geheilt. Von alldem hatte ich in Afrika nie gehört. Umso mehr verblüffte mich das, was ich eines Tages in einer Düsseldorfer Kirche erlebte:

Natürlich gehörte ich da eigentlich nicht hin. Kein Somali würde in eine Kirche gehen. Und wenn jemand erfahren hätte, dass ich so etwas mache – er hätte mich für verrückt erklärt. Für unzurechnungsfähig. Aber die Neugier war eben stärker. Eine Freundin aus Ghana lag mir nämlich seit Wochen mit den Wundern in den Ohren, die sich dort ereignen würden. Da gebe es einen Prediger aus ihrer Heimat, einen sehr mächtigen Gottesmann, der könne Kranke heilen und selbst unfruchtbaren Frauen zu einem Kind verhelfen. Und als einmal in Oberhausen ein Afrikaner gestorben war, da sei er hingefahren und habe so lange vor seinem Bett gebetet, bis der Tote wieder lebendig geworden sei. Na gut, habe ich mir gesagt, vielleicht brauchst du hinterher keine Brille mehr, und eines Tages begleitete ich sie.

Für mich war alles ungewohnt und neu. Da war dieser helle Raum voller Blumen, wie ein großes Wohnzimmer, mit gelben Gardinen vor den Fenstern, blauen Tüchern an der Decke und dicken Teppichen auf dem Boden. Da drängten sich die Menschen bis draußen vor die Tür, Schwarze wie Weiße, und drinnen saßen sie auf Sofas und Sesseln. Und da war dieser Prediger, der von den Gläubigen als »Apostel« bezeichnet wurde und von sich selbst behauptete, wie Jesus Christus von Gott gesandt zu sein. Der einzige Ort, vor dem das Menschengewühl Halt machte, war der Altarraum vorn, wo ein Chor aus sieben schwarzen Mädchen stand und eben dieser Apostel.

Dann wurde gebetet, gesungen, getanzt, getrommelt und gepredigt. Die sieben Sängerinnen wiegten sich bei jedem Lied im Takt. Wie man an der Unruhe des Publikums merkte, steuerte die Veranstaltung nach der Predigt ihrem Höhepunkt entgegen. »In Deutschland gibt es viele Menschen, die Probleme haben!«, rief der Apostel. »Ich bin gekommen, diese Menschen von ihren Problemen zu erlösen!« Da zwängten sich viele, die erlöst werden wollten, durch die Menschenmenge nach vorn, wo der Apostel ihnen Öl aufs Haar träufelte und mit lauter Stimme betete. Plötzlich schaute er auf und donnerte: »Ich sehe etwas Böses, Krankes! In diesem Raum ist jemand, der eine Schlange im Leib hat! Ich muss sie austreiben, diese Schlange!« Und er zeigte auf eine junge, schwarze Frau ganz hinten an der Tür, die nun auch tatsächlich nach vorn ging.

Der Apostel breitete seine Arme aus und betete laut. Da schwankte sie wie eine Betrunkene und fiel um. Niemand hatte sie berührt. Der Apostel betete weiter, die Frau wurde steif wie ein Stock. Der Apostel betete lauter und lauter, die Frau fing an, über den Boden zu rollen. Wie von einem Wind hin- und hergeblasen, rollte sie stocksteif von einer Seite des Altarraums zur anderen und wieder zurück. Sie war jung, sie war hübsch, sie war modern gekleidet, ihre Perücke flog weg, ihre Kleider verrutschten, und sie rollte hin und her. Kein Akrobat könnte das. »Übt sie das täglich?«, flüsterte ich meiner Freundin zu, aber die kannte sie nicht, hatte sie noch nie gesehen. Und mit einem Mal sprang das Mädchen mit der Schlange im Leib auf, schlug um sich, schrie wie von Sinnen und drosch auf den Apostel ein. Der schlug zurück, sie fiel wieder um, blieb liegen und wurde schließlich hinausgetragen. Kurz darauf kam sie auf ihren eigenen Beinen zurück, putzmunter, nur ein bisschen verwirrt, und fing an zu singen und zu tanzen. Also, in meinem ganzen Leben habe ich so etwas noch nicht erlebt.

Als ich Hanna davon erzählte, wurde sie wütend. »Hält dieser Kerl sich für Gott?«, fauchte sie. »Das sind Lügner und Betrüger! Geh da nie wieder hin!«

Mir war es egal. Ich bin Moslem. Ich war nur neugierig gewesen. Und ich verschwieg Hanna wohlweislich, dass ich mich großartig gefühlt hatte, als ich diese Veranstaltung verließ. Ich hatte erlebt, wie Ermutigung bei diesen westafrikanischen Christen funktioniert, und ich muss sagen: Trommeln, Tanzen und Singen ist nicht die schlechteste Methode, neue Kräfte und neuen Lebensmut zu wecken. Aus einem solchen Gottesdienst kommt man jedenfalls anders heraus, als man hineingegangen ist. Später habe ich mich in meinem Zimmer auf den Boden gelegt, mit angelegten Armen und ausgestreckten Beinen, und versucht, aus eigener Kraft vom Fleck zu kommen, ohne mich abzustoßen. Es ging nicht.

So lernte ich in Deutschland vieles über Afrika, was ich vorher nicht wusste. Bei uns in den Moscheen geht es anders zu. Da wird nicht gesungen. Da wird gebetet, da sprechen alle die Koransuren vor sich hin, da sitzt jeder auf dem Boden oder erhebt sich zum Gebet, da riecht es nach Weihrauch, und alles ist ernst und streng und heilig. In Somalia war ich jeden Freitag in der Moschee, und ich habe mich dort Gott immer nah gefühlt. Und unter der Woche versammelten wir uns zum großen Abendgebet im Hof unseres Hauses in der »Straße des Feuers«. Meist übernahm meine Großmutter die Leitung, weil mein Vater in der Moschee war. Dann sprach sie also für uns alle zu Gott, wir anderen hörten schweigend zu, und nach jeder Bitte, nach jedem Dank sagten wir im Chor »amen«, legten die Hände zusammen, führten sie zum Mund und hauchten einen Kuss in die Handflächen.

EINE LIEBE

Nach sechs Jahren in Deutschland konnte ich endlich aufatmen. Ich hatte ein Visum für zwei Jahre, eine unbefristete Arbeitsgenehmigung und neuerdings viel Zeit. Jetzt, da meine Schwestern in Europa waren und ebenfalls Geld verdienten, lag die Verantwortung für das Glück meiner Eltern nicht mehr bei mir allein. Ich gab sämtliche Putzstellen auf und arbeitete nur noch auf dem Flughafen, vormittags, in einer Schicht mit Hanna. Die war so wunderbar wie eh und je: Im Gepäck hatte sie immer einen großen Topf, aus dem es unwiderstehlich nach äthiopischen Fleischgerichten duftete, und der Inhalt dieses Topfes war immer für alle Afrikaner bestimmt, nicht nur für uns beide. Außerdem fuhr sie weiterhin ihre Krallen aus, sobald irgendwo der Name Nura Abdi fiel. Wir waren nach wie vor Verbündete und werden es für den Rest unseres Lebens bleiben – daran ließ Hanna keinen Zweifel, auch wenn sie mir meinen Auszug aus dem Container immer noch nicht völlig verziehen hatte und mich nie in meiner neuen Wohnung besuchte. Wie gesagt: Diese Äthiopierin war so starrsinnig wie eine Somalierin und ebenso bedingungslos treu.

Was sollte ich jetzt machen? Zum ersten Mal, seitdem ich in Deutschland war, hatte ich Zeit für mich, und zum ersten Mal konnte ich daran denken, weiter zu lernen. Zu lernen, mehr zu wissen und immer mehr zu verstehen, das hatte ich mir gewünscht, seitdem meine Mutter im Verein mit M'alim Omar meinen Lerneifer geweckt hatte. Und deshalb meldete ich mich auf der Volkshochschule an, wo man in Abendkursen die Mittlere Reife nachholen konnte. Obwohl mein Deutsch immer noch zu wünschen übrig ließ, traute ich mir das mittlerweile zu.

Ich hatte keinerlei Zeugnisse, die waren wie alles Übrige in Mogadischu geblieben. In Afrika wäre das keine Katastrophe gewesen, Papiere sind dort nicht so wichtig, aber hier? Diesmal hatte ich Glück, ich musste nur eine Aufnahmeprüfung bestehen. In Englisch war ich gut, aber in Mathematik … Sieben Jahre lang hatte ich keinen Bruch mehr gerechnet. Und was um alles in der Welt bedeutete der kleine Punkt zwischen den beiden Zahlen? Da stand: $7 \cdot 13$, und diesen Punkt kannte ich nicht. Also habe ich alles geteilt, was diesen Punkt in der Mitte hatte, und das war falsch. Bereits nach einer halben Stunde wurden uns die Ergebnisse verkündet, und da hieß es bei mir: Englisch sehr gut, Mathematik eher schwach. Aber dann bat mich der Lehrer in sein Arbeitszimmer. »Was bedeutet dieser Punkt?«, wollte ich sofort wissen. Multiplizieren? Sieh an. Bei uns war das Zeichen dafür ein x gewesen. Und vor seinen Augen habe ich alles noch einmal gerechnet, mit dem Ergebnis, dass er mein Prüfungsblatt mit der Bemerkung versah: Sie kann mehr, als sie gezeigt hat.

Ich war aufgenommen! Es war herrlich. Endlich sah ich wieder Licht, endlich hatte ich das Gefühl, auf dem richtigen Weg zu sein. Von nun an hatte ich keine Zeit mehr für irgendetwas anderes. Wenn meine Freundinnen in die Disco wollten, bekamen sie von mir nur noch zu hören: »Nichts da, ich muss Hausaufgaben machen.« Für mich gab es nur noch meine Bücher. Ich war für niemand mehr zu sprechen. Und abends, im Unterricht, war ich mit Feuereifer bei der Sache. Einige der Lehrer waren großartig, sie hatten gemerkt, dass ich wirklich lernbegierig war. Aber andere hielten mich für dumm. Sie waren überzeugt, dass ich dem Unterricht nicht folgen könne und nie im Leben eine Prüfung bestehen würde. Bloß, weil ich mich nicht so gut auf Deutsch ausdrücken konnte wie die meisten anderen.

Ich war vermutlich die Stillste in der Klasse, ganz sicher aber die Diszipliniert este. In Mogadischu waren wir für die kleinste Verfehlung im Unterricht bestraft worden, hier durfte man als Schüler seinen Lehrern alles Mögliche an den Kopf werfen. Bei manchen Schülern hatte ich den Eindruck, dass sie gar nicht wussten, weshalb sie in der Klasse saßen. Nun gut, ich blieb jedenfalls dem somalischen Stil treu – auch deshalb, weil ich mich ungeheuer konzentrieren musste, um alles mitzubekommen. Oft kam ich nicht dazu, auf die Fragen des Lehrers zu antworten – die Deutschen waren immer schon fertig, bevor ich meine Sätze zusammengebastelt hatte. Einem Italiener erging es ähnlich. Wir saßen deshalb nebeneinander, die beiden Doofen in einer Bank. Im Unterricht schrieb ich alles auf, nahm meine Unterlagen dann am nächsten Morgen mit zur Arbeit und vertiefte mich in jeder Pause in meine Aufzeichnungen vom Vorabend. Nicht zuletzt, weil ich den Skeptikern unter meinen Lehrern beweisen wollte, dass ich nicht blöd bin.

Aber da gab es noch etwas, und das war viel entscheidender.

Es war ein paar Monate vorher passiert. Ich hatte viel Zeit, ich ging noch nicht zur Schule, und nachts feierte ich meine neue Freiheit in den Düsseldorfer Discotheken. Eines Abends tanzte ich mit einer somalischen Freundin, als sich ein junger Mann zu uns gesellte. Ich hatte nicht genau hingesehen, ich sehe beim Tanzen nie so genau hin, und im ersten Augenblick hielt ich ihn für den Arzt aus

Stuttgart, mit dem ich mich gelegentlich wieder traf – aber es war irgendein Unbekannter, der den Anblick von zwei schwarzen Mädchen auf der Tanzfläche unwiderstehlich zu finden schien. Später, als ich für mich alleine tanzte, tauchte er wieder in meiner Nähe auf, und so tanzten wir lange nebeneinander her, ohne ein Wort zu wechseln. Schließlich beugte er sich doch zu mir und sagte: »Ich mag Afrikaner. Und stolze Afrikanerinnen mag ich besonders.« Na, dachte ich, er scheint sich auszukennen. Und als ich ging, bat er um meine Telefonnummer. Ich gab sie ihm, er gab mir seine, und der Gedanke, mal wieder mit einem Mann auszugehen, behagte mir. In den nächsten Wochen stellte ich fest, dass ich gern mit ihm telefonierte, dass ich gern mit ihm tanzen ging, dass ich mich gern mit ihm zum Abendessen traf. So kamen wir uns näher.

Er war dreißig, ich sechsundzwanzig Jahre alt. Er hatte keine Freundin, und wir mochten uns. Er ging gerne aus. Wir besuchten gemeinsam Freunde von ihm, oder seine Freunde kamen in seine Wohnung, und er kochte für uns alle. Es waren schöne Abende. Er stellte mich seinen Eltern vor, und ich gewöhnte mich daran, als seine Freundin zu gelten. Er war weit gereist und sehr unterhaltsam, vor allem aber: Er war nie egoistisch. Ich hasse Egoismus. Nein, er war wirklich großzügig. Er machte gern Geschenke, und seine Hilfe kam immer von Herzen. Wir verstanden uns gut, und mir war, als habe ich endlich wieder ein Zuhause für mich gefunden. Endlich hatte ich wieder einen Menschen, dem ich vertraute, und etwas Neues begann. Stärker als Freundschaft. Aber das begriff ich erst nach und nach. Das dämmerte mir erst, als ich eines Tages aus der Stadt zurückkam und der Pförtner mir einen großen Strauß roter Rosen aushändigte. Sechsundzwanzig rote Rosen mit einem Briefchen von meinem Freund. Er war gerade in Spanien, und in dem Briefchen stand etwas von Liebe. Da ahnte ich, dass etwas Neues auf mich zukam. Und wenig später, nach einem Abendessen bei seinen Eltern, schenkte er mir einen Ring – einen Verlobungsring aus Gold, mit einem Diamanten und meinem Namen innen eingraviert. Das war eine einsame Entscheidung von ihm gewesen, eine Überraschung. Im September hatten wir uns kennen gelernt, und zu Weihnachten waren wir bereits verlobt.

Der Ring irritierte mich. Ich war noch nicht so weit, ich hatte auch keine Ahnung, worauf ich mich da einließ. In meinem ganzen Leben war ich noch nie verliebt gewesen, und ich war es auch jetzt nicht. Oder doch? Ich kannte mich damit nicht aus. Wie immer, wenn ich einen neuen Mann kennen lernte, hatte ich auch meinem Freund gleich zu Anfang erzählt, dass ich beschnitten war. Normalerweise gab es kein sichereres Mittel, um einen Mann zu entmutigen. Ich brauchte nur meine Beschneidung zu erwähnen und hatte meine Ruhe. Aber diesmal war es anders gewesen. Er hatte sich nicht abschrecken lassen, und ich ... War ich denn nicht eine normale Frau geworden? Ich konnte doch jetzt einen Mann haben, wenn ich wollte. Die große Angst war weg, diese Angst, jemanden zu lieben, der nicht zu meiner Familie gehörte. Ich war doch jetzt eine Frau wie jede andere, ich hätte sogar einen Mann verführen können, wenn ich gewollt hätte. Und trotzdem habe ich mich gewehrt, als er mich zum ersten Mal küssen wollte. Drei Monate lang hatten wir uns nicht berührt, nicht umarmt, nicht geküsst. Aber in dieser Nacht, nachdem er mir den Ring geschenkt hatte, brachte er mich nach Hause. Wir standen vor meiner Tür. Er wollte mich umarmen, aber ich stieß ihn empört zurück. »Gib mir einen Gute-Nacht-Kuss«, bat er leise. »Ich fresse dich nicht auf.« Da haben wir uns geküsst. Es hat mir sehr gefallen. Und ich gewöhnte mich an den Gedanken, dass er der Richtige für mich sein könnte. Dass er womöglich der Mann sein könnte, den Gott für mich ausersehen hatte. Und dass ich vielleicht doch in Deutschland bleiben würde, für immer, für den Rest meines Lebens.

Er meint es ernst, sagte ich mir. Also öffne ihm dein Herz.

Ich war bereit, es mit ihm zu versuchen. Kein Gedanke mehr an England. Nur – wenn ich jetzt wirklich und endgültig in Deutschland bleiben sollte, dann gab es für mich noch viel zu lernen. Ich wollte keine ungebildete Mutter sein, ich wollte meinen Kindern etwas beibringen können – und am besten natürlich in gutem Deutsch! Sollten wir Kinder haben, würde ich zu Hause bleiben und meine Kinder erziehen. Meine Mutter hatte viel Mühe und Sorgfalt auf unsere Erziehung verwandt, und ich wollte meine Kinder nicht schlechter erziehen als sie. Dann geh jetzt zur Schule, habe ich mir gesagt, und verschwende keine Zeit mehr.

Und so begann ein neues Leben für uns. Morgens zog ich wie immer mit meinem Staubsauger von einem Flugzeug zum nächsten, abends aber saß ich nun von sechs bis zehn mit dreißig Deutschen, Türken, Marokkanern und Italienern in einem Klassenzimmer. Folglich sahen wir uns immer seltener. Für mich war klar: Die Schule geht vor. Wie lange hatte ich auf diese Chance gewartet? Fast zehn Jahre waren vergangen, seit die Clans Mogadischu mit ihrem Krieg überzogen und die Schulen sich in Hauptquartiere oder Lazarette verwandelt hatten. Und mein Freund schwieg. Er äußerte sich nie dazu. Mag sein, dass er meine

Freiheit nicht einschränken wollte. Er hatte mir immer meine Freiheit gelassen – ich ging weiterhin aus, mit wem ich wollte. Aber eigentlich erwarten die Deutschen, dass man sich regelmäßig trifft und miteinander ausgeht oder sogar gemeinsam in Ferien fährt, wenn man verliebt ist, und an all dies war jetzt nicht mehr zu denken. Nicht einmal in den Schulferien konnte ich mit ihm verreisen, weil ich weiterhin auf dem Flughafen arbeiten musste. Unsere Verabredungen wurden also seltener, unsere Telefonate wurden kürzer, aber dass er darunter litt, war ihm nicht anzumerken. Oder war ich blind und taub? Welche Schlussfolgerungen er aus meinem Verhalten zog – ich weiß es nicht. Schlussfolgerungen jedenfalls, über die er nie sprach, von denen ich nie erfuhr. Weiterhin überhäufte er mich mit Geschenken, und weiterhin träumte er davon, Kinder mit mir zu haben.

Ein Jahr lang gingen wir kaum noch aus. Für mich gab es nur noch die Schule. Ich wollte es schaffen, und ich wusste, dass ich es schaffen würde, obwohl es mir schwer fiel. Denn in den letzten sieben Jahren hatte ich wenig Zeit zum Lesen gefunden und musste meinen Kopf erst wieder an Bücher gewöhnen. Außerdem gab es niemanden, der mir half. Tagsüber hätte ich Zeit gehabt, aber dann arbeitete mein Freund. Und abends, wenn er Zeit gehabt hätte, saß ich in der Schule. Also fraß ich mich einsam und allein durch meine Bücher und büffelte und lernte wie eine Besessene. Und so starb unsere Liebe. So ging unsere gemeinsame Geschichte still und leise zu Ende.

Eines Tages, als ich es fast geschafft hatte, als nach zwei Semestern die Prüfung vor der Tür stand, rief er mich an und lud mich zum Abendessen ein. Ich war glücklich. Ich kam von der Arbeit, ich hatte eine schwere Woche hinter mir, ich war erschöpft und freute mich auf einen ruhigen Abend mit ihm irgendwo in der Stadt. Erst besuchten wir seinen Vater im Krankenhaus, dann fanden wir einen Tisch in einem griechischen Restaurant. Ich erinnere mich, dass ich Calamares bestellte – seit ich in Deutschland lebte, hatte ich eine ganz und gar untypische Vorliebe für Fisch entwickelt. Die Vorspeise kam, und in diesem Augenblick rückte er mit seinem Entschluss heraus. Er machte es kurz. »Ich muss dir etwas sagen«, murmelte er. »Es wird dir wehtun, aber ich muss es sagen. Es war eine schöne Zeit mit dir, aber wir sollten uns trennen.« Es traf mich völlig unvorbereitet. »Warum?«, fragte ich, nachdem ich die Sprache wiedergefunden hatte. »Kannst du mir das erklären?« Und alles, was er sagte, war: »Nein. Das kann ich nicht.«

Er wollte mir keinen Grund nennen. Kein Wort von: »Du hast mich verletzt.« Oder: »Ich liebe dich nicht mehr.« Das war ein Schock für mich! Ich hatte geglaubt, diesen Menschen zu kennen. Ich fühlte und sah ihm an, dass er mich liebte. Sein ganzes Leben hatte er mit mir verbringen wollen.

Nach langer, langer Zeit hatte ich endlich wieder gewusst, wohin ich gehörte. Er war alles für mich gewesen: mein Bruder, mein Vater, mein Mann. Und auf einmal wird dieser Mensch anderen Sinnes und sagt: »Ich will nicht mehr« – Schluss, aus. Ohne ein Wort der Erklärung. Und ohne den geringsten Streit, ohne ein einziges böses Wort. Aus heiterem Himmel. Ich war erschüttert. Als das Essen kam, konnte ich nichts anrühren, mein Magen krampfte sich zusammen. Auch ihm war der Appetit vergangen. Wir standen auf und gingen.

Es war seine einsame Entscheidung gewesen. Ich hatte zu Hause gelernt, dass man sich zusammensetzt und miteinander spricht, wenn etwas nicht stimmt. Man muss dem anderen ja eine Chance geben. Aber er hatte sich entschlossen, und daran war nicht mehr zu rütteln. Was mich am meisten empörte, war seine Weigerung, mir einen Grund zu nennen. Hatte es ihn gestört, dass es bei mir kein Liebesgeflüster gab? Dass ich nicht Händchen halten wollte, wenn wir im Kino saßen? Hatte er etwas gesucht, das er bei mir nicht fand? Schweigen. Die nächsten Tage war er verreist. Ich ging in seine Wohnung, um meine Sachen zu holen, ich hatte noch seinen Schlüssel. Da fiel mein Blick auf ein langes, schwarzes Haar auf seinem Teppich. Aha, dachte ich.

Bis zu einem gewissen Grad verstand ich ihn. Ich hatte keine Zeit für ihn gehabt. Es war meine erste Beziehung zu einem Mann gewesen, und ich war naiv und egoistisch gewesen. Ich hatte nur an mich gedacht. Es muss langweilig für ihn gewesen sein, ich hatte ihn nicht unterhalten. Und solange wir zusammen gewesen waren, hatte ich nie zu ihm gesagt: »Ich liebe dich.« Dieser Satz war nie über meine Lippen gekommen. Ich konnte zu meiner Mutter sagen: »Ich liebe dich.« Oder zu meinen Geschwistern. Aber zu einem Mann? Das habe ich nicht über mich gebracht. Aber später, als es zu spät war, habe ich ihm gesagt: »Wenn du es nie von mir gehört hast, dann sollst du es jetzt wenigstens wissen: Ich habe dich geliebt.«

Es gibt so viele Arten von Liebe. Bei mir war es keine Liebe auf den ersten Blick gewesen und auch keine auf den zweiten. Ich brauchte Zeit, es war mein erster Versuch. Er hingegen war in mich verliebt, sagte mir das auch und ließ es mich jederzeit spüren. Vielleicht war es so, dass seine Liebe mit der Zeit starb, während meine Liebe mit der Zeit wuchs. Jedenfalls merkte ich erst, als es vorbei war, wie sehr ich ihn mochte. Ich hatte gar nicht gewusst, wie sehr ich ihn liebte.

Größer als meine Enttäuschung war meine Wut. Vorläufig allerdings konnte ich mich nur mit einem somalischen Sprichwort trösten: Lass den Vogel in deiner Hand fliegen, sagt man bei uns. Wenn er zu dir zurückkommt – schön für dich. Wenn nicht – er gehört sich selbst. Weine ihm nicht nach. Aber wenn man einen Menschen so verletzt, wie er mich verletzt hat, dann rächt sich das. An seiner neuen afrikanischen Freundin hat er nicht lange Freude gehabt, und das hat meinen Zorn gestillt.

Doch das Leben ging weiter, die Schule ging weiter, und ich wollte die Prüfung bestehen, jetzt erst recht. Ich habe keinen Tag verpasst. Selbst wenn ich krank war, ging ich zur Schule. Und versuchte mich auch dann noch zu konzentrieren, als ich nur an ihn und meine Wut denken konnte. Trotzdem sah mein italienischer Banknachbar für uns beide schwarz. »Nura, du schaffst die Prüfung nie«, lachte er. »Wir sind beide zu dumm.« Er war das Gegenteil von mir. Er redete ständig, meldete sich auf jede Frage und machte auch im Unterricht seine Späße.

Anfangs konnte ich kaum glauben, dass seine Art viel mehr nach dem Geschmack der deutschen Lehrer war als meine. Denn in Afrika muss man in der Klasse still zuhören und darf den Lehrer auf keinen Fall unterbrechen. Aber in Deutschland wird auch die Beteiligung am Unterricht bewertet, und nach dem ersten Semester bekam ich nur deswegen schlechtere Noten als erwartet, weil ich zu still gewesen war. Ich beschloss, meinen Mund in Zukunft aufzumachen. Und von Stund an posaunte ich alles aus, was mir zu einem Thema gerade einfiel, auch wenn es völlig daneben war. Kaum zu glauben, aber damit hatte ich bei meinen Lehrern Erfolg. Ich war besser als viele, obwohl ich tagsüber arbeiten musste. Nur in Geschichte kam ich nicht mit. Was wusste ich schon von den Ereignissen der europäischen Geschichte? So gut wie nichts. Höchstens, was man sich in Kenia über Hitler erzählt. Trotzdem. Am Ende des Semesters waren von den dreißig, die wir anfangs gewesen waren, nicht mehr viele übrig. Einer nach dem anderen war weggeblieben. Und noch weniger bestanden die Prüfung. Aber wer gehörte zu diesen wenigen? Nura Abdi und der Italiener!

Ich durfte weiterlernen und würde eine kluge und gebildete und hoffentlich gute Mutter werden. Irgendwann würde ich heiraten, das wusste ich jetzt – aber nicht, weil man eben verheiratet sein muss oder weil meine Verwandten in Afrika langsam ungeduldig wurden. In dieser Hinsicht war ich ihnen sowieso ein Rätsel. Ihrer Ansicht nach hatte ich schon viel zu lange gewartet, und auf meiner letzten Reise durch Afrika hieß es überall, wo ich hinkam: »Wie kommt es, dass wir noch nichts von deiner Hochzeit gehört haben? Worauf wartest du noch? Du bist schon eine alte Jungfer, in zwei Jahren schaut dich keiner mehr an!« Es nützte dann nichts, ihnen zu erklären, dass ich mit einem Mann glücklich werden wollte und deshalb auf den richtigen wartete. Heiraten, um glücklich zu werden? Ich hatte Verständnis für ihre ungläubigen Mienen. Und ich wusste, dass ich ihnen gar nicht erst zu verraten brauchte, was ich mir vorgenommen hatte – nämlich dem Nächsten, den ich wirklich liebe, zu sagen: »Ich liebe dich.«

WIEDERSEHEN MIT AFRIKA

Seit vier Jahren hatte ich meine Familie nicht mehr gesehen. Vier Jahre lang hatte ich nur ihre Stimmen am Telefon gehört. Ging es ihnen wirklich so gut, wie meine Mutter bei jedem Gespräch versicherte? Und welchen Anblick würden meine jüngeren Geschwister bieten? Das letzte Mal waren sie noch Kinder gewesen. Als ich im Flugzeug nach Nairobi saß, war ich genauso aufgeregt wie damals, auf meiner ersten Heimreise nach drei Jahren in Deutschland.

Diesmal wussten meine Eltern, dass ich komme. In Nairobi rief ich sie vom Flughafen aus an, und wenig später bahnten sie sich ihren Weg durch das Gewimmel der Passagiere und Kofferträger und Taxifahrer vor der Abfertigungshalle: allen voran meine Mutter, dann mein Vater, Ayan, Achmed, Hoddan, mehrere Onkel und eine Tante. Das Kopftuch, das meine Mutter in der Öffentlichkeit trug, verdeckte die kahle Stelle über ihrem rechten Ohr. Im Unterschied zu herzerweichenden Abschiedsszenen hatte sie gegen herzzerreißende Begrüßungen nichts einzuwenden, Küsse und Umarmungen wollten kein Ende nehmen, Tränen flossen reichlich, und dann, daheim in der 9. Straße, hielt das liebliche Durcheinander somalischer Stimmen bis in die Morgenstunden an. Wer war gestorben? Wer auf die Welt gekommen? Wer hatte geheiratet? Meine Mutter kaute vor Aufregung die ganze Nacht *Khat*, und ich fand meine Hoffnung, dass es allen gut geht, mit jedem Blick durchs Zimmer, mit jedem Blick in ihre Gesichter bestätigt.

Am nächsten Morgen schlüpfte ich in eine *Dirrah*, zog mir ein Kopftuch über und verwandelte mich in eine von ihnen, bevor ich alte Freundinnen besuchte und ein paar Tanten Guten Tag sagte. Wo ich auch hinkam, überall wurde mir Essen angeboten. Du bist so dünn, hieß es, du wirst noch austrocknen, wenn du das hier nicht isst – und dann stellten sie mir Teller mit Bergen von fettschimmerndem Lammfleisch hin, das mir nach meiner deutschen Diät und Hannas erlesener Kost ziemlich ungenießbar vorkam.

Der Verfall der Stadt war fortgeschritten, beträchtlich fortgeschritten. Die Straßen waren unglaublich dreckig, die Kanalisation leckte an vielen Stellen, und Moskitos, die früher in Nairobi Seltenheitswert gehabt hatten, attackierten mich diesmal auf Schritt und Tritt. Wenn es überhaupt möglich sein konnte, war das Menschengewimmel in den Straßen von Eastleigh noch dichter als früher, gar nicht mehr weit vom Gewühl auf der Kirmes am Düsseldorfer Rheinufer entfernt. Gehandelt wurde auf jedem freien Quadratmeter. Vieles lag einfach auf den Bürgersteigen, von Turnschuhen bis zu Elektrogeräten, und dazwischen hockten Frauen, die sogar Goldschmuck auf offener Straße verkauften, obwohl Straßenkinder mittlerweile zu einer echten Plage geworden waren – nicht einmal der Brille auf seiner Nase konnte man sich noch sicher sein. Ich wunderte mich, bis ich miterlebte, wie es Dieben erging, die sich in Eastleigh an der Ware von Straßenhändlern vergriffen. Die Somali hatten nämlich ihren eigenen Sicherheitsdienst, und eine Händlerin brauchte nur aufzuschreien, schon rannten die jugendlichen Geldwechsler, die sonst mit ihren Dollarbündeln gelangweilt herumstanden, los, warfen sich auf den Dieb und bearbeiteten ihn mit den Fäusten. Aber auch dieser Sicherheitsdienst war natürlich machtlos, wenn bewaffnete Polizei vorfuhr, irgendeinem Händler erklärte, er habe keine Genehmigung, dessen Ware in ihrem Auto verstaute und mit der Beute davonfuhr.

Wirklich unangenehm aber waren die Straßenjungen in der Innenstadt, wo es Weiße gab, die man anbetteln konnte und denen man, wenn sie nichts gaben, sehr lästig werden konnte. »Gimme five bucks!«, schrien die Bescheideneren. »Gimme your watch! Gimme your camera! Gimme hundred dollars!«, brüllten die Frecheren. Ich war froh, dass ich in einer *Dirrah* steckte, und zog mir mein Kopftuch noch tiefer ins Gesicht.

Manches hatte sich geändert, auch in der 9. Straße. Es war nicht zu übersehen, dass meine jüngeren Geschwister auf dem besten Wege waren, Kenianer zu werden. Sie besuchten kenianische Schulen, sie aßen bei ihren kenianischen Freunden, sie kopierten ihre kenianischen Altersgenossen, und Somalia kannten sie nur noch aus den Schilderungen meines Vaters. Ob es sie furchtbar interessierte? Mein Vater hatte sich all die Jahre viel Zeit genommen, ihnen von Mogadischu zu erzählen, wie wir dort gelebt hatten, welchen Geschäften er damals nachgegangen war. Mein Vater lebte in Gedanken immer noch in Mogadischu, wo er aufgewachsen war, wo er sich hochgearbeitet hatte, wo er das Leben geführt hatte, das ihm gefiel – kurz: wo sein Herz nach wie vor war. Aber er musste die Erfahrung machen, dass seine eigenen Kinder sein Somalisch immer weniger verstanden. Manchmal lagen sie morgens zu zweit mit meinem Vater im Bett, eins links, eins rechts, und kaum hatte er mit einer seiner somalischen Geschichten angefangen, unterbrachen sie ihn: »Papa, was heißt das auf Suaheli, was du gerade gesagt hast?« Oft wusste er das dann nicht.

Einmal traf ich mich mit einer Gruppe von somalischen und kenianischen Frauen, Bekannte meiner Mutter, etliche Lehrerinnen darunter, und wir sprachen über Beschneidung. Die meisten waren dagegen. Wer der jüngeren Generation angehörte, war entschieden dagegen. Aber allen war klar, dass man die Beschneidung nicht von heute auf morgen aus der Welt schaffen könnte. Es sei schon ein enormer Erfolg, meinten sie, wenn sich auf lange Sicht die radikale Form der pharaonischen Beschneidung durch Sunna ersetzen ließe, bevor man daran denken könnte, auch Sunna abzuschaffen. Warum sie keine Kampagne gegen Beschneidung durchführen würden, wollte ich wissen. Da machten sie mir schnell klar, wie naiv, wie gut europäisch das von mir gedacht war. »Wir sind zu wenige«, hieß es. »Wir fangen bei null an. Wir brauchen viele Kräfte, wir benötigen viel Geld. Wir müssten auf die Dörfer gehen. Wir brauchen eine Organisation, die mit den Dorfältesten verhandelt, damit sie uns in ihren Dörfern überhaupt auftreten lassen. Und dann würden wir immer noch Polizeischutz brauchen. Die Gefahr, gesteinigt zu werden, ist nicht zu unterschätzen.« Aber das Wichtigste sei eine bessere Bildung. Schulungen müssten durchgeführt werden, Seminare für Mütter, für Frauen, die Haushaltsvorstände sind. Und am besten auch noch Informationsveranstaltungen für religiöse Führer. Wenn die Geistlichen beim Freitagsgebet in den Moscheen gegen Beschneidung predigen würden, dann hätten die Frauen eine Chance. »Also«, sagten sie, »wenn du hier nur herumlamentierst, verschwendest du deine Zeit. Als kleines Häufchen kann man gar nichts ausrichten. Schließ dich uns an, und richte dich auf einen langen, langen Feldzug ein.«

Was sollte ich machen? Ich wollte nicht in Kenia bleiben. Kenia kam als Heimat für mich nicht mehr infrage. Auch deshalb nicht, weil ich in Deutschland so vieles erreicht und erkämpft hatte, was ich nicht aufgeben wollte.

Dennoch, und obwohl sich manches zum Schlechteren verändert hatte – Nairobi tat mir gut. Ich ging mit meinen Geschwistern ins Kino oder in den »Lunapark«, und als ich nach drei Wochen genug afrikanische Energie gespeichert hatte, brach ich zu einer Reise auf, die ich nie vergessen werde. Zu einer Reise nach Tansania, wo mein leiblicher Vater immer noch als Besitzer einer großen Zwiebelplantage lebte. Seit zwölf Jahren hatte ich ihn nicht mehr gesehen, wusste nur, dass er nach einem schweren Autounfall lange im Koma gelegen hatte, und wollte meine letzte Woche in Afrika mit ihm verbringen – wer konnte wissen, ob wir uns in dieser Welt sonst je wiedersehen würden. Mit mir auf die Reise ging Elmi, das jüngste seiner Kinder.

Es fing damit an, dass wir in der Grenzstadt Namanga beim illegalen Grenzübertritt erwischt wurden und in einer winzigen Arrestzelle landeten, wo bereits ein Weißer mit seiner kenianischen Freundin und seinem Kofferträger am Boden hockte, weil es weder Stuhl noch Bank gab. Wir hatten alle kein Visum bis auf den Weißen, der seiner Wut freien Lauf ließ. »Sie müssen freundlich mit denen sprechen«, riet ich ihm. »In Afrika brauchen Sie mit Polizisten nur freundlich zu sprechen und ihnen etwas zuzustecken, und alles ist gut.« Aber er schimpfte weiter auf diese tansanischen Hurensöhne. Eine Stunde ließen sie uns schmoren. Allmählich fing ich an, mir Sorgen zu machen. Wenn jetzt ein Vorgesetzter auftauchen würde, um uns zu verhören, weil er gerade nichts Besseres zu tun hätte, dann konnten wir unsere Reise nach Aruscha vergessen. Da sprang die Tür auf, und Elmi und ich waren frei. Unsere Rettung verdankten wir dem Jungen, bei dem ich vorher Geld gewechselt hatte. Der hatte gemerkt, dass es brenzlig für uns werden könnte, und dem Grenzbeamten heimlich Geld zugesteckt. Zehn Minuten später saßen wir in einem Sammeltaxi und waren auf dem Weg nach Aruscha, wo mein Vater wohnte.

Es war eine wunderschöne, parkähnliche Landschaft, durch die wir fuhren, alles grün, ringsumher hohe Berge und von fern der Kilimandscharo. Ich freute mich, wieder einmal in diesem Land mit seinen freundlichen Menschen zu sein. Wie hatte ich damals, bei meinem ersten Besuch in Tansania, über den Respekt gestaunt, den die jungen Leute hier den Älteren entgegenbringen! Begegnete ein Jüngerer einem alten Mann auf der Straße, sagte er »schikamo« – wie geht es euch? –, auch wenn er ihn gar nicht kannte. Das hatte mir gefallen. Der Jüngere sagte »schikamo«, und der Ältere antwortete »marhaba munago«, also: Mir geht 's gut, mein Kind. Undenkbar in Nairobi, wo man an den Bushaltestellen kommentarlos umgehauen wurde. Ja, nicht einmal in Somalia hatte ich so viel Respekt erlebt.

Ein Unwetter riss mich aus meinen Gedanken. Der Gipfel des Kilimandscharo hüllte sich in schwarze Wolken, und plötzlich schüttete es wie aus Eimern. Zu beiden Seiten der Straße bildeten sich Seen, bald pflügten wir durch riesige Pfützen, sahen links und rechts nur noch Wasserfontänen, und dann blieb der alte Peugeot mitten in einer dieser Riesenpfützen liegen und sprang nicht mehr an. Jedes Mal, wenn der Fahrer zu starten versuchte, gab der Wagen ein klägliches Geräusch von sich. Die Männer sprangen also herunter und schoben, schoben und schoben, bis wir Festland erreicht hatten. Die Freude war groß, als das Auto jetzt wieder ansprang, und lange nach Einbruch der Dunkelheit trafen wir schließlich in Aruscha ein. Weil ich nicht wusste, wo mein Vater wohnte, nahmen wir uns ein Taxi und suchten als Erstes eine Tante auf. Sie wohnte etwas außerhalb der Stadt, in einem neuen Haus. Die Straße dorthin war unbefestigt, und nach wie vor goss es in Strömen. Wir schlitterten durch den Schlamm, rutschten zur Seite weg und landeten neben der Straße in einem Tümpel aus schwarzem Wasser. Da half nichts, diesmal mussten wir beide aussteigen und schieben. Endlich, gegen zehn Uhr nachts, nach einer Stunde Schlittern, Rutschen und Schieben, kamen wir am Haus meiner Tante an, lehmverschmiert und triefend wie die Wasserleichen.

Wir wurden mit großem Geschrei begrüßt. Das Haus war voller Frauen – Töchter jeden Alters, Nachbarsmädchen, weitere, mir gänzlich unbekannte Tanten und eine Großmutter. Die Hausherrin fand ich draußen im Hof. Es hatte aufgehört zu regnen, und da saß sie in der Dunkelheit vor einem Feuer, auf dem gerade ein großer Topf mit Wasser heiß gemacht wurde – als hätten sie geahnt, dass ich komme und mir nichts sehnlicher als eine warme Dusche wünsche. Meine Tante erkannte mich nicht auf Anhieb wieder. »Nura, wo hast du denn deinen Körper gelassen?«, fragte sie entgeistert. »Wo ist dein rundes Gesicht geblieben?« Ich jagte ihr einen richtigen Schrecken ein. »Du bist alt geworden«, schimpfte sie, »du siehst aus wie eine alte, dürre Ziege! Hat Europa das aus dir gemacht? Und wir haben gedacht, in Europa wäre man glücklich!« »Europa ist anstrengend«, versuchte ich ihr zu erklären. »Wenn das so ist – warum kommst du nicht zurück nach Afrika? Geh nicht wieder nach Europa! Bleib bei uns!« Und da bestürmten mich alle, doch um Himmels willen in Afrika zu bleiben.

Zum Glück entsann sich meine Tante im nächsten Augenblick ihrer Gastgeberpflichten und schrie: »Betten beziehen! Essen machen! Dusche vorbereiten! Und eine saubere *Dirrah* für Nura!«, woraufhin die einen in die Küche und die anderen ins Schlafzimmer und die Dritten ins Badezimmer stürzten – und bald saß ich neu eingekleidet, frisch gewaschen und gesättigt in einem großen Wohnzimmer, eingekreist von Frauen, die mir Löcher in den Bauch fragten, derweil draußen im Flur ein paar der Mädchen ein Lied für eine Hochzeit einstudierten. Sie lagen auf dem Bauch, ließen einen Kassettenrekorder laufen, notierten den Liedtext und sangen Zeile für Zeile mit. Es war die Generalprobe, und dafür hatten sie schon jetzt ihre Haare zu schönen Zöpfen geflochten und ihre besten Kleider angezogen.

Was sie von mir wissen wollten? Das, was alle wissen wollten, überall wo ich hinkam. »Was machst du?«, »Bist du verheiratet?«, »Warum bist du nicht verheiratet? Worauf wartest du noch?« Und dann: »Wie leben die Somali in Europa?«, »Gehen sie auch zur Moschee?«, »Wie ist das Wetter bei euch?«, »Und wovon ernährt ihr euch in Europa überhaupt?« Wenn ich ihnen von der Kälte in Deutschland erzählte, schüttelten sie sich und meinten: »Wie furchtbar! Für nichts in der Welt würden wir dahin gehen.« Und irgendwann kam unweigerlich die Frage: »Wie sind die Deutschen? Wie schaffst du es, in Hitlerland zu überleben?« Sie sagten tatsächlich »Hitlerland« und dachten bei Deutschland an nichts anderes als Nazis. Da hatte ich dann alle Hände voll zu tun, sie von diesem Unsinn abzubringen. Auch meine Mutter hatte ja geglaubt, ich sei in der Höhle des Löwen gelandet, und zumindest in der Anfangszeit hatte sie immer dafür gebetet, dass die Deutschen mich nicht umbringen. Sie war überzeugt gewesen, dass ich ohne ihre Gebete unweigerlich einen einsamen, schrecklichen Tod fern der Heimat sterben müsse. »Deutschland ist wunderbar«, sagte ich ihnen. »Ein schönes Land. Und die Menschen sind höflich, viel höflicher als in Afrika. Dort sagt man ›Entschuldigung‹, wenn man jemanden versehentlich anstößt. Und Angst habe ich dort nie gehabt. Kann man in Nairobi um zehn Uhr nachts als Mädchen allein über die Straße gehen? Nein, das kann man nicht. Aber in Deutschland gehe ich um vier Uhr morgens durch die Straßen, und niemand rührt mich an, niemand überfällt mich. Gelegentlich schimpft mal einer über die Ausländer, und das ist schon das Schlimmste, was einem passieren kann. In Kenia aber musst du damit rechnen, vergewaltigt zu werden, kaum dass es dunkel geworden ist.«

So ging es die halbe Nacht. Inzwischen hatte sich Elmi in der Stadt auf die Suche nach unserem Vater gemacht und war mit der Nachricht zurückgekommen, er sei nicht da, er sei in Singida auf seiner Plantage. Das war eine böse Überraschung. Nach Singida ging nur einmal am Tag ein Bus, und der fuhr morgens in aller Frühe los. Weil die handvoll Jungen, die es in diesem Haus auch gab, sowieso nur herumsaßen und *Khat* kauten, wurden sie losgeschickt, Fahrkarten zu kaufen. Und tatsächlich brachten sie welche mit zurück, obwohl es mitten in der Nacht war.

Ich sah mein Bett nur für wenige Stunden. Dann brach ein herrlicher Tag an. Aruscha lag dampfend im Sonnenlicht, als ich mich von allen verabschiedete. Der Fahrer verstaute unser Gepäck auf dem Dach seines Busses, und wir stiegen ein. War das eine Klapperkiste! Die verschlissenen Polstersitze waren durchgesessen bis auf die Rahmen, und auf jeder Bank hockten wir mindestens zu dritt. Dazu kamen die Hühner, Hühner unter den Sitzen, Hühner auf dem Gepäck. Und erst die Reise! Wir ließen Aruscha morgens um sieben Uhr hinter uns und erreichten Singida um zehn Uhr abends. Die Berge hinauf, die Hänge hinunter, auf einer gewundenen Straße voller Löcher, bergauf im Schneckentempo und mit abenteuerlichem Rumpeln und Schlingern und Schwanken wieder bergab. Das alles in einer Gluthitze. Von Zeit zu Zeit fuhren wir an den Straßenrand und hielten an, damit der Motor abkühlen konnte. Alle Fahrgäste stiegen dann aus und machten es sich in der Wildnis bequem. Jeder suchte sich ein schattiges Plätzchen unter einem Baum. Der Fahrer füllte Kühlwasser nach, und weiter ging es. Im Bus war die Hitze noch schlimmer als draußen. Schweiß rann uns über das Gesicht und an allen Körperteilen herab.

In jedem Dorf wurde angehalten. Tauchten irgendwo Holzhütten, Bambuszäune, Menschen auf, blieben wir in einer Staubwolke stehen. Jedes Mal kamen dann die Dorfbewohner mit ihren Körben angelaufen, schreiende Jungen und Mädchen, die sich unter unseren Fenstern drängten und zeigten, was sie zu verkaufen hatten: Granatäpfel, Bananen, Wasser. Das Wasser kochte in der Flasche, bevor du auch nur einen Schluck davon getrunken hattest. Und wer mitfahren wollte, der kam auch mit. Unser Bus war schon in Aruscha bis auf den letzten Platz besetzt gewesen, und in jedem Dorf wurde er noch voller. Da rückten eben die Leute im Mittelgang zusammen. Der Fahrer konnte sich kaum auf seinem Sitz halten, und dabei musste er nicht nur lenken, sondern mit einer Hand obendrein die Fahrertür zuhalten. Auf ebener Strecke erreichte unser Bus vielleicht vierzig Stundenkilometer. Du meine Güte, dachte ich, und dasselbe wird dich auf der Rückfahrt erwarten. Alle saßen oder standen zwischen schwitzenden Leibern eingeklemmt, und je höher die Sonne stieg, desto schlimmer wurde natürlich die Hitze. Da keiner mehr Luft bekam, wurden die Fenster geöffnet, und sofort wirbelte Staub herein und legte sich über die ganze Gesellschaft. Staub in den Haaren, Staub auf den schweißnassen Körpern, aber die Fenster blieben offen. Am frühen Nachmittag wurde in einer Kleinstadt angehalten, und wer wollte, aß in einem Straßenrestaurant kurz zu Mittag.

Alle waren auf dieser Fahrt bester Laune. Keiner war auf den Mund gefallen, jedem fiel eine komische Bemerkung ein, jeder versuchte, den witzigsten Kommentar zu liefern. Einmal stimmten einige ein Lied an, und schon sangen alle aus vollem Hals gegen das Dröhnen des Motors an. Das größte Schauspiel war, wenn neue Fahrgäste zustiegen. Zunächst musste der Fahrpreis ausgehandelt werden – obwohl er feststand –, und immer gab es Leute, die nicht bezahlen wollten. Da arbeitete sich eine alte Frau mit ihren Taschen die Stufen hoch, ergriff den Arm des Fahrers und jammerte: »Ich habe keine 200 Shilling, Söhnchen! Ich kann dir 50 geben. 50 ist doch genug für die kurze Strecke. 50 ist alles, was ich habe.« Aber der Fahrer kannte keine Gnade. »Runter mit dir, für 50 Shilling nehme ich dich nicht mit!« Und als sie mit ihrer traurigen Lebensgeschichte anfing, packte er ihre Taschen und warf sie auf die Straße. Aber die Tansanier haben Engelszungen, und die alte Frau ließ sich nicht entmutigen. »Nein, nein, bitte, Söhnchen, ich muss mit! Ich habe nicht so viel Geld, oh mein Sohn, ich habe nur 150. Hier, nimm sie, nimm mein letztes Geld.« Und schon hatte sie ihr Gepäck aufgesammelt und war wieder drin. »Mama!«, schimpfte der Fahrer, »Mama, mach, dass du rauskommst!« Aber die Alte jammerte in einem fort, und das ging so lange, bis einer von beiden müde wurde und kapitulierte.

Man durfte sich aber nicht zu sehr von solchen Szenen ablenken lassen, denn die Leute, die ausstiegen, nahmen womöglich dein Gepäck mit. Deshalb behielten alle Fahrgäste diejenigen, die ausstiegen und ihre Taschen und Bündel aus dem Gebirge von Gepäckstücken vom Dach holten, scharf im Auge, und manchmal schrie einer im Bus auf: »Hey, das ist meine Tasche, lass die Finger davon, Bruder!« Also, drinnen und draußen Geschrei und vorn das Gezeter der Fahrgäste, die den Fahrpreis zu hoch fanden. Ich habe die ganze Reise über nur gestaunt und gelacht, gestaunt und gelacht. Wie lange hatte ich das nicht mehr erlebt. Auf der einen Seite vermisste ich dieses wunderbare Chaos in Europa. Auf der anderen Seite musste ich mir eingestehen, dass meine Nerven nicht mehr so strapazierfähig wie früher waren.

So lustig diese Reise war, sie wollte kein Ende nehmen, und irgendwann dämmerte ich ein. Es war tiefe Nacht, als wir endlich in Singida ankamen. Wir bogen auf den großen Platz des Busbahnhofs ein, und schon kamen sie aus ihren Häusern gelaufen und umringten den Bus in hellen Scharen. Jeder wollte wissen, wer diesmal mitgekommen war – man ruft ja vorher nicht an, man kommt unangemeldet, und jedes Mal fragt sich die ganze Stadt, ob ein Bekannter unter den Eingetroffenen ist. Das war ein Trubel. Die Begrüßungsszenen gingen alle unter großem Geschrei und Gelächter über die Bühne, und die Gepäckträger stürzten sich auf jeden, der mehr als eine Brieftasche dabeihatte. Aber nach und nach verstreute sich die Menge, und als nur ich noch auf dem nächtlichen Busbahnhof stand, kam Elmi zurück. Er hatte inzwischen Vaters Hotel ausfindig gemacht.

Immer, wenn mein Vater in Singida war, stieg er im »Funny Hotel« ab, das nicht weit von seiner Plantage lag.

Es gehörte einer Somalierin, und wir wurden freundlich willkommen geheißen. »Du bist die Tochter von Achmed?«, sagte sie. »Er ist ausgegangen. Er wollte in die Moschee. Vielleicht ist er von Freunden aufgehalten worden.« Sie ließ Wasser heiß machen, und dann wuschen wir uns erst einmal die Staubschicht vom Leib. Anschließend zogen wir die frischen Nachthemden über, die sie uns hingelegt hatte, saßen zusammen und redeten. Wir hatten uns nie zuvor gesehen, aber reden ist in Afrika nie ein Problem.

Da kam mein Vater herein. Er warf einen flüchtigen Blick auf den Weiberhaufen, der da neben dem Eingang saß, und wollte an uns vorbei auf sein Zimmer gehen. »Achmed!«, rief ihm die Besitzerin nach. »Warum willst du nichts von uns wissen? Magst du nicht ein bisschen mit uns reden?« Er kam misstrauisch näher, und da konnte ich mich nicht mehr zurückhalten. Mit einem Schrei fiel ich ihm um den Hals. Mein Blut kochte. Und mein Vater konnte es nicht glauben. Das letzte Mal war ich ein pummeliger Teenager gewesen. Er starrte mich ungläubig an. »Nura, bist du das?«, brachte er mühsam heraus. »Gerade eben habe ich an dich gedacht, Nura. Und jetzt bist du hier?« Tränen liefen ihm über die Wangen, und er küsste mich.

Er kam mir alt vor. Und er ging seit seinem Unfall am Stock. So hatte ich ihn noch nie gesehen. »Komm, Papa«, sagte ich, »lass uns etwas essen«, obwohl ich schon satt war. Ich wollte nur, dass er etwas aß. Aber er winkte ab, auch er hatte längst zu Abend gegessen. So gingen wir hoch und saßen auf seinem kleinen Zimmer zusammen, mein Vater, mein Bruder und ich, und redeten und lachten fast die ganze Nacht.

Er hatte nicht wieder geheiratet, und obwohl Aruscha

und Nairobi keine Tagesreise auseinander lagen, war es nie mehr zu einer Begegnung zwischen ihm und meiner Mutter gekommen. Seine Gedanken aber schienen häufig um seine Familie zu kreisen, und die Freude, uns wiederzusehen, öffnete meinem sonst so wortkargen Vater den Mund. Immer wieder kam er darauf zurück, wie er damals, nach seinem Unfall, aus der Bewusstlosigkeit erwacht war, die Augen aufgeschlagen und Elmi und Yurop erblickt hatte. »Meine Zunge vermag nicht zu sagen, was mein Herz da gefühlt hat«, sagte er mit glänzenden Augen. »Menschen, die einen anderen so glücklich machen, sind gesegnet. Denen wird ihr Leben lang nur Gutes widerfahren.« Meine Mutter hatte damals dafür gesorgt, dass sich die beiden zu seinem Krankenlager in einer elenden Klinik an der Grenze zum Kongo begaben, wo der Unfall passiert war. Die Ärzte hatten ihn einfach in seinem Kot liegen lassen, und Yurop hatte ihn gewaschen und gepflegt, bis er nach einer Woche wieder zu sich gekommen war.

Was ihm in dieser Nacht am meisten am Herzen lag, das war die Sorge, ich könnte in Europa zur Europäerin werden. »Vergiss nie, wo du herkommst«, beschwor er mich. »Vergiss nie, dass deine Heimat Afrika ist.« Ich verstand, dass er kein bestimmtes Land, keine bestimmte Kultur meinte, sondern etwas Ureigenes, uns allen Gemeinsames, das jeder Afrikaner gegen alle Verlockungen Europas verteidigen sollte. Und offenbar fürchtete er, dass ich nie mehr den Weg zurück finden würde, wenn ich mich erst einmal in eine Europäerin verwandelt hätte. »Nura«, sagte er ernst, »auch wenn du in Europa lebst, vielleicht dort heiratest und dort Kinder bekommst – in deinem Herzen musst du Afrikanerin bleiben. Höre niemals auf, wie eine Afrikanerin zu denken und zu fühlen.« Wie schwer das ist, davon hatte er keine Ahnung. Aber wenn er mich vor dem Egoismus der Europäer warnen wollte, konnte ich ihn beruhigen. Immer noch empfand ich für meine Familie die gleiche Liebe wie früher. Das würde sich niemals ändern.

Inzwischen prasselte der Regen wieder wie verrückt gegen die Fensterscheiben. Es war Regenzeit in Tansania, und wenn es so stark regnete, meinte mein Vater, dann war die Verbindung nach Aruscha manchmal für einen ganzen Monat unterbrochen. Dann kam kein Bus mehr durch. »Wenn du nur eine Woche Zeit hast, dann ist es zu riskant, länger zu bleiben.« Also beschlossen wir, gleich morgen früh die Rückfahrt anzutreten. »Es ist gut, dich gesehen zu haben«, sagte ich und überreichte ihm mein Geschenk. Er war sehr glücklich. Es war ein weißer Anzug für die Moschee und ein Gebetsteppich. »Schade, dass du nicht früher gekommen bist, Nura«, sagte er auf seine alte leise Art, in der er auch früher in der »Straße des Feuers« mit uns gesprochen hatte. »Keiner weiß, wann wir uns wiedersehen«, entgegnete ich. »Bete für uns, Papa, und gib uns deinen Segen.«

»Oh, mein Segen ist mit euch«, antwortete er. »Ihr seid meine Kinder.«

Am nächsten Morgen standen wir sehr früh auf. Die Hotelbesitzerin hatte mir ein Bett im Zimmer ihrer Töchter gemacht. Wir frühstückten zusammen, und dann begleitete uns mein Vater noch bis zur Busstation. Es regnete heftig. Unter Abschiedsküssen und Umarmungen und Tränen sagte er: »Ich weiß, dass wir uns wiedersehen werden. Pass gut auf dich auf, Nura. Ich habe dich gesegnet. Möge dir auf deinen Wegen nur Gutes begegnen.« Dann fuhr der Bus ab.

Es regnete in Strömen, trotzdem war es drückend heiß. Einmal rutschte der Bus von der Straße, die Räder drehten im Schlamm durch, und der Fahrer beschloss zu warten, bis der Regen nachlassen würde. Da saßen wir, eingepfercht in diesen Bus, und atmeten diesen Gestank, der nicht entweichen konnte, weil die Fenster wegen des Regens geschlossen bleiben mussten. Wir standen mitten in der Wildnis und warteten. Ich ließ den Blick über die herrliche Berglandschaft hinter den regennassen Fenstern wandern. Es waren ein paar Weiße im Bus, für die war diese Fahrt offenbar ein Abenteuer. Sie hatten uns schon die ganze Zeit mit ihren Videokameras gefilmt, jeden Einzelnen von uns, und jetzt filmten sie die Bergkulisse. Dann stiegen sie aus und liefen mit ihren Kameras im Regen herum. Unter einem Baum entdeckten sie ein paar Hunde und gingen auf sie zu, wohl in der Absicht, sie zu streicheln, aber es waren wilde Hunde, die im nächsten Moment aufsprangen und sie wütend anbellten. Wir Afrikaner waren im Bus geblieben und sahen diesem sonderbaren Schauspiel zu. Irgendwann wurde der Regen endlich schwächer, der Motor heulte wieder auf, und wir fuhren weiter. Abends in Aruscha nahmen wir uns gleich das nächste Sammeltaxi nach Namanga, stiegen an der Grenze um und erreichten gegen elf Uhr nachts todmüde Nairobi.

Drei Tage später flog ich zurück. Ich hatte mich schon europäisch gekleidet, aber vorsichtshalber eine Jacke über mein ärmelloses Hemd gezogen, das meine Mutter vermutlich anstößig gefunden hätte. Der Abschied von ihr fiel gewohnt spröde aus. »Du bist das Rückgrat der Familie«, sagte sie nur. Und dann geschah etwas, das ich nie vergessen werde. Mein jüngster Bruder Achmed kam auf mich zu und umarmte mich und küsste mich. Solche Herzlichkeit war unter uns Geschwistern ganz und gar nicht üblich. Er war fünfzehn, ein langer Kerl, und er nannte mich seine »süße

Schwester«. Ich musste weinen. Noch nie hatte sich ein Bruder so von mir verabschiedet.

Im Flughafen zog ich diese Jacke aus, für die es viel zu warm war. Ich flog nach Amsterdam und von dort nach Düsseldorf. Meine zwei Koffer waren prallvoll mit Geschenken, und sie erregten das Interesse der Düsseldorfer Zollbeamten. Ob ich Tiere oder Tierhäute dabeihätte, wollten sie wissen. Ich schüttelte den Kopf. Sie winkten mich zu ihrem Tisch und waren gerade dabei, mein Gepäck zu öffnen, als ein anderer Zollbeamter vorbeikam, der mich gut kannte. »Sie arbeitet hier!«, rief er seinen Kollegen zu. Da nickten sie und ließen mich ohne weiteres ziehen.

Daheim angekommen, händigte mir der Pförtner zwei Briefe aus, offenbar Post von Behörden. Ich schleppte meine Koffer einen nach dem anderen die Treppe hinauf, zwängte mich durch den schmalen Gang und schloss meine Zimmertür auf. Ich war kaum eingetreten, da überkam mich schreckliches Heimweh. Wie leer es hier war! Und im ganzen Haus kein Geräusch. Doch im gleichen Moment spürte ich, dass sich etwas verändert hatte. Ich fühlte mich stark – fast so stark wie damals, als ich frisch aus Afrika kam und in Frankfurt zum ersten Mal den Boden dieses Landes betrat. Ich war voller Kraft. Und es kam mir so vor, als ob ich diese erste Reise nach Deutschland noch einmal gemacht hätte. Als ob ich jetzt noch einmal neu anfangen könnte.

Ja, das würde ich. Neu anfangen.

ICH SCHÄME MICH NICHT

Wie dieses Buch enden soll? Nun, ich habe viel über Heimat gesprochen, und vielleicht ist der Eindruck entstanden, das könne nur Somalia für mich sein. Aber ich glaube, man ist dort zu Hause, wo man sich wohl fühlt, und vielleicht werde ich mich eines Tages in Deutschland genauso wohl fühlen wie in meiner alten Heimat, wer weiß. Letztendlich ist das nicht so wichtig.

Viel mehr liegt mir daran, diese Metzelei zu bekämpfen, die in meinem Land und auch in anderen an jungen Mädchen verübt wird. Beschneidung ist barbarisch, es werden Menschen bei vollem Bewusstsein verstümmelt, und damit sollte ein für alle Mal Schluss gemacht werden. Natürlich habe ich mir nicht einmal im Traum vorstellen können, einmal ein Buch darüber zu schreiben. Aber ich habe doch immer gehofft, eines Tages den Frauen, die davon betroffen sind, helfen zu können. Solange ich damit gelebt habe, hat es mich gequält. Denn wenn du dir so lange Zeit selbst fremd gewesen bist wie ich, dann trittst du auf der Stelle, dann verschwendest du deine Kraft, dann dreht sich dein Leben im Kreis. Ich wusste wirklich nicht, wer ich bin. Und wenn ich hier in Deutschland nicht so freundlichen Menschen begegnet wäre, Menschen, die mir überhaupt erst einmal bewusst gemacht haben, dass ich mich selbst kennen und verstehen lernen muss, dass ich meinen Körper lieben muss …

Ich würde diese Erfahrung gern mitteilen. Es gibt so viele Frauen, die mit diesem Schrecken leben müssen. Und es ist ein Schrecken, ein unaufhörlicher Schrecken. Dieser Schrecken wohnt in dir, und du bist machtlos gegen ihn. Viele können nicht einmal darüber sprechen, weil sie sich so sehr schämen. Ich möchte ihnen zeigen, dass man offen darüber reden kann. Keine Frau braucht Angst davor zu haben, über das zu sprechen, was ihr widerfahren ist. Es ist ja keine Schande, etwas erlebt zu haben, was man niemals gewünscht und gewollt hat. Ich möchte zum Sprechen ermutigen – nicht nur die, die noch immer unter ihrer Beschneidung leiden, sondern auch die, die diesen Zustand glücklich überwunden haben.

Mein Leben ist mein Leben, und ich habe sehr gelitten. Die Mädchen, denen in Zukunft vielleicht die Beschneidung erspart bleiben wird, werden als Frauen ein besseres Leben haben. Aber wenn niemand darüber spricht, wenn keine den Mut findet, über ihre Erfahrungen zu reden, dann werden wir nie aus dieser Finsternis herausfinden, in der wir leben.

Ich habe meine Geschichte erzählt. Alles ist heraus. Ich schäme mich nicht dafür, auch wenn der eine oder andere mich jetzt meiden wird, nachdem er das gelesen hat. Und auch, wenn meine Kinder vielleicht eines Tages ausgelacht werden, wenn sich herumsprechen sollte, dass ihre Mutter beschnitten war. Mir ist nichts Außergewöhnliches widerfahren. Aber etwas, das man nicht auf sich beruhen lassen darf. Diejenigen, die glauben, ich brächte nur mich selbst in Misskredit, sind mir nicht so wichtig wie die, die sich von mir vielleicht zu einer Operation ermutigen lassen. Und vielleicht fällt sogar den Regierungen etwas ein, wie man diesen Frauen helfen könnte – denen, die diese Tortur schon hinter sich haben, und denen, auf die sie noch zukommt.

GLOSSAR

Bukta (som.) – *knöchellange Hose, die von Frauen getragen wird*
Dillo (som.) – *Hure*
Dirrah (som.) – *langes Kleid aus farbigem, transparentem Stoff*
Dschinn (arab.) – *Dämon, Geist*
Dhulka (som.) – *Heimat*
gudd (som.) – *einen Fortschritt machen*
halal (arab.) – *rein, koscher, gesellschaftsfähig*
Halaleiso (arab.) – *Beschneiderin*
Id (arab.) – *Fest am Ende des Fastenmonats Ramadan*
Injera (äthiop./som.) – *dünne Pfannkuchen aus Wasser und Mehl*
Lali – *fiktiver Clan-Name*
Nyama Choma (Suaheli) – *gebratenes Rindfleisch*
pharaonische Beschneidung – *die radikale Form der Beschneidung*
Scheik (arab.) – *moslemischer Geistlicher*
Sunna (arab.) – *Beschneidung, bei der entweder die Klitorisvorhaut oder die Klitoris selbst entfernt wird*
Sure (arab.) – *Kapitel des Korans*
Unzi (som.) – *Duftmischung aus Zucker, Parfüm und Gewürzen*

INFORMIEREN SIE SICH, UND HELFEN SIE MIT BEI DEM WELTWEITEN KAMPF GEGEN DIE GENITALVERSTÜMMELUNG VON FRAUEN

Die Organisationen *Intact* und *Terre des femmes* setzen sich mit Aufklärungsprojekten und Informationskampagnen gegen die Genitalverstümmelung von Frauen ein. Sie finanzieren sich durch Spenden und Fördermitglieder.

Intact
Internationale Aktion
gegen die Beschneidung
von Mädchen und Frauen
Johannisstr. 4
66111 Saarbrücken

Telefon: 0681/32400
Fax: 0681/9388002

info@intact-ev.de
www.intact-ev.de

TERRE DES FEMMES
E.V.
Menschenrechte
für die Frau
Konrad-Adenauer-Str. 40
72072 Tübingen

Telefon: 07071/79730
Fax: 07071/797322

www.frauenrechte.de

Weitere Informationen finden Sie auf folgenden Internetseiten:

http://www.amnesty.org/ailib/intcam/femgen/fgm1.htm
http://www.who.int/frh-whd/FGM/
http://www.unicef.org/somalia/programme/sectors/fgm/
http://www.transafricaforum.org/reports/viewpoint041300_fgm.shtml

Für alle Leserinnen der »Wüstenblume«

Mireille Makampé
DER WILLE MEINES VATERS GESCHEHE
Eine Frau aus Kamerun kämpft um ihre Selbstbestimmung
Erfahrungen
256 Seiten
ISBN 3-404-61510-7

Gegen den Willen des Vaters heiraten – undenkbar für Mireille. Sie liebt Joseph, doch der Vater ist gegen eine Verbindung der beiden. Stattdessen hat er Michel ausgesucht, der aus demselben Dorf stammt wie er. Mireille beugt sich dem Willen des Vaters. Doch schon bald nach der Hochzeit muss sie sich seltsamen Ritualen unterziehen, die ihr zutiefst zuwider sind.

Bastei Lübbe Taschenbuch

»Gott allein weiss, warum«

Claude-Njiké-Bergeret
MEINE AFRIKANISCHE
LEIDENSCHAFT
Als weiße Königin in Kamerun
Erfahrungen
320 Seiten
ISBN 3-404-61509-3

»Warum ich den Stammeshäuptling der Bangangté geheiratet habe, obwohl er schon dreißig Frauen hatte? Weil ich ihn liebte, das ist alles.«

Die in Kamerun aufgewachsene Französin Claude verlässt ihren Mann, um nach Afrika zurückzukehren. Sie hat nicht vor, für immer zu bleiben, doch das Schicksal will es anders. Sie verliebt sich in den Stammeshäuptling ihres Dorfes, überwindet nach langem Zögern innere und äußere Widerstände und folgt der Stimme ihres Herzens.

Bastei Lübbe Taschenbuch